알고리즘에 대한
거의 모든 것

Poems that Solve Puzzles

지배당할 것인가, 이해할 것인가

알고리즘에 대한
거의 모든 것

Poems that Solve Puzzles

지배당할 것인가, 이해할 것인가

크리스 블리클리 지음
홍석윤 옮김
황기현 감수

자음과모음

차례

이 책은 알고리즘이 중요하다는 사실은 알지만, 그것이 정확히 무엇인지는 잘 모르는 사람들을 위한 책이다.

　나는 더블린대학교 컴퓨터과학부 지원 담당 책임자로 일하면서 이 책의 영감을 얻었다. 학부모나 중고등학생에게 관련 강의를 수백 차례 하면서, 구글, 페이스북 그리고 개인정보 유출로 물의를 일으킨 디지털 마케팅 회사 케임브리지 애널리티카 등에 대한 언론 보도 덕분에 많은 사람이 알고리즘에 대해 알고 있다는 것을 깨달았다. 그러나 알고리즘이 무엇인지, 어떻게 작동하는지, 어디서 왔는지 아는 사람은 그리 많지 않다는 것도 알게 되었다. 이 책은 그런 질문들에 대한 대답이다.

　『알고리즘에 대한 거의 모든 것』은 일반 독자를 위해 썼다. 따라서 책을 읽는 데 알고리즘이나 컴퓨터에 대한 사전 지식은 없어도 된다. 하지만 컴퓨터공학 학위가 있는 사람들에게도 이 책이 다루는 이야기들은 놀랍고, 재미있으며, 새로운 지식을 일깨워줄 것이다. 알고리즘이 무엇인지 확실히 알고 있는 독자라면 프롤로그는 건너뛰어도 괜찮다. 내 목표는 독자들이 이 책을 재미있게 읽으면서 새로운 것을 알아가는 것이니 말이다.

　책에서 예시로 든 혁신들과 관련되어 있지만 이름이 언급되지 않은 많은 분에게 사과의 말씀을 드린다. 인류 역사에서 혁신은 대부분 그에 앞서 먼저 기초를 닦은 사람들의 업적을 토대로 연구한 팀워크의 산물이라는 것을 알고 있다. 다만 사람들이 재미있게 받아들일 수 있는 이야기로 예시들을 꾸미기 위해 소수의 핵심 인물들에 초점을 맞추었다. 그러니 더 자세한 내용을 알고 싶은 독자들은 관련 논문들을 봐도 좋을 것이다. 또한, 때에 따라서는 고리타분하지만 완벽한 예시보다는 재미있고 유익한 이야기를 선택하기도 했다. 그러니 만약 여러분이 좋아하는 알고리즘 이야기가 이 책에서 다루어지지 않았다면, 나에게 알려주기 바란다.

사진과 인용문 사용을 관대하게 허락해주신 분들에게 감사드린다. 또 이 책이 나오기까지 도움을 주신 분들에게 감사의 말을 전한다. 내 첫 편집자 오언 블리클리, 작가이자 멘토인 마이클 셰리든, 훌륭한 에이전트 이저벨 애서턴, 살아 있는 참고 문헌 코너 블리클리, 끝없는 인내심을 소유한 부편집인 캐서린 워드, 옥스포드대학교 출판부의 모든 분, 평론가를 자처해준 구에놀 실베스터와 파드레이그 커닝엄, 마지막으로 부모님과 아내에게 심심한 감사를 표한다. 이들의 도움이 없었다면 이 책은 나오지 못했을 것이다.

모쪼록, 독자 여러분이 이 책을 읽으며 재미있게 즐기길 바란다!

크리스

"너 하나, 나 하나, 너 하나, 나 하나."

당신도 나처럼 햇빛이 쨍쨍 쏟아지는 화창한 날, 학교 운동장에서 가장 친한 친구와 사탕 한 봉지를 반으로 나눈 경험이 있을 것이다. '너 하나, 나 하나' 식으로 사탕을 나누는 것이 알고리즘을 만드는 방법이라는 걸 그때는 몰랐겠지만 말이다.

알고리즘은 정보 문제를 해결하기 위해 수행되는 일련의 단계[1]다. 그날, 사탕을 공평하게 나누기 위해 우리는 이미 알고리즘을 사용하고 있었던 것이다. 알고리즘에 입력한 것은 봉지에 든 사탕 개수고, 알고리즘이 도출한 것은 당신과 당신 친구가 받을 수 있는 사탕 개수다. 봉지에 든 사탕의 총수가 짝수였다면 둘 다 같은 양의 사탕을 받았을 것이고, 홀수였다면 망설이다가 아마도 당신 친구가 1개 더 갖는 것으로 끝났을 것이다.

알고리즘은 정보를 입력하고 그에 따르기만 하면 원하는 결과로 변환되는 간단한 과정[2]이라는 점에서 요리 레시피와 같다. 차이점은 알고리즘이 정보를 처리하는 반면, 레시피는 음식을 만드는 방법을 알려준다는 것뿐이다. 그리고 일반적으로 알고리즘은 입력되는 정보량에 따라 달리 작동한다.

또 특정 문제를 해결할 때 사용하는 대안 알고리즘도 있다. 당신은 먼저 사탕 개수를 다 센 다음 사람 수대로 2로 나눌 수도 있었다. 이 경우, 결과는 같았겠지만 결과를 도출하는 방법, 즉 알고리즘은 다른 것을 사용한 셈이다.

알고리즘은 명령문들로 쓰여지며, 이 명령들은 대개 하나씩 차례대로 수행된다. 때로는 다음에 수행될 명령이 바로 다음 단계에 있지 않고 다른 곳에 있는 경우도 있다. 예를 들어, 이전 단계로 되돌아가 거기서부터 다시 명령을 수행하라고 요구하는 단계도 있을 수 있다. 이렇게 뒤로 되돌아가면서 몇 그룹의 단계를 되풀이하는 방식은 많은 알고리즘에서 사용되는 강력한 기능이다. 사탕 나누기 알고리즘에서 '너 하나, 나 하나' 단계가 되풀이되는 것처럼 말이다. 이 행위를 '반복 iteration'이라고 한다.

봉지 속 사탕의 수가 짝수였다면 다음과 같은 반복 알고리즘이 사용되었을 것이다.

다음 단계를 반복하시오.
　친구에게 사탕 하나를 주시오.
　내게 사탕 하나를 주시오.
봉지에 사탕이 없으면 반복을 멈추시오.

알고리즘을 표시할 때 각 단계는 대개 명확성을 위해 한 줄씩 끊어서 적는다. 그리고 들여쓰기로 서로 관련이 있는 단계들을 구분한다.

봉지 속 사탕 수가 짝수냐 홀수냐에 따라 알고리즘은 좀 더 복잡해진다. 의사결정 단계가 포함돼야 하기 때문이다. 대부분의 알고리즘에는 이 단계가 포함돼 있는데, 이때 알고리즘을 수행하는 운영자는 두 가지 가능한 행동 경로 중 하나를 선택해야 한다. 어떤 행동을 수행할 것인지는 조건에 따라 달라진다. 여기서 조건이란 참$_{\text{true}}$ 또는 거짓$_{\text{false}}$ 중 하나를 나타내는 문구다. 가장 일반적인 의사결정 구조인 'if-then-else'에는 하나의 조건과 두 가지 가능한 행동이 결합되어 있다. 조건이 만약$_{\text{if}}$ 참이면 'then' 다음에 나오는 행동(들)이 수행되고, 조건이 거짓이면 'else' 다음에 나오는 단계(들)가 수행된다.

사탕의 전체 개수가 짝수인 경우, 알고리즘에는 다음과 같은 의사결정 단계가 포함되어야 한다.

이 사탕이 첫 번째 사탕이거나 조금 전에 내가 사탕을 받았다면 이번 사탕은 친구에게 주시오.
그렇지 않으면 사탕을 내게 주시오.

이때 조건은 복합적인 것으로, 단순한 두 가지 (또는 그 이상의) 조건으로 구성된다. 사탕 나누기 알고리즘에서의 조건은 '이번 사탕이 첫 번째 사탕인가'와 '조금 전에 준 사탕을 내가 받았는가'다. 이 조건들은 '또는'이라는 작업에 의해 결합된다. 이러한 복합 조건은 단순한 조건 중 하나가 사실이면 참이다. 따라서 이 알고리즘에서는 복합 조건이 참이면 '친구에게 사탕을 주는' 단계가 수행되고, 그렇지 않으면 '사탕을 내게 주는' 단계가 수행된다.

이 경우, 전체 알고리즘은 다음과 같다.

사탕 한 봉지를 입력으로 인식하시오.

다음 단계를 반복하시오.

　봉지에서 사탕을 꺼내시오.

　이 사탕이 첫 번째 사탕이거나 조금 전에 내가 사탕을 받았다면

　이번 사탕은 친구에게 주시오.

　그렇지 않았다면 사탕을 내게 주시오.

봉지에 사탕이 없으면 반복을 멈추시오.

빈 봉지는 쓰레기통에 버리시오.

이제 사탕이 공평하게 나누어졌다.

모든 좋은 알고리즘처럼, 이 알고리즘도 깔끔하고 효율적인 방식으로 목표를 달성한다.

사서의 책 더미 정리하기

정보 문제는 하루가 다르게 늘어나고 있다. 예를 들어, 도서관에 첫 출근을 한 사서가 있다고 해보자. 그리고 1,000권의 신간이 방금 배달되어 바닥에 산더미처럼 쌓여 있다. 도서관장은 가능한 한 빨리 저자명을 기준으로 알파벳순으로[3] 모든 책을 책장에 꽂아놓으라고 한다. 이 상황 또한 정보 문제이며, 이 문제를 해결하기 위한 알고리즘이 있다.

사람들은 이럴 때 보통 직관적으로 삽입 정렬Insertion Sort (그림 I.1)이라는 알고리즘을 사용한다. 삽입 정렬 알고리즘은 다음과 같은 방식으로 작동한다.

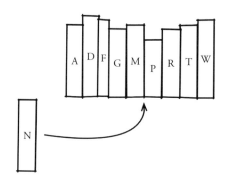

그림 I.1 삽입 정렬 알고리즘의 작동 방식.

정렬되지 않은 책 더미를 입력으로 인식하시오.

다음 단계를 반복하시오.

   책을 집으시오.

   저자명을 읽으시오.

   책을 꽂을 곳을 찾을 때까지 책장을 살펴보시오.

   책을 꽂을 지점 뒤에 있는 책들을 1권씩 옆으로 옮기시오.

   그 자리에 새 책을 꽂으시오.

바닥에 책이 남아 있지 않으면 반복을 멈추시오.

이제 책이 모두 분류되었다.

바닥에 쌓아둔 책들은 정리되지 않은 상태였지만, 사서가 1권씩 책장으로 옮긴 덕분에 곧 모든 책이 저자명 기준 알파벳순으로 책장에 꽂힐 것이다. 그 결과, 책꽂이의 책은 항상 알파벳순으로 정돈되어 있다.

삽입 정렬 알고리즘은 이해하기 쉽고 잘 작동하지만, 속도가 느리다. 바닥에서 집어온 책을 꽂을 곳을 찾을 때마다 책장에 있는 모든 책

프롤로그: 알고리즘의 원리

을 살펴보고 옆으로 옮겨야 하기 때문이다. 처음에는 책장에 책이 거의 없으므로 빠르게 살펴보고 책을 옮길 수 있겠지만, 이제 책장에는 거의 1,000권의 책이 있다. 책 1권을 올바른 위치에 꽂으려면 평균적으로 500번의 작업이 필요하다. 저자명을 확인한 후 책장에 꽂힌 책들과 비교하고, 꽂을 곳을 찾은 다음 책을 1권씩 이동시켜야 하기 때문이다. 작업을 1번 하는 데 1초가 걸린다고 가정한다면, 책을 전부 꽂으려면 이 작업을 50만 번(1,000×500) 해야 한다. 그럴 경우, 삽입 정렬 알고리즘을 사용해 책을 꽂는 데 약 17일이 소요된다. 도서관장이 좋아할 리 없다.

이에 컴퓨터과학자 토니 호어Tony Hoare가 1962년에 퀵 정렬Quicksort이라는 더 빠른 알고리즘을 발명했다. 호어는 1938년, 스리랑카에 거주하던 영국인 부부 사이에서 태어났다. 그는 영국에서 교육을 받았고 옥스퍼드대학교를 졸업한 후, 대학교 강사로 교직 생활을 시작했다. 그가 고안한 정렬 방법은 분할 정복 방식의 알고리즘으로, 삽입 정렬보다 복잡하지만 이름에 들어간 '퀵'이라는 단어에서 알 수 있듯이 훨씬 빠르다.

퀵 정렬 알고리즘은 이렇게 작동한다(그림 I.2). 먼저 특정 알파벳을 기준해 책 더미를 둘로 나눈다. 저자명이 기준 알파벳보다 이전 알파벳으로 시작하는 책은 현재 책 더미의 왼쪽에 쌓는다. 기준 알파벳보다 이

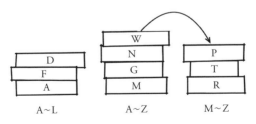

그림 I.2 퀵 정렬 알고리즘의 작동 방식.

후 알파벳으로 시작하는 책들은 오른쪽에 쌓는다. 이렇게 분리한 책 더미는 새로운 기준 알파벳을 만들어 다시 분리한다. 이를 계속 반복하면 책 더미가 알파벳 순서대로 쌓이게 된다. 가장 왼쪽에는 가장 앞 순서의 알파벳 책 더미가 있을 것이고, 다음 더미는 두 번째 순서의 알파벳 책들일 것이다. 가장 큰 책 더미의 책 권수가 5권이 될 때까지 작업을 반복한다. 그런 다음 삽입 정렬 알고리즘을 사용해 각 더미를 개별적으로 정렬한다. 그리고 분류가 완료된 더미들을 순서대로 책장에 옮기면 된다.

좀 더 자세하게 알아보도록 하자. 처음 책 더미에는 저자명 A부터 Z까지 모든 책이 마구잡이로 섞여 있다. 이를 가장 빠르게 정리하기 위해 먼저 기준 알파벳을 잡아 책 더미를 둘로 나눈다. 첫 번째 기준 알파벳으로는 중간 순서인 M이 좋겠다. 이제 책 더미는 저자명 A부터 L까지와 M부터 Z까지의 2개의 더미로 나뉘어졌다. A~L 더미가 더 크다면, 이 더미가 다음 분리 대상이다. A~L 더미의 기준 알파벳은 F이므로, 책 더미는 A~E, F~L, M~Z, 이렇게 3개가 되었다. 다음에는 M~Z 더미를 같은 방식으로 나누면 된다. 20권의 책이 있다고 가정하면, 책 더미는 최종적으로 A~C, D~E, F~L, M~R, S~Z 등 5개의 더미로 나뉠 것이다. 이제 삽입 정렬을 사용해 각 더미별로 정리해나가며 1권씩 책장으로 옮긴다. 이 전체 과정에 대한 퀵 정렬 알고리즘은 다음과 같다.

정렬되지 않은 책 더미를 입력으로 인식하시오.
다음 단계를 반복하시오.
　가장 큰 더미를 선택하시오.
　더미의 양쪽에 새로 책을 쌓을 공간을 만드시오.

기준 알파벳을 선택하시오.

다음 단계를 반복하시오.

　선택한 더미에서 책을 꺼내시오.

　저자명이 기준 알파벳보다 이전 글자이면,

　왼쪽 공간에 책을 쌓으시오.

　아니면 오른쪽 공간에 책을 쌓으시오.

　선택한 더미의 책이 다 분류되면 반복을 멈추시오.

가장 큰 책 더미의 권수가 5권 이하이면 반복을 멈추시오.

삽입 정렬을 사용하여 책 더미를 개별적으로 정렬하시오.

각 더미에 있는 책들을 순서대로 책장에 옮기시오.

이제 책이 모두 분류되었다.

퀵 정렬 알고리즘은 단계를 순서대로 2번 반복하는 루프를 사용하며, 하나의 단계가 다른 단계 안에 들어 있다. 이때 바깥쪽 반복 그룹은 모든 책 더미를 처리하고, 안쪽 그룹은 하나의 책 더미를 처리한다.

많은 양의 책을 정리할 때는 퀵 정렬이 삽입 정렬보다 속도가 훨씬 빠르다. 더미를 나누는 방식이 더 간단하기 때문이다. 모든 책의 저자명을 기준 알파벳과 비교하기만 하면 된다. 다른 책과는 비교할 게 아무것도 없다. 저자명끼리 비교할 필요도 없고, 책을 직접 나를 필요도 없다. 퀵 정렬 과정 말미에 삽입 정렬을 적용하면, 책 더미가 이미 줄어들었으므로 효율성을 높일 수 있다. 퀵 정렬 알고리즘을 이용하면 1,000권의 책을 분류할 때 약 1만 번만 작업하면 된다. 정확한 작업 횟수는 기준 알파벳이 책 더미를 얼마나 정확하게 반으로 줄일 수 있느냐에 달려 있다.

어쨌든 삽입 정렬과 마찬가지로 작업 1번에 1초가 걸린다고 가정할 경우, 이 일은 3시간도 채 걸리지 않는다. 17일 걸리던 것이 크게 개선된 것이다. 도서관장은 당연히 기뻐할 것이다. 이처럼, 알고리즘의 속도는 매우 중요하다.

또 알고리즘들은 계산의 복잡도에 따라 평가되는데, 이는 알고리즘 실행에 필요한 단계의 수 및 입력 횟수와 관련이 있다. 퀵 정렬 알고리즘이 수행하는 계산의 복잡도는 삽입 정렬보다 상당히 낮다.

퀵 정렬 알고리즘은 큰 문제를 작은 문제들로 쪼개서 별도로 해결한 다음 부분적인 솔루션을 조합해 완전한 솔루션을 형성하므로, 분할 및 정복 알고리즘이라고도 부른다. 앞으로 보게 되겠지만, 분할과 정복은 알고리즘 설계에 있어 꽤 강력한 전략이다.

이외에도 병합 정렬Merge Sort, 힙 정렬Heapsort, 인트로 정렬Introsort, 팀 정렬Timsort, 큐브 정렬Cubesort, 셸 정렬Shell Sort, 버블 정렬Bubble Sort, 2진트리 정렬Binary Tree Sort, 사이클 정렬Cycle Sort, 라이브러리 정렬Library Sort, 페이션스 정렬Patience Sorting, 스무스 정렬Smoothsort, 스트랜드 정렬Strand Sort, 토너먼트 정렬Tournament Sort, 칵테일 정렬Cocktail Sort, 빗질 정렬Comb Sort, 그놈 정렬Gnome Sort, 언셔플 정렬UnShuffle Sort, 블록 정렬Block Sort, 홀짝 정렬Odd-Even Sort 등 많은 알고리즘이 정렬을 위해 개발되었다. 이 알고리즘들은 모두 데이터를 분류하지만, 각각 다른 특성을 가지고 있다. 어떤 것은 다른 것보다 빠르고, 어떤 것은 다른 것보다 더 많은 저장 공간을 필요로 하고, 또 몇몇 알고리즘은 특수한 방법으로 입력해야 하며, 일부는 대체된 것도 있다.

오늘날, 대부분의 알고리즘은 컴퓨터와 불가분의 관계에 있다. 정의상으로도 컴퓨터는 '알고리즘을 수행하는 기계'다.

알고리즘을 수행하는 기계

앞서 언급했듯, 알고리즘은 문제를 해결하기 위한 추상적 방법이며 사람이나 컴퓨터가 수행한다. 알고리즘이 컴퓨터에서 실행되려면 먼저 컴퓨터가 수행할 수 있는 명령으로 암호화되어야 한다. 이 명령 목록을 프로그램이라고 부른다. 컴퓨터의 가장 큰 장점은 대량의 명령을 빠른 속도로 하나씩 자동으로 실행할 수 있다는 것이다. 이때, 놀랍게도 컴퓨터는 이 엄청나게 다양한 명령을 다 지원할 필요가 없다. 몇 가지 기본 명령 유형만 알면 충분하다. 바로 데이터 저장 및 검색, 산술, 논리, 반복 및 의사결정에 대한 명령이다. 알고리즘은 이와 같은 간단한 명령으로 나뉘어 컴퓨터에 의해 실행된다.

알고리즘이 수행할 명령 목록과 작동되어야 할 데이터를 묶어 컴퓨터 소프트웨어라고 한다. 현대 컴퓨터에서 소프트웨어는 미세 전선microscopic wires 상의 전자 전압 레벨electronic voltage levels로 암호화되어 있다. 컴퓨터 하드웨어(물리적 기계)는 1번에 하나의 명령을 실행한다. 그래서 프로그램을 실행하면 입력 데이터가 처리되고, 이어서 출력 데이터가 생성된다.

컴퓨터가 경이적인 성공을 거둔 데에는 두 가지 이유가 있다. 첫째는 컴퓨터가 사람보다 훨씬 더 빨리 알고리즘을 수행할 수 있다는 것이다. 인간은 초당 10번의 작업을 수행할 수 있지만, 컴퓨터는 초당 수십억 번의 작업을 수행할 수 있다. 둘째는 컴퓨터 하드웨어는 범용이어서, 어떤 알고리즘도 실행할 수 있다. 소프트웨어만 바꾸면 컴퓨터는 이전과 완전히 다른 작업, 워드 프로세서에서 비디오게임에 이르기까지 광범위한 업무를 수행할 수 있다. 이것이 이 기계의 유연성을 엄청나게 높여준다. 컴퓨터가 이러한 유연성을 가질 수 있는 가장 큰 이유는 범용 하드웨어가 해야 할 일을 프로그램이 지시해주기 때문이다. 그러니 소프트웨어가 없다면 하드웨어는 작동할 수 없다. 소프트웨어가 곧 하드웨어를 작동하게 하는 프로그램이니 말이다.

알고리즘은 컴퓨터가 무슨 일을 해야 하는지에 대한 추상적인 설명이므로 문제 해결에 매우 탁월하다. 또, 알고리즘은 수행해야 할 작업의 청사진이기도 하다. 프로그램은 알고리즘을 기계로 실행하기 위한 정밀한 공식이다. 따라서 정보 문제를 해결하려면 먼저 그 문제를 풀 수 있는 적절한 알고리즘이 무엇인지 찾아야 한다. 그래야 프로그램을 컴퓨터에 입력할 수 있다.

20세기 중반, 컴퓨터가 발명되자 알고리즘의 종류, 다양성, 복잡성은 폭발적으로 늘어났다. 한때는 해결할 수 없다고 여겼던 문제들을 이제는 값싼 보급형 컴퓨터로도 손쉽게 처리할 수 있다. 하루 단위로 새로운 프로그램이 출시되면서 컴퓨터가 수행할 수 있는 작업 범위 또한 엄청나게 넓어졌다.

오늘날, 알고리즘은 컴퓨터, 자동차, 텔레비전, 세탁기, 스마트폰, 손목시계, 심지어 우리 머릿속에도 있다. 우리는 친구들과 소통하거나, 일을 더 빨리 수행하거나, 게임을 하거나, 심지어 평생의 짝을 찾기 위해 수많은 알고리즘을 사용한다. 알고리즘이 우리의 삶을 더 쉽고 편안하게 만들었다는 것은 의심할 여지가 없다. 알고리즘은 또 인류의 정보에 대한 접근성을 전례 없이 높여주었다. 천문학에서 입자물리학에 이르기까지, 우주에 대한 이해도 크게 증진시켰다. 심지어 몇몇 최첨단 알고리즘은 최근 인간을 능가하는 수준의 지능을 보여주기도 했다.

프롤로그: 알고리즘의 원리

모든 알고리즘은 인간의 사고가 만들어낸 창의적이고 우아한 창조물이다. 이 책은 고대 학자들이 이러한 알고리즘을 어떻게 기록했고, 알고리즘이 컴퓨터화된 오늘날의 세계를 어떻게 이룩했는지에 대한 이야기를 담고 있다.

1

고대 알고리즘

우르샤나비Ur-shanabi[1]여, 우루크Uruk의 성벽에 올라가 걸으면서
주춧돌과 벽돌 세공을 자세히 살펴보라!
그 벽돌이 구워서 만든 것이며, '일곱 자문관'이 그 주춧돌을 놓았음을 증언하라!
1평방마일의 도시,
1평방마일의 과수원,
1평방마일의 점토 채취장이 있고,
이슈타르 신전Ishtar's temple의 공터가 있다네.
우루크는 이 3평방마일의 공간과 신전의 공터로 구성되어 있다네.

작자 미상, 스테파니 달리 옮김
기원전 2000년경, 『길가메시 서사시』 중에서
ⓒ옥스퍼드대학교 출판부, 옥스퍼드대학교 출판부 제공

사막이 우루크를 거의 뒤덮고 있다. 거대한 건물들은 대부분 모래 더미 속에 파묻혀 있고, 건물의 목재는 풍화되었다. 여기저기에 진흙 벽돌이 널려 있는데, 바람에 의해 드러났거나 고고학자들이 발견한 것들이다. 황폐한 잔해들은 전혀 쓸모없는 것처럼 보인다. 이곳이 7,000년 전에 지구상에서 가장 중요한 곳이었다는 어떤 증거도 찾아볼 수 없다. 하지만 수메르 땅의 우루크는 인류 최초의 도시 중 하나로, 이곳에서 수메르 문명이 탄생했다.

수메르는 메소포타미아 남부에 있었던 나라다(그림 1.1). 티그리스강과 유프라테스강이 이 지역의 경계를 이루면서 북쪽 터키산맥에서 남

그림 1.1 고대 메소포타미아의 지도와 후기 알렉산드리아의 항구.

쪽 페르시아만으로 흐른다. 오늘날 이 지역은 이란과 이라크의 국경에 걸쳐 있다. 곡저 평야 지대에서는 홍수가 빈번하게 일어나지만 기후는 덥고 건조하며, 땅은 척박하다. 그러나 용수로 덕분에 두 강 사이의 땅에서 초기 농업이 꽃을 피웠고, 식량을 풍족하게 생산할 수 있게 되면서 문명이 번성할 수 있었다.

수메르의 왕들은 에리두Eridu, 우루크, 키시Kish, 우르Ur 등의 거대한 도시들을 건설했다. 특히 전성기 시절 우루크에는 6만 명이나 되는 사람들이 살았다. 가족과 친구, 무역과 종교, 정치와 전쟁 등 삶의 모든 것이 그곳에 있었다. 우리가 이런 사실을 알 수 있는 이유는 약 5,000년 전에 이 나라에서 '쓰기'[2]가 발명되었기 때문이다.

1 고대 알고리즘

점토에 새기다

쓰기는 젖은 점토 조각에 단순한 표시를 새기면서 발전한 것으로 보인다. 원래 점토 조각은 기록을 유지하거나 물건을 교환하는 데 사용되었다. 또 수확량이나 가축의 수를 표시하는 데 쓰이기도 했다. 시간이 지나면서 수메르인들은 더 큰 점토 조각에 좀 더 복잡한 무늬를 새기기 시작했다. 간단한 그림문자들 또한 수 세기에 걸쳐 완전한 모양의 문자 시스템으로 발전했는데, 이를 설형문자楔形文字라고 부른다. 이 문자의 이름은 젖은 점토에 갈대 줄기를 찍어서 생긴 독특한 쐐기 모양 표시에서 유래되었다. 쐐기 모양을 기하학적으로 배열해 각종 부호들을 표시한 것이다. 부호를 새긴 점토판은 햇볕에 말려 보관했다. 지금 봐도 이 점토판들은 매우 아름답다. 쐐기 모양은 얇고 우아하며, 부호는 규칙적이고, 문자는 행과 열이 깔끔하게 맞춰져 있다.

쓰기의 발명은 공동체에 필연적인 변화를 가져왔다. 점토판은 시간과 공간을 뛰어넘어 의사소통을 할 수 있게 했다. 사람들은 편지를 보낼 수 있게 되었으며, 모든 거래를 기록해 나중에도 내용을 확인할 수 있도록 했다. 쓰기가 발달하면서 시민사회는 더 원활하게 돌아갔고, 더 빨리 확장되었다. 설형문자는 1,000년 동안 수메르어를 기록하는 데 사용되었다.

기원전 24세기, 수메르는 아카드 제국Akkadian Empire[3] 군대의 침략을 받았다. 정복자들은 수메르어의 기록 방식을 제국의 언어에 맞게 조정했다. 한동안은 두 언어가 모두 사용되었지만, 정치권력이 이동하면서 점차 아카드 제국의 언어가 점토판에 새겨지는 유일한 언어가 되었다.

아카드 제국은 3세기 동안 존속했다. 제국이 무너진 후, 점령당했던 도시국가들은 분열되었다가 북쪽은 아시리아, 남쪽은 바빌로니아로 통합되었다. 그리고 기원전 18세기, 바빌로니아의 왕 함무라비(B.C. 1792~B.C. 1750)가 메소포타미아의 도시들을 모두 통일시키면서 바빌로니아의 수도 바빌론은 메소포타미아 문명의 확고한 중심지가 되었다. 왕의 지시에 따라 장엄한 기념물과 아름다운 사원 들이 건설되면서 바빌론은 크게 확장되었고, 바빌로니아는 지역의 초강대국이 되었다. 아카드어와 아카드의 설형문자는 외교에 활용되는 중동 전역의 공통 언어가 되었다.

1,000년 이상 이어진 바빌로니아의 통치는 바빌론이 페르시아의 왕 키루스 대제Cyrus the Great에게 거의 저항도 하지 못하고 함락되면서 막을 내렸다. 키루스의 페르시아 제국은 오늘날의 이란에 수도를 두고 보스포루스 해협Bosporus strait에서 파키스탄 중부까지, 흑해에서부터 페르시아 만까지 영토를 넓혀나가며 중동 전역을 지배했다. 그러면서 페르시아의 설형문자가 모든 행정에 사용되었다. 얼핏 보기에는 아카드의 것과 비슷하지만 완전히 다른 부호들이 페르시아어와 함께 새롭게 점토판에 새겨졌고, 아카드 문자의 사용은 크게 줄어들었다. 바빌로니아가 멸망한 지 4세기가 지난 후, 사람들은 더 이상 아카드 문자를 사용하지 않았다. 고대 수메르어와 아카드의 설형문자에 대한 지식 역시 빠르게 사라졌다.

고대 메소포타미아의 도시들은 점점 황폐해졌고, 수천 개의 점토판들은 폐허 아래에 깔려버렸다. 이렇게 사라진 문명의 기록이 땅속에 묻힌 채 2,000년이 지났다.

마침내 모습을 드러내다

유럽의 고고학자들은 19세기부터 발굴단과 함께 메소포타미아의 유적을 조사하기 시작했다. 그들은 발굴한 유물을 검사하기 위해 유럽으로 보냈는데, 그중에는 무언가가 새겨진 점토판들도 있었다. 어떤 종류의 문자와 부호 들로 보였지만 해석할 수가 없었다.

이미지의 비문을 해독하는 어려운 작업에 아시리아 학자들이 동원되었다. 마침내 자주 반복되는 특정 부호를 식별하고 해독할 수 있게 되면서 왕과 지방의 이름이 분명해졌다. 그러나 그 외의 문자들은 여전히 해독할 수 없었다.

베히스툰 비문Behistun Inscription의 발견은 의문의 전환점이 되었다. 이 비문에는 다리우스왕이 사슬로 손이 묶인 죄수들에게 징벌을 내리는 장면을 묘사한 양각 그림이 설명과 함께 새겨져 있었다. 학자들은 포로들이 입고 있는 옷을 보고 이들이 페르시아 제국 전역에서 온 사람들임을 알아냈다. 이 양각 비문은 이란 서부에 있는 자그로스 산맥 기슭, 고대 도로가 내려다보이는 석회암 절벽 높은 곳에 새겨져 있으며, 높이 15미터, 폭 25미터의 장엄한 크기를 자랑한다.

그러나 이 비문의 중요성이 밝혀진 때는 영국 동인도회사 관리인 헨리 롤린슨 경Sir Henry Rawlinson(1810~1895)이 비문이 있는 곳을 방문한 뒤였다. 롤린슨 경은 절벽에 직접 올라가 비문에 새겨진 설형문자의 사본을 떴다. 그 과정에서 또 다른 비문 2개를 발견했지만, 안타깝게도 접근할 수가 없었다. 하지만 끈질긴 롤린슨 경은 1844년에 다시 돌아와 현지 청년들의 도움을 받아서 나머지 두 비문의 사본을 뜨는 데 성공했다.

3개의 비문에는 고대 페르시아어, 엘람어, 바빌로니아어 등 서로 다른 언어가 새겨져 있었는데, 내용은 모두 같았다. 왕이 자신에게 권력이 있음을 주장하며 반대파에게 무자비한 숙청을 단행했다는 것이었다. 그러나 고대 페르시아어는 수 세기 동안 부분적으로만 해석할 수 있었다. 롤린슨 경은 2년에 걸친 노력 끝에 비로소 고대 페르시아 문자의 완역본을 편집, 출판했다.

롤린슨 경과 그의 열혈 후원자들은 고대 페르시아어의 해석을 참고해 바빌로니아 문자를 해석하는 데 성공했고, 이것이 아카드어 점토판과 수메르어 점토판을 해독하는 결정적인 열쇠가 되었다.

그들은 점토판이 보관되어 있는 바그다드, 런던, 베를린 등지의 박물관에 찾아가 모든 점토판의 부호와 수메르어, 아카드어, 바빌로니아어 메시지를 해독했다. 오랫동안 잃어버렸던 문명이 드디어 모습을 드러낸 것이다.

초기 점토판의 메시지는 간단했다. 그들은 왕의 통치나 중요한 전투 날짜 같은 주요 사건들을 기록했다. 시간이 지나면서 주제는 더 다양해졌다. 여러 전설이 발견되었는데, 그중에는 『길가메시 서사시』 같은, 기록으로 전해지는 세계 최초의 이야기도 포함되어 있었다. 법률, 법적 계약, 회계, 세금 장부 등 시민사회의 일상적인 행정도 밝혀졌다. 왕과 왕비가 주고받은 편지들도 있었는데, 여기에는 무역 거래, 왕실 간의 결혼 제안, 전쟁의 위협 등이 상세히 적혀 있었다. 연가戀歌와 마법 주문 등을 포함한 개인적인 편지들도 발견되었다. 이런 온갖 문서들 속에서, 학자들은 우연히 고대 메소포타미아의 알고리즘을 발견했다.

현존하는 메소포타미아 알고리즘의 대부분은 당시 수학을 배우던 학생들이 쓴 것들이다. 다음 표본은 구 바빌로니아 시대Old Babylonian로 일

컬어지는 함무라비 왕조(B.C. 1800~B.C. 1600. B.C. 911~B.C. 608까지의 아시리아 점령기 이후 B.C. 608~B.C. 539까지는 신 바빌로니아 시대라고 부른다—옮긴이) 시대의 것이다. 정확하지는 않지만 텍스트의 언어 스타일과 사용된 기호로 대략적으로 시대를 추정했다고 한다. 이 알고리즘은 영국 박물관과 베를린 박물관이 소장한 조각들을 짜맞춰 알아낸 것으로, 원본의 일부는 여전히 유실된 상태다.

동그란 점토판에 지하수 저장고의 길이와 폭을 계산하기 위한 알고리즘이 적혀 있다. 격식을 갖춘 문장은 구 바빌로니아 알고리즘과 일치한다. 첫 세 줄은 풀어야 할 문제에 대한 간결한 설명이고, 나머지 부분은 해설이다. 이해를 돕기 위해 문장들을 일반적인 알고리즘 형식으로 정리해보았다.

저수조.
높이 3.33에 용량 27.78의 지하 저수조를 팠다.
길이는 너비보다 0.83만큼 더 길다.
먼저 높이 3.33의 역수 0.3을 구해야 한다.
여기에 용량 27.78을 곱하면 8.33이 된다.
0.83을 반으로 나누고 그 값을 제곱하면 0.17이 된다.
거기에 8.33을 더하면 8.51이 된다.
8.51의 제곱근은 2.92다.
이 숫자에 1번은 0.42를 더하고, 또 1번은 0.42를 뺀다.
0.42를 더한 값 3.33은 길이고,
0.42를 뺀 값 2.5는 너비임을 알 것이다.

이것이 절차다.

제시된 질문은 저수조의 길이와 너비를 계산하라는 것이다. 저수조의 용량은 높이와 함께 제시되어 있다. 저수조의 길이와 너비와의 차이도 명시되어 있다. 이제 실제 길이와 너비를 구해야 한다.

"구해야 한다"라는 문구는 앞의 문제를 계산해야 그다음 문제를 해결할 방법을 알 수 있음을 나타낸다. 마지막에는 알고리즘이 끝났음을 보여주는 "이것이 절차다"라는 선언이 이어진다.

구 바빌로니아 시대의 알고리즘은 결코 간단하지 않다. 이 알고리즘은 용량을 높이로 나누어 저수조 바닥의 면적을 구한다. 바닥 면적의 제곱근을 구하면, 사각형 바닥의 길이와 너비를 알 수 있다. 이때 원하는 직사각형 바닥을 만들기 위해서는 조정이 이루어져야 한다. 둘레가 정해지면 그 둘레 길이의 정사각형 면적이 가장 작아지므로, 원하는 직사각형의 면적은 정사각형의 면적보다 약간 더 클 것이다. 그 면적의 차이는 한 면의 길이가 원하는 길이와 너비 차이의 절반인 정사각형의 면적과 같으므로, 알고리즘은 이 면적의 차이를 정사각형 바닥 면적에 더한다. 그리고 이 면적이 더해진 직사각형의 너비를 계산한다. 정사각형의 한 면을 잡아당겨 원하는 크기의 직사각형을 만드는 것이다. 마주 보는 두 변의 길이가 원하는 길이의 절반만큼 늘어났고(너비와의 차이), 다른 두 변의 길이는 같은 양만큼 줄어들었다. 그 결과, 정확한 치수의 직사각형이 생성된다.

앞장의 알고리즘은 10진법을 사용하고 있지만, 원본에서 바빌로니아인들은 60진법을 사용했다. 10진법 체계는 10개의 숫자(0~9)를 사용하지만 60진법 체계에서는 60개의 고유 숫자(0~59)를 사용한다. 두 체계 모두 숫자의 가중치는 소수점으로부터의 위치에 따라 결정된다. 10진법에서는 오른쪽에서 왼쪽으로 이동할 때마다 각 숫자가 선행 숫자의 10배를 나타낸다. 숫자에 10·100·1,000의 가중치를 부여하는 셈이다. 예를 들어, 10진법 숫자 421은 400과 20과 1을 더한 것이다. 60진법에서는 숫자가 오른쪽에서 왼쪽으로 이동할 때마다 선행 숫자의 60배가 된다. 반대로 왼쪽에서 오른쪽으로 이동하면, 각 자리는 선행 숫자의 60분의 1이 된다. 따라서 60진법에서 63.20은 60과 3과 60분의 20을 더한 숫자로, 10진법으로는 63 또는 63.333이다. 바빌로니아 숫자 체계의 유일한 장점은 3으로 나눈 숫자를 10진법보다 훨씬 더 쉽게 표기할 수 있다는 것이다.

우리에게 바빌로니아 숫자 체계는 이상하게 보인다. 하지만 사실 우리는 시계를 볼 때마다 그들의 숫자 체계를 사용하고 있다. 1분은 60초, 1시간은 60분이다. 그리고 새벽 3시 4분은 자정 이후 184분이 지난 시각이다.

바빌로니아 수학에는 세 가지 특이한 점이 있다. 첫째, 소수점을 쓰지 않는다. 그래서 바빌로니아 학자들은 문맥에 근거하여 소수점의 위치를 추론해야 했다. 이 방법에는 분명 문제가 있었을 것이다. 달러와 센트 사이에 구분(소수점)이 없는 가격표를 생각해보라! 둘째, 바빌로니아인들에게는 숫자 영(0)을 나타내는 기호가 없었다. 우리는 타원 모양으로 영을 표시한다. 셋째, 나눗셈은 약수의 역수를 곱해서 수행했다. 예를 들자면, 바빌로니아인들은 2로 나누는 것이 아니라 2분의 1을 곱했다. 그래서 당시 학생들은 계산 속도를 높이기 위해 미리 계산된 역수

표와 곱셈표를 참조했다.

'YBC 7289'라는 이름의 이 점토판(그림 1.2)은 바빌로니아 수학이 얼마나 놀라운 수준이었는지를 보여준다. 기원전 1600년에서 1800년경에 이미 그들은 마주 보는 모서리를 2개의 대각선으로 연결한 정사각형을 묘사할 수 있었던 것이다. 정사각형의 변의 길이는 30단위로 표시되어 있고, 대각선의 길이는 2의 제곱근의 30배로 기록되어 있는데, 이 값들은 우리가 학교에서 배운 피타고라스 정리를 가리킨다. 피타고라스 정리에 따르면, 직삼각형에서 사변(가장 긴 변)의 제곱은 다른 두 변 길이의 제곱의 합과 같다.

그런데 이 점토판은 피타고라스가 태어나기 1,000년 전에 새겨졌다. 수학자들에게 이 말은 마치 바이킹 유적지에서 전구를 발견했다는 소리와 같다! 그래서 이 발견은 수학의 역사에 대한 근본적인 의문을 제기하는 발견이기도 하다. 피타고라스는 과연 이 알고리즘을 혼자서 발명했을까? 아니면 그도 여행 중에 알게 되었을까? 이 알고리즘이 잊혔

그림 1.2 예일대학교 바빌로니아 컬렉션이 소장하고 있는 점토판 YBC 7289.
(예일대학교 바빌로니아 컬렉션 제공)

1 고대 알고리즘

다가 피타고라스에 의해 완전히 별개로 재창조된 것은 아닐까? 메소포타미아인들은 이외에 또 어떤 알고리즘을 발명했을까?

또한, YBC 7289 점토판에는 2의 제곱근이 (10진법으로 환산했을 때) 1.41421296이라고 적혀 있다. 이는 매우 흥미로운데, 오늘날 우리는 2의 제곱근이 (소수점 아홉 번째 자리까지) 1.414213562라는 것을 알고 있기 때문이다. 놀랍게도 점토판의 값은 지금의 값과 소수점 일곱 번째 자리까지 0.00006밖에 차이 나지 않을 정도로 정확하다. 바빌로니아인들은 2의 제곱근을 어떻게 그렇게 정확하게 계산할 수 있었을까?

2의 제곱근을 계산하는 것은 결코 만만한 일이 아니다. 가장 간단한 방법은 그리스의 발명가이자 수학자인 알렉산드리아의 헤론Heron of Alexandria의 근사 알고리즘[4]이다. 그러나 헤론도 YBC 7289가 새겨진 지 무려 1,500년 후인 기원후 10~70년에 살았던 인물이다. 그러니 우리는 바빌로니아인들이 그와 똑같은 방법을 고안했다고 가정할 수밖에 없다.

헤론의 알고리즘은 질문을 뒤집는다. "2의 제곱근은 얼마인가?"라고 묻지 않고, "자체 수를 2번 곱해서 2가 나오는 숫자는 무엇인가?"라고 묻는 것이다. 그리고 이는 추측으로 시작해 반복을 통해 계속 개선된다.

2의 제곱근을 추측해보시오.
다음과 같이 추측 수를 반복해서 생성하시오.
　2를 현재 추측한 수로 나누시오.
　거기에 현재 추측한 수를 더하시오.
　이 수를 다시 2로 나누어 새 추측 수를 구하시오.
가장 나중에 추측한 수 2개가 거의 같아지면 반복을 멈추시오.

가장 나중에 추측한 수가 2의 제곱근에 대한 근사치다.

이 알고리즘이 다음과 같이 가장 말도 안 되는 추측으로 시작했다고 가정해보자.

$$2$$

2를 추측한 수 2로 나누면 1이 된다. 여기에 2를 더하고, 이를 다시 2로 나누면 다음과 같은 수가 나온다.

$$1.5$$

2를 다시 새 추측 수 1.5로 나누면 1.333이 된다. 여기에 추측 수 1.5를 더하고 다시 2로 나누면 다음의 수가 나온다.

$$1.416666666$$

이 과정을 1번 더 반복하면 다음의 수가 나온다.

$$1.41421568$$

실젯값에 가까운 수가 도출되었다.

여기서 알고리즘은 어떻게 작동할까? 우리가 2의 제곱근의 실젯값을 알고 있다고 가정해보자. 2를 이 숫자로 나누면, 2의 제곱근의 실젯 값과 정확히 똑같은 수가 나올 것이다.

그럼 마지막으로 추측한 수가 2의 제곱근보다 더 크다고 해보자. 2를 그 숫자로 나누면 2의 제곱근보다 더 작은 값을 얻게 될 것이다. 실제 제곱근 값은 바로 이 두 숫자 사이에 있다. 하나는 좀 더 크고 하나는 좀 더 작으니, 두 숫자의 평균을 계산해 보다 개선된 추정치를 구할 수 있다(두 숫자의 합을 2로 나눈다는 의미다). 결국 개선된 추정치는 두 숫자의 중간값이다.

이 절차, 즉 나누기와 평균 계산을 반복하면 더 정밀한 추정치를 구할 수 있다. 계속 반복할수록 추정치는 제곱근의 실젯값으로 수렴된다.

추측한 수가 제곱근의 실젯값보다 작은 경우에도 이 과정이 유용하다는 점에 주목해보자. 이 경우, 예시와는 달리 나눗셈으로 얻은 수가 실 젯값보다 더 크지만, 여전히 두 값 사이에 실젯값이 존재한다.

지금도 제곱근을 추정할 때 헤론의 접근 방법이 사용된다. 그레그 피Greg Fee는 1996년에 2의 제곱근을 1,000만 자리까지 나타내기 위해 이 알고리즘의 확장 버전을 사용했다.[5]

심지어 메소포타미아 수학자들은 그들의 알고리즘을 저장 방법의 수준까지 발전시켰다. "이 숫자를 머릿속에 간직하시오"라는 명령어는 오늘날의 컴퓨터에서도 사용되는 데이터 저장 지침의 원조라고 할 수 있다.

이쯤 되니 바빌로니아 알고리즘에 명시적인 의사결정 단계(if-then-other)가 없는 것이 오히려 이상하게 느껴진다. 사실 바빌로니아인들은 'If-then' 규칙을 비수학적인 지식을 체계화하기 위해서 사용했다. 기원전 1754년에 제정된 것으로 알려진 함무라비 법전은 시민들이 지켜야 할 282개의 법을 기록한 책인데, 모든 법에 다음과 같이 죄의 내용과 그에 따른 처벌이 언급되어 있다.

아들이 아버지를 때리면, 그의 손가락을 잘라야 한다.
누군가가 다른 사람의 눈을 상하게 하면, 그 사람의 눈도 상하게 해야 한다.

'If-then' 구조는 의학 지식과 미신 행위를 설명하는 데에도 사용되었다. 기원전 650년경 니네베Nineveh(고대 아시리아의 수도—옮긴이)에 있었던 아슈르바니팔Ashurbanipal 왕의 도서관에서는 다음과 같은 예언이 발견되었다.

도시가 언덕에 세워지면, 그 도시에 사는 사람들에게 좋지 않은 일이 생길 것이다.
자신도 모르게 도마뱀을 밟아 죽이면, 적에게 승리할 것이다.

비록 의사결정 단계는 없었지만, 메소포타미아인들은 알고리즘을 통해 다양한 문제를 해결했다. 대출 이자를 계산했고 천문을 보고 예언했으며 심지어 이차방정식도 풀었다. 이처럼 대부분의 알고리즘은 실용적으로 응용되었으나, 오직 수학 자체만을 위한 알고리즘도 있었다.

우아함과 아름다움

상형문자를 사용하던 이집트에서도 쓰기가 메소포타미아와 거의 동시대에 발명되었다. 그러나 부패하기 쉬운 파피루스 두루마리를 사용했기 때문에 이집트 수학의 증거는 거의 남아 있지 않다. 현존하는 기록 중 가장 주목할 만한 것은 스코틀랜드의 골동품상 헨리 린드Henry Rhind가 1858년 이집트 남부 룩소르Luxor에서 사들인 파피루스 두루마리다. 현재 영국 박물관에 소장되어 있는 린드의 파피루스는 기원전 2000년경에 만들어진 원본의 고대 사본이다. 길이 5미터, 폭 33센티미터의 이 두루마리에는 산술, 대수, 기하학에 관한 문제들이 적혀 있다. 다만, 각 학문에 대한 기본 설명은 잘 기록되어 있으나 알고리즘에 관련된 내용은 거의 없다. 고대 이집트 수학에서는 전반적으로 알고리즘이 그다지 발달하지 않은 듯하다.

페르시아 제국이 등장한 이후, 몇 세기 동안은 헬라(그리스) 문화권이 수학 분야를 주도했다. 그리스인들은 무역과 전쟁을 통해 메소포타미아인들과 이집트인들로부터 많은 것을 배워갔다.

그리스의 알렉산더대왕(B.C. 356~B.C. 323)은 기원전 333년에서 323년까지 중동 전체를 지배했다. 무력으로 주변 도시 국가들을 통일시키면서 그의 정복 시대가 시작되었다. 이 젊은 황제는 이후 5,000명의 기병과 32,000명의 보병을 이끌고 소아시아(아시아 대륙의 서쪽 끝. 현재의 튀르키예 지역─옮긴이)로 진군했다. 이 전쟁에서 알렉산더는 자신이 뛰어난 군사 전술가이자 영감을 주는 지도자임을 입증했다. 그의 군대는 시리아, 이집트, 페니키아, 페르시아, 아프가니스탄의 도시들을 차례로 점령했다. 그러나 기원전 323년, 알렉산더는 상습적인 폭음으로 열병에 걸렸고, 불과 며칠 후 32세의 나이로 바빌론에서 요절했다. 알렉산더의 거대한 제국은 그의 휘하에 있던 장군 4명에게 분할되었다. 이때 알렉산더의 절친한 친구이자 그의 이복동생으로 추정되는 프톨레마이오스Ptolemy(B.C. 367~B.C. 283)가 이집트의 지배자가 되었다.

프톨레마이오스가 즉위하면서 처음 내린 결정 중 하나는 이집트의 수도를 멤피스Memphis에서 알렉산드리아Alexandria로 이전하는 것이었다. 알렉산드리아는 알렉산더가 이집트의 옛 도시 위에 직접 세운 도시로, 그 지역에서 가장 이상적인 위치에 자리 잡고 있었다.

나일 삼각주의 서쪽 가장자리이자 지중해 연안에 위치해 있는 이 천혜의 항구는 해군과 상인 들이 나일강에 쉽게 접근할 수 있는 길목이었다. 바지선들이 물건들을 나일강 상류로 운반하고, 나일강 상류와 홍해 사이에 낙타부대들이 끊임없이 다니면서 무역이 번창했다. 이집트인, 그리스인, 유대인 들이 이곳으로 몰려들었고, 알렉산드리아는 당대 최대의 도시가 되었다. 그리스의 역사학자 스트라보Strabo(B.C. 64?~A.D. 23?)는 알렉산드리아를 이렇게 묘사했다.

> 이 도시는 아름다운 공원과 왕궁이 도시 전체의 4분의 1 혹은 3분의 1을 차지한다.
> 해안가를 따라 부두, 군사 및 상업 항구, 무기고 들이 광대하게 늘어서 있고, 나일강 하구의 마레오티스 호수까지 운하가 연결되어 있으며, 웅장한 사원들, 원형경기장, 스타디움이 있다.
> 한마디로 알렉산드리아에는 공공건물과 신성한 건물 들이 넘쳐난다.

이후 프톨레마이오스는 알렉산드리아 대등대Lighthouse of Alexandria를 건설하라고 명령했다. 고대 7대 불가사의 중 하나인 이 거대한 등대는 탁 트인 바다와 항구 사이에서 방파제 역할을 하던 파로스섬에 건설되었다. 우아하게 디자인된 100미터 높이의 3단 석탑은 낮에는 거울로 빛을 반사하고 밤에는 불을 밝혀 이 일대를 항해하는 배들을 위한 표지가 되어주었다.

또, 프톨레마이오스는 무세이온Mouseion이라는 왕립 연구기관을 설립했는데, 이 기관은 그리스 신화에 나오는 학예의 여신 '뮤즈Muses'를 모시는 곳이었다. 박물관museum이라는 단어의 유래가 바로 여기에서 나왔다. 무세이온은 오늘날의 연구소와 비슷한 성격으로, 지중해 주위의 탐험가, 과학자, 작가, 수학자 들을 끌어모았다.

무세이온 중 가장 유명한 건물은 현대에도 잘 알려진 알렉산드리아 도서관Library of Alexandria이었다. 이 도서관은 모든 지식의 저장소가 되겠다는 목표를 가지고 세워졌기에, 왕으로부터 후한 자금 지원을 받으면서 세계 최대의 두루마리 집합소라는 명성을 얻었다. 전성기에는 20만 권이 넘는 장서를 소장했었던 것으로 전해진다. 이를 위해 항구로 들어오는 모든 배에 실린 두루마리를 검사했고, 그렇게 찾은 자료들을 모두 징발해 사본을 만들어 도서관에 모아 놓았다. 덕분에 알렉산드리아 도서관은 지중해권 최대이자 최고의 학문적 중심이 되었다.

유클리드Euclid(B.C. 3~4세기)는 아마 당시 알렉산드리아에서 가장 위대한 학자였을 것이다. 안타깝게도 프톨레마이오스 1세의 통치 기간에 도시에 학교를 열었다는 것 외에는 그에 대해 알려진 바가 거의 없다. 저작들도 대부분 유실되었다. 그의 책 중 5권의 사본만이 남아 있을 뿐이다. 유클리드의 가장 위대한 연구는 그가 쓴 수학 교과서인 『유클리드의 기하학 원리Euclid's Elements of Geometry』다. 이 책에서 그는 기하학, 비율, 정수론整數論 등 선대 학자들의 연구를 13개의 장으로 집대성했다. 시대를 거치면서 『유클리드의 기하학 원리』는 복사와 번역이 되풀이되었다. '유클리드 알고리즘'으로 알려진 내용은 제7권에 수록되어 있다.

유클리드 알고리즘은 두 숫자의 최대공약수GCD를 계산할 수 있다. 예를 들어, 12에는 6개의 약수가 있다. 바로 12, 6, 4, 3, 2, 1이다. 18에도 18, 9, 6, 3, 2, 1 등 6개의 약수가 있다. 따라서 12와 18의 최대공약수는 6이다. 두 숫자의 최대공약수는 이렇게 두 숫자의 모든 약수를 나열하고, 두 목록에서 공통되는 수 중 가장 큰 값을 찾으면 된다. 그러나 이런 접근 방식은 작은 숫자의 경우에는 괜찮지만, 큰 숫자의 경우에는 시간이 오래 걸린다. 유클리드는 두 숫자의 최대공약수를 찾는 훨씬 빠른 방법을 생각해냈다. 이 방법의 장점은 번거로운 나눗셈과 곱셈을 사용할 필요없이, 뺄셈만으로 계산이 가능하다는 것이다.[6]

유클리드 알고리즘은 다음과 같이 작동한다.

한 쌍의 숫자를 입력으로 인식하시오.
다음 단계를 반복하시오.
　큰 수에서 작은 수를 빼시오.
　큰 수를 여기서 구한 수로 대체하시오.
두 숫자가 같아지면 반복을 멈추시오.
그 숫자가 최대공약수다.

12, 18이라는 2개의 수를 입력으로 인식했다고 하자.

큰 수에서 작은 수를 빼면 6이 나온다. 더 큰 수인 18을 6으로 대체한다. 이제 12와 6이 한 쌍의 수가 되었다.

큰 수에서 작은 수를 빼면 다시 6이 나온다. 12를 6으로 대체하면, 6과 6이 한 쌍의 수가 된다.

두 숫자가 같아졌으므로, 최대공약수는 6이다.

이 알고리즘이 어떻게 답을 도출하는지 바로 이해하기는 어렵다. 그러니 우리가 처음부터 최대공약수를 안다고 가정해보자. 최대공약수는 두 수 모두의 약수이기 때문에 처음 2개의 숫자는 모두 최대공약수의 배수여야 한다. 또 두 수가 모두 최대공약수의 배수이기 때문에 큰 수와 작은 수의 차이(큰 수에서 작은 수를 뺀 수)도 최대공약수의 배수여야 한다. 그리고 정의에 따라 두 수의 차이는 큰 수보다 작아야 한다. 이는 큰 수를 두 수의 차이로 대체하면 두 수의 차이가 감소한다는 것을 의미하며, 그 과정에서 두 수는 점점 최대공약수에 가까워지게 된다. 두 수와 그 두 수 간의 차이 또한 언제나 최대공약수의 배수이므로, 이 과정을 여러 번 반복하면 차이가 점점 줄어들고, 결국 0이 된다. 최종적으로 두 수가 같아지면 두 수는 최대공약수의 최소 배수, 즉 최대공약수×1과 같다. 이 시점에서 알고리즘은 답을 도출하고 계산을 종료한다.

이 버전의 유클리드 알고리즘은 반복을 명령한다. 즉 반복 단계가 포함되어 있는 것이다. 이를 '재귀적'이라고도 표현하는데, 알고리즘이 스스로를 호출하면 재귀가 일어나기 때문이다. 알고리즘이 스스로를 호출할 때마다 입력 숫자가 간단해진다는 것이 이 알고리즘의 기본 아이디어다. 호출을 여러 차례 반복할수록 입력 숫자는 점점 더 간단해지고, 최종적으로 답이 명확하게 도출된다. 이처럼 재귀는 강력한 구조다. 유클리드 알고리즘의 재귀 버전은 다음과 같이 작동한다.

한 쌍의 숫자를 입력으로 인식하시오.

큰 수에서 작은 수를 빼시오.

큰 수를 여기서 구한 값으로 대체하시오.

두 수가 같아지면(if)

다음에는(then) 그 두 수 중 하나를 출력하시오. 그것이 최대공약수다.

그렇지 않으면(else) 새 숫자 쌍에 계속 이 알고리즘을 적용하시오.

여기에서는 단계의 반복이 명시되어 있지 않다. 알고리즘은 알고리즘 자체의 실행을 요구할 뿐이다. 하지만 알고리즘은 실행할 때마다 18과 12의 쌍에서 12와 6의 쌍, 그다음은 6과 6의 쌍으로 더 작은 숫자끼리의 쌍을 만들어낸다. 결국 알고리즘이 입력으로 인식하는 한 쌍의 수는 같아지고, 답이 도출된다.

유클리드 알고리즘의 재귀 버전은 훌륭하다. 아주 효과적이면서도 매우 효율적이다. 그리고 여기에는 단순한 기능 이상의 것이 있다. 바로 대칭이라는 아름다움과 우아함이다. 이 알고리즘은 상상력과 세련미를 보여준다. 이 모든 것이 유클리드 알고리즘을 위대하게 만드는 요소들이다. 이처럼, 위대한 알고리즘은 수수께끼를 푸는 시와 같다.

1 고대 알고리즘

소수素數 찾기

기원전 3세기, 에라토스테네스Eratosthenes(B.C. 276~B.C. 195)가 알렉산드리아 도서관의 책임자로 임명되었다. 그리스인들이 건설한 북아프리카의 도시 키레네Cyrene에서 태어난 에라토스테네스는 어린 시절의 대부분을 아테네에서 보냈다. 그는 중년의 나이에 프톨레마이오스 3세(프톨레마이오스 1세의 손자)의 부름을 받고 이 거대한 도서관의 책임자로서 왕의 아들을 가르쳤다.

에라토스테네스는 지구의 둘레를 측정한 인물로 잘 알려져 있다. 그는 하짓날(년 중 낮이 가장 긴 날) 정오에 알렉산드리아 지상의 말뚝 그림자가 그곳으로부터 800킬로미터 남쪽에 있는 시에네(오늘날의 아스완Aswan, 이집트 남동부의 도시—옮긴이) 지상에 박힌 같은 높이의 말뚝 그림자보다 더 길다는 것을 발견했다. 두 그림자 길이의 차이는 지구의 호에서 알렉산드리아와 시에네 사이만큼의 길이와 비례했다. 그는 두 도시 사이의 거리와 그림자 길이의 비율을 결합해 지구의 둘레에 대한 추정치를 산출했다. 놀랍게도, 지구의 둘레가 두 도시 사이의 거리의 50배라는 그의 계산은 오늘날 우리가 알고 있는 지구 둘레의 값과 16퍼센트밖에 차이가 나지 않을 만큼 정확했다.

에라토스테네스는 또 수학 연구의 일환으로 소수를 찾는 중요한 알고리즘인 '에라토스테네스의 체Sieve of Eratosthenes'를 발명했다. 소수는 약수가 1과 자기 자신밖에 없는 수를 말한다. 처음 5개의 소수는 2, 3, 5, 7, 11이다.

소수는 찾기 어렵기로 악명 높다. 그 숫자는 무한히 많지만, 수직선數直線(오른쪽에 양수를, 왼쪽에 음수를 나타낸 직선. 1차원의 좌표계라고 할 수 있다—옮긴이)에 무작위로 흩어져 있기 때문에 현대의 컴퓨터로도 새 소수를 찾는 데 시간이 꽤 걸린다. 일부 알고리즘이 빠른 방법을 제공하긴 하지만, 지금까지도 모든 소수를 쉽게 찾을 수 있는 방법은 없다.

에라토스테네스의 체는 다음과 같이 작동한다.

숫자들을 2부터 필요한 만큼 나열하시오.
다음 단계를 반복하시오.
　동그라미가 그려져 있지 않거나 줄로 지워지지 않은 첫 번째 숫자를 찾으시오.
　그 수에 동그라미를 그리시오.
　그 수의 배수를 모두 줄로 지우시오.
모든 숫자에 동그라미가 그려졌거나 줄이 그어졌다면, 반복을 멈추시오.
동그라미가 그려진 숫자가 소수다.

15까지의 숫자에서 소수를 모두 찾으려 한다고 가정해보자. 첫 단계는 2에서 15까지의 숫자를 적는 것이다. 다음으로, 2에 동그라미를 그리고 4, 6, 8 등 2의 배수를 모두 줄로 지운다.

②　3　4̶　5　6̶　7　8̶　9　1̶0̶　11　1̶2̶　13　1̶4̶　15

다음에는 3에 동그라미를 그리고 6, 9, 12, 15 등 3의 배수를 모두 지운다.

　　　　　　　　　　　　　　1 고대 알고리즘

②③ ̶4̶ 5 ̶6̶ 7 ̶8̶ ̶9̶ ̶1̶0̶ 11 ̶1̶2̶ 13 ̶1̶4̶ ̶1̶5̶

4는 이미 지워졌으므로 다음 동그라미는 5에 그리고, 5의 배수를 모두 지운다(15밖에 없는데 이미 지워졌다). 이런 식으로 계속하다 보면 최종 목록은 다음과 같이 정리된다.

②③ ̶4̶ ⑤ ̶6̶ ⑦ ̶8̶ ̶9̶ ̶1̶0̶ ⑪ ̶1̶2̶ ⑬ ̶1̶4̶ ̶1̶5̶

여기서 체를 통과한 숫자(동그라미가 그려진 숫자)가 소수다.

에라토스테네스의 체의 장점 중 하나는 곱셈을 사용하지 않는다는 것이다. 배수가 계속 차례로 생성되는 구조이기 때문에, 동그라미가 그려진 숫자를 반복해서 더하기만 하면 곱셈을 사용하지 않고도 배수를 만들 수 있다. 예를 들어, 2의 배수는 2를 계속 더하면 된다. 그러면 4, 6, 8이 나온다.

저장량이 크다는 것이 이 알고리즘의 약점이다. 처음 7개의 소수를 도출하기 위해서는 18개의 숫자를 저장해야 한다. 하나의 숫자가 제거되었는지 아닌지를 기록하면 저장량이 줄어들 수 있지만, 이 복잡한 저장 방식은 큰 소수를 찾을 때 여전히 문제가 된다. 다행히 최신 컴퓨터는 에라토스테네스의 체를 사용해 여덟 자릿수 이하의 모든 소수를 찾을 수 있다. 현재까지 알려진 가장 큰 소수의 자릿수는 무려 23,249,425자리다(2018년 3월 기준).

알렉산드리아의 무세이온은 300년 동안 가르침과 배움의 등불이었다. 그러나 이후 재앙을 겪으면서 급격히 쇠퇴하기 시작했다. 기원전

48년, 율리우스 카이사르의 군대는 프톨레마이오스 10세의 힘을 무력화시키기 위해 알렉산드리아 항구의 횃불로 그들의 함선을 태워버렸다. 불이 부두까지 번지면서 도서관도 큰 피해를 입었다. 272년에는 이집트에서 폭동이 일어나 무세이온이 완전히 파괴되었다. 391년에는 세라피스 신전Temple of Serapis이 알렉산드리아의 콥트 교회 주교 테오필로Theophilus의 명령에 의해 파괴되었는데, 테오필로가 알렉산드리아 도서관도 파괴하라고 명령했다는 주장도 있다. 415년에는 여성 수학자 히파티아Hypatia(370?~415)가 기독교 군중에게 살해되었고, 641년에 이집트의 무슬림 정복을 이끈 아무르 이븐 알아살사흐미Amr ibn al-Asal-Sahmi 장군의 군대가 알렉산드리아를 점령하면서 결국 도서관은 완전히 파괴되었다.

알렉산드리아의 무세이온은 6세기 동안 고대 그리스 시대의 가장 훌륭한 학문 중심지였지만, 이곳만이 당대의 논리와 이성의 유일한 거점은 아니었다. 지중해 반대편에서 한 천재가 모든 수학에서 가장 중요한 숫자 중 하나를 계산할 수 있는 알고리즘을 발명했다. 그의 알고리즘은 이후 거의 1,000년 동안 다른 모든 알고리즘을 능가했다.

2

끝없이 팽창하는 원들

아르키메데스가 푼 정확한 원주율을 기억할 수 있다면 얼마나 좋을까.

> J. S. 맥케이의 『π, $\frac{1}{\pi}$, e의 기억법』에 따라
> 원주율 계산법을 재검증하려 한 무명 작가

괴베클리 테페Göbekli Tepe는 튀르키예 남부, 유프라테스강 본류와 가까운 곳에 있는 신석기 시대 유적이다. 이 유적지를 발굴하자 신비로운 거대 구조물이 모습을 드러냈다. 4미터 높이의 석회암 기둥이 너비 10미터에서 20미터가량의 원을 그리며 세워져 있다. 이 원들은 더 큰 돌기둥 무리의 중심에 있다. 그 기둥들은 길쭉한 T자 모양같이 생겼는데, 대부분 동물 그림이 가득 새겨져 있다. 사람의 손과 팔을 연상시키는 무늬도 군데군데 있다. 이 유적에는 모두 20개의 원과 약 200개의 기둥이 있다.

구조도 인상적이지만, 괴베클리 테페의 가장 특이한 점은 돌기둥들이 만들어진 시대다. 기원전 1만 년에서 8000년경에 만들어진 것으로

추정되는데, 이는 고대 수메르 시대보다 더 앞선 시기로, 괴베클리 테페가 세계에서 가장 오래된 거석 문화 시대 유적지임을 말해준다.

거대한 원을 만드는 관습은 괴베클리 테페가 세워진 때부터 6,000년이 지난 후까지도 여전히 유럽에 존재했다. 이처럼 오랫동안 인류가 건축물 등으로 원을 표현한 것에 특별한 이유가 있을까?

복잡한 이야기

원의 기본 특성은 중심에서 둘레까지의 거리가 일정하다는 것이다. 이 거리를 반지름이라고 한다. 그리고 지름, 즉 원의 너비는 반지름의 2배다. 원주는 원의 둘레 길이다. 원이 클수록 원주와 지름도 커진다. 원주와 지름의 관계는 측정을 통해 알 수 있다. 원의 지름을 잰 다음, 그 길이를 원주와 비교해보는 것이다. 그러면 원주의 길이가 지름의 3배가 조금 넘는다는 사실을 알게 될 것이다. 그리고 측정을 반복해보면, 원의 크기가 어떻든 그 비율이 일정하다는 것을 알 수 있다. 물론 '3배 조금 넘는다'라는 말은 수학적인 관점에서 썩 만족스러운 표현은 아니다. 수학자들은 정확한 답을 원하기 때문이다. 원의 지름과 원주의 정확한 비율을 구하는 일은 이들에게 있어 영원한 탐구 주제다.

그 실젯값이 얼마가 됐든 간에, 지름에 대한 원주의 정확한 비율은 오늘날 그리스 문자 'π(파이)'로 표기한다. π라는 문자를 이런 목적으로 처음 사용한 사람은 고대 그리스인이 아니라 웨일스인 수학자 윌리엄 존스로, 1707년에 쓰기 시작했다.

π의 정확한 값을 구하는 것은 불가능하다. 독일의 수학자 요한 하인리히 람베르트 Johann Heinrich Lambert(1728~1777)는 π가 무리수라는 것을 증

명했는데, 이는 계산에 무한히 많은 숫자가 필요하다는 의미다. 아무리 계산해도 같은 패턴만 반복될 뿐 끝나지 않는다. 그래서 구한 최선의 값이 어림수 π다.

아마도 π는 처음 몇 개의 정수 이후 수학에서 가장 중요한 숫자일 것이다. π가 없었다면 우리는 원과 구에 대해 추론하는 데 어려움을 겪을 것이다. 또한 원운동, 회전, 진동은 수학적으로 풀 수 없는 문제일 것이다. 현재 π는 건축에서 통신, 우주 비행에서 양자역학에 이르기까지 다양한 응용 분야에서 사용되고 있다.

원래 π의 추정치는 한 자릿수까지만 정확했다. 기원전 2000년경에 바빌로니아인들이 π를 $\frac{25}{8}=3.1255$로 추정했는데, 이는 두 자릿수까지 정확한 수치다. 이집트의 린드 파피루스는 보다 근접한 근사치 $\frac{256}{81}=3.16049$를 제시했는데, 이는 거의 세 자릿수까지 정확하다. 그러나 π의 적정 근사치를 결정하는 데 있어 진정한 첫 돌파구가 된 것은 그리스의 수학자 아르키메데스(B.C. 287~B.C. 212)의 알고리즘이다.

아르키메데스는 가장 위대한 고대 수학자로 여겨진다. 그는 그리스의 식민지였던 시칠리아의 시라쿠사_Syracuse라는 도시에서 태어났다. 이외에 아르키메데스의 자세한 생애는 거의 알려져 있지 않다.

오늘날 아르키메데스는 알몸인 채 거리로 뛰어나와 "유레카(마침내 발견했다)!"라고 외친 사람으로 기억되는데, 이 일화는 로마 시대의 건축가 비트루비우스_Vitruvius에 관한 기록에서 유래되었다. 어느 날, 아르키메데스는 왕으로부터 왕관을 검증해달라는 요청을 받았다. 왕은 금세공 장인이 순금을 값싼 은금 합금으로 몰래 바꿔치기했다고 의심하고 있었다. 하지만 겉보기에 그 합금은 순금과 똑같았다. 과연 아르키메스는 진실을 규명할 수 있을까?

다행히 은금 합금과 순금 사이에는 한 가지 주목할 만한 차이가 있었다. 순금의 밀도가 더 높다는 것이었다. 물체의 밀도는 무게(또는 질량)를 부피로 나눈 값이다. 왕관의 무게는 쉽게 측정할 수 있었다. 그러나 모양이 불규칙해서 부피를 파악하는 것은 불가능해 보였다.

어느 운명적인 밤, 아르키메데스는 욕조에 몸을 담그다 목욕물이 넘치는 것을 우연히 보게 되었다. 그 순간, 그는 물체를 물에 담갔을 때 넘치는 물의 양을 측정하면 불규칙한 물체의 부피를 알 수 있다는 사실을 깨달았다. 이를 통해 아르키메데스는 왕관의 밀도를 구할 수 있었다. 왕의 의심대로 왕관은 순금이 아니었다. 왕관을 만든 금세공 장인은 벌을 받았다.

이후 아르키메데스는 지렛대의 법칙law of the lever[1]을 포함해 기계학의 여러 중요한 문제들을 해결했다. 하지만 그의 가장 큰 공헌은 기하학에 있다. 그는 π의 정확한 값을 찾기 위해 연구를 계속했다. 그리고 결국 알고리즘을 사용해 그때까지 들어본 적 없는, 거의 정확한 π의 값을 계산해냈다.

π의 근사치를 계산하기 위한 아르키메데스의 알고리즘은 다음 세 가지 통찰력을 기반으로 한다. 첫째, 정다각형은 원에 근접한 도형이다. 둘째, 다각형의 변은 직선이므로 그 둘레를 계산하기 쉽다. 셋째, 정다각형의 변이 많을수록 원에 가까워진다.

원을 하나 떠올린 후, 원 안쪽에 정육각형을 그려보자(그림 2.1). 육각형의 모서리는 원의 둘레에 닿아 있고, 변은 원의 바로 안쪽에 접해 있는 것이다. 이 육각형의 둘레는 원의 둘레에 가깝지만, 육각형이 원보다 작으므로 육각형의 둘레 길이는 원의 둘레 길이보다 조금 더 짧다는 것을 추론할 수 있다.

정육각형은 원의 중심을 향해 사변이 서로 붙어 있는 삼각형이 6개 배치되어 있는 모습과 같다. 이 삼각형들은 정삼각형이다. 즉, 세 변의 길이가 모두 같다. 또, 육각형은 변이 6개이므로, 육각형의 둘레는 삼각형의 변 6개와 같다. 육각형의 지름은 삼각형의 변 2개와 같다. 따라서 육각형의 둘레와 직경의 비율은 $\frac{6}{2}=3$이다. 그러므로 π에 대한 적정 근사치는 3이다.

이제 원 외부에 육각형을 그린다고 생각해보자(그림 2.1). 이 경우 육각형의 각 면이 원에 닿아 있으므로, 원의 지름은 육각형의 중심에서 한 변까지의 거리를 2배 늘린 것과 같다. 그리고 육각형의 둘레는 원의 지름의 2배다. 여기에서 π는 3.46410과 같다고 추론할 수 있다.[2] 그러나 이 추정치는 실젯값에 가깝지만, 아직 너무 크다.

아르키메데스는 알고리즘을 통해 이 값을 개선했다. 알고리즘을 반복할 때마다 다각형의 면 수를 2배씩 늘린 것이다. 앞에서 말했듯, 다각

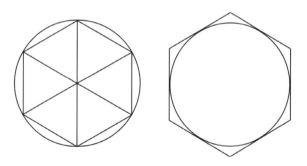

그림 2.1 원의 내부 육각형(왼쪽)과 외부 육각형(오른쪽).
원의 내부 육각형에는 정삼각형 6개가 들어 있다.

형의 변이 많을수록 근사치는 π에 더 가까워진다.

아르키메데스의 알고리즘은 다음과 같이 작동한다.

내부 다각형과 외부 다각형의 둘레를 입력으로 인식하시오.

내부 둘레와 외부 둘레를 곱하시오.

이 값을 둘레의 합으로 나누시오.

이 값이 새 외부 다각형의 둘렛값이다.

새 외부 둘레에 이전 내부 둘레를 곱하시오.

그 값의 제곱근을 구하시오.

이 값이 새 내부 다각형의 둘렛값이다.

이제 새 내부 다각형과 외부 다각형의 둘렛값을 출력하시오.

첫 번째 반복에서 알고리즘은 육각형을 12각형으로 바꾼다. 그러면 π의 추정치는 3.10582(내부 다각형)과 3.21539(외부 다각형)라는 여섯 자리 숫자로 개선된다.

아르키메데스 알고리즘의 장점은 계속 다시 적용할 수 있다는 것이다. 이전 실행에서 나온 출력을 다음 반복 때 입력으로 공급할 수 있다. 이런 식으로 12각형은 변이 24개인 24각형으로, 다시 48각형으로, 96각형으로 바뀔 수 있다. 알고리즘이 반복될 때마다 내부 다각형과 외부 다각형은 각각 원에 근접하면서 더 정확한 π값을 도출한다.[3]

아르키메데스는 96각형에서 계산을 종료하고 $\frac{223}{71}$과 $\frac{22}{7}$이라는 π값의 추정치를 구했는데, 전자는 네 자릿수까지 정확하다. 후자는 정확성은 떨어지지만, 단순해서 더 인기가 있다.

비극적이게도, 아르키메데스는 시라쿠사 대약탈이 일어났을 때 로마 군인에게 살해되었다. 살해 이유로는 여러 이야기가 전해진다. 아르키메데스가 아주 흥미로운 문제를 푸는 중이라며 군인과 함께 그의 상관에게 가는 것을 거절했기 때문이라는 설도 있고, 군인이 아르키메데스의 과학 도구들을 훔치는 것을 막으려다가 죽임을 당했다는 설도 있다. 놀라운 것은, 1699년에 아르키메데스의 알고리즘을 능가하는 알고리즘이 나오기까지 거의 2,000년이라는 시간이 걸렸다는 것이다.

세계 기록

고고학적 증거에 따르면, 메소포타미아, 이집트와 거의 동시대에 중국에서 문명이 출현했다. 중국의 도시 사회는 양쯔강과 황하의 둑을 따라 발달하기 시작한 것으로 보인다. 다만 글씨를 쓰는 데 사용되었던 대나무 조각은 썩기 쉬워서, 초기 중국 수학은 거의 알려져 있지 않다. 또한 당시에도 동서 간 소통을 했지만, 중국 수학은 대체로 독자적으로 발전한 듯하다.

현존하는 가장 오래된 중국 수학 문헌인 『주비산경周髀算經』은 기원전 300년경에 쓰여졌다. 이 책은 달력과 기하학에 초점을 맞추고 있으며, 피타고라스 정리까지 적어놓았다. 린드 파피루스와 유사한 수학 문제 요약집 『구장산술九章算術』도 거의 같은 시기에 등장했다.

중국에서는 서양보다 π에 대한 연구를 열심히 했던 것 같다. 유휘劉徽는 264년에 변이 96개인 원 내부 다각형을 사용해 3.14라는 세 자릿수 근사치를 구했다. 그리고 나중에 연구 범위를 변이 3,072개인 다각형으로 확장해 3.14159라는 여섯 자리까지 정확한 추정치를 구했다.

조충지祖沖之(430~501)는 아들 조긍지祖暅之의 도움으로 5세기에 훨씬 더 개선된 추정치를 산출했다. 이 부자는 아르키메데스의 접근법과 유사한 다각형 방법을 사용했지만, 인내심을 발휘해 더 많이 반복 계산을 했다. 그들이 계산한 추정치의 상한값과 하한값은 3.1415927과 3.1415926으로, 무려 소수점 일곱 자리까지 정확하다. 이 기록은 거의 900년 동안 깨지지 않았다. 오늘날, 우리는 π값을 3.14159265359로 12자리까지 알고 있다.

π값을 계산하는 것은 이제 컴퓨터 알고리즘의 몫이 되었다. 기네스북에 따르면, 가장 정확한 π값은 무려 31조 자리나 된다. 이 값을 계산해낸 프로그램은 일본의 이와오 엠마 하루카Emma Haruka Iwao가 쓴 알고리즘이며, 이 알고리즘은 구글 클라우드의 가상 머신 25개에서 실행돼 끝나기까지 121일이 걸렸다.

계산술

기원전 212년에 일어난 아르키메데스의 죽음은 로마가 유럽을 점령하는 전조를 알리는 사건이었다. 고대 그리스는 기원전 146년에 로마에게 멸망했다. 로마제국은 기원전 1세기부터 5세기까지 지중해 일대를 지배했다. 그리고 로마제국이 멸망하면서 유럽 문명도 함께 붕괴되었다. 유럽 수학의 불꽃은 이후 1,000년 동안 깜박거리며 꺼져갔다. 유럽이 어둠 속에 갇혀 있는 동안, 동양에서 몇몇 학문 중심지가 불을 밝히고 있었다.

칼리프(이슬람 국가의 통치자를 가리키는 칭호―옮긴이) 하룬 알 라시드(아바스 왕조의 5대 칼리프―옮긴이)는 762년경 새 수도 바그다드에 일종의 연구 및 번역 기관인 지혜의 집Bayt al-Hikmah을 설립했다. 이 기관은 그의 후계자들에 의해 확대돼, 9세기부터 13세기까지 일대의 지적 중심지로 성장하면서 이슬람 황금 시대를 활짝 열었다. 이곳에서 일하는 학자들은 그리스어와 인도어로 쓰여진 과학책과 철학책 등을 아랍어로 번역했다. 또 수학, 지리, 천문학, 물리학에 대한 독창적인 연구를 수행하기도 했다.

지혜의 집에서 가장 영향력 있는 지식인은 무함마드 이븐 무사 알콰리즈미Muhammad Ibn Musa Al-Khwarizimi였다. 그는 780년부터 850년까지 바그다드에 살았지만, 그의 생애에 대해서는 알려진 것이 많지 않다. 그가 쓴 주요 저서 3권이 전해질 뿐이다.

알콰리즈미의 대표 저서『완성과 균형에 의한 계산 개론The Compendious Book on Calculation by Completion and Balancing』은 대수학에 초점을 맞추고 있다. 실제로 대수학을 뜻하는 영어 단어 'algebra'는 이 책의 제목 중 완성alJabr이라는 아랍어에서 파생되었다. 이 책은 알고리즘을 사용해 수학 문제, 특히 일차방정식과 이차방정식⁴을 푸는 방법에 대해 설명한다. 그런데 정작 사람들의 눈길을 사로잡은 것은 알콰리즈미의 설명 방식이었다. 그것은 다른 책들보다 더 체계적이고, 단계적이며, 알고리즘적이었다.

825년에 알콰리즈미가 쓴 교과서『인도 계산술에 관하여On the Hindu Art of Reckoning』는 오늘날 우리가 사용하는 숫자를 포함해 10진수 체계에 대해 설명한다. ('알고리즘'이라는 단어는 이 책의 라틴어 제목 'algoritmi de numero Indorum'에 붙어 있는 그의 이름에서 유래했다.) 10진수 체계는 이집트 기자Giza의 피라미드 건설 시기와 거의 동시대인 기원전 2600년경에 꽃을 피운 인더스 계곡 문명(현재의 파키스탄 남부)에 그 뿌리를 두고 있다. 이

지역의 초기 수학에 대해서는 여러 종교 문헌에서 취합한 것 외에는 그다지 알려진 것이 없다. 비문들을 통해 0이 없는 9개의 인도-아라비아 숫자(1~9)가 기원전 3세기에서 기원후 2세기 사이에 이 지역에 나타났음을 알 수 있을 뿐이다. 실제로 650년경 메소포타미아에 살았던 세베루스 세보크트Severus Sebokht 주교는 편시에서 0이 없는 9개의 인도 숫자를 명확하게 언급했다. 그리고 거의 비슷한 시기에 0이라는 숫자가 인도에서 모습을 드러냈다.

8세기에 이르자 많은 페르시아 학자들이 편리성을 이유로 인도-아라비아 숫자 체계를 채택했다. 결국 알콰리즈미의 책이 인도-아라비아 숫자들이 서양으로 뻗어가는 통로가 된 것이다. 『인도 계산술에 관하여』는 1126년, 영국 바스Bath 태생의 자연철학자 애덜라드Aderlard에 의해 라틴어로 번역되었다. 그 후, 1202년에 이탈리아의 수학자 레오나르도 피사노Leonar'do Pisa'no(1170~1250, 본명 피보나치Fibonacci)가 『산반서算盤書, Liber Abaci』를 펴냈다. 아쉽게도 알콰리즈미 사후 400년이 지난 1258년, 지혜의 집은 몽골의 침략으로 파괴되고 말았다.

놀랍게도 새 숫자 체계의 보급은 매우 느렸다. 로마 숫자가 인도-아라비아 숫자로 대체되기까지에는 수 세기나 걸렸다. 유럽 학자들은 주판으로 계산을 하고 그 결과를 로마 숫자로 기록해야만 비로소 만족했던 것 같다. 10진수 체계는 주판을 사용한 계산술이 펜과 종이 계산으로 전환된 16세기에 이르러서야 사람들이 선호하는 선택지가 되었다.[5]

겹치고 또 겹치는 파동들

14세기에서 17세기까지 이어진 유럽 르네상스는 고전 철학, 문학, 예술의 재발견을 이끌어냈다. 수학 또한 회계, 기계학, 지도 제작 같은 실용 부문에 응용되면서 화려하게 부활했다. 그리고 15세기에 발명된 인쇄기는 학문과 지식의 확산을 더욱 촉진시켰다.

이어진 18세기의 계몽주의는 서구 철학에 혁명을 가져왔다. 수 세기 동안 군림해왔던 신조는 증거와 이성을 추구하는 흐름에 휩쓸려나갔고, 수학과 과학이 사상의 토대가 되었다. 기술의 발전은 사회 구조를 통째로 변화시켰다. 민주주의와 개인의 자유 추구가 대세가 된 것이다.

사고의 변화, 무거운 세금 그리고 흉작은 1789년에 일어난 프랑스 혁명의 도화선이 되었다. 이 피로 물든 대격변 속에서 한 프랑스 수학자가 훗날 세계에서 가장 자주 사용되는 알고리즘 중 하나가 될 알고리즘의 이론적 토대를 마련했다.

장 바티스트 조제프 푸리에Jean-Baptiste Joseph Fourier(1768~1830, 그림 2.2)는 1768년 프랑스 오세르Auxerre에서 태어났다. 9살에 고아가 된 푸리에는

그림 2.2 프랑스 조각가 피에르-알폰세 페사르가 만든 푸리에 흉상. 1839년.

종교 기관이 운영하는 지역 학교에서 교육을 받았다. 이 소년의 수학적 재능은 10대에 접어들면서 명확히 드러나기 시작했지만, 그는 사제가 되기 위한 교육을 받을 수밖에 없었다. 성인이 된 후, 푸리에는 결국 사제의 길을 포기하고 수학에 전념했고, 교사가 되었다. 하지만 곧 프랑스 전국을 휩쓴 정치적 격변에 휘말렸다. 혁명의 이상에 고무된 푸리에는 정치적 행동주의로 전향했고, 오세르 혁명 위원회에 가입했다. 이후 테러가 발생했고, 그는 자신이 경쟁 파벌들 사이의 폭력 분쟁에 연루된 것을 알았다. 그리고 이로 인해 투옥되었다가 겨우 단두대행을 모면했다.

그 후, 푸리에는 파리로 가서 다시 교사로 일하기 시작했다. 탁월한 수학적 재능 덕분에 새로 설립된 에콜 폴리테크니크Ecole Polytechnique의 교수진에 임명된 그는 불과 2년 후에 분석 및 기계학과장이 되었다. 예상치 못한 사건들이 삶의 방향을 바꾸기 전까지, 평생을 학교에서 보내는 것이 푸리에의 운명인 것처럼 보였다.

푸리에는 나폴레옹 군대의 이집트 원정에 함께할 과학 고문으로 임명되었다. 프랑스군은 1798년 7월 1일에 알렉산드리아를 점령했지만, 이후 패색이 짙어지면서 이집트를 떠났다. 이때 푸리에는 카이로에 그대로 남아 과학적 의무를 이행하면서 시간이 날 때마다 이집트 유물 연구도 병행했다.

나폴레옹은 푸리에를 본국으로 송환해 그르노블Grenoble 시가 있는 알프스 지역 이제르 데파르트망Department of Isère주의 지사로 임명했다. 이곳에서 그의 최고 대표작이 탄생했다. 1822년에 『열 해석이론Théorie Analytique de la Chaleur』이 출판된 것이다. 이 책은 명목상으로는 쇠막대기의 열전도에 관한 것이었지만, 더 중요한 것은 푸리에가 이 책에서 모든 파형을 적절하게 지연되고 크기가 조절된 고조파高調波, harmonic wave들의 합으로 볼 수 있음을 시사했다는 사실이다. 그의 가설은 당시에는 매우 논란이 되었지만, 이후 옳았다는 것이 입증되었다.

푸리에의 이론을 이해하기 위해 사고 실험을 하나 해보고자 한다. 수영장 한쪽 끝에 파동기(파도를 일으키는 기계—옮긴이)를 설치하고, 반대쪽 끝에는 파도가 영향을 미치지 않는 충분한 양의 물이 있다고 생각해보자. 이때 파동기가 수영장 길이만큼의 단일 파형을 생성한다고 가정한다. 그리고 다음 물마루가 나타나기 전에 물마루가 수영장의 한쪽 끝에서 다른 쪽 끝으로 이동하는 것을 관찰한다. 이 단순 파형을 1차 고조파라고 부르자. 그 주기, 즉 두 물마루 사이의 거리는 수영장의 길이와 같다.

이제 파동기가 2배 더 빨리 움직인다고 생각해보자. 이번에는 파형의 두 사이클이 수영장의 길이와 같다. 다시 말해, 하나의 물마루가 아니라 2개의 물마루를 볼 수 있는 것이다. 이 파형이 2차 고조파다. 2차 고조파의 주기는 수영장 길이의 절반과 같다.

기계의 속도를 다시 2배 높인다. 이번에는 파형의 주기가 수영장 길이의 4분의 1이 된다. 이것이 3차 고조파다.

또다시 속도를 2배 올려 4차 고조파를 얻는 식으로 계속할 수 있으며, 이 같은 고조파가 연속되는 것을 '푸리에 급수'[6]라고 부른다.

푸리에의 진짜 비범한 아이디어는 앞에서 말한 것처럼 모든 파형이 어떤 형태로 나타나든 조절되고 지연된 고조파의 합과 같다고 주장했다는 것이다. 여기서 조절scaling은 파형의 크기가 늘어나거나 줄어드는 것을 말한다. 파형의 크기가 늘어나면scale up 파형의 마루는 더 높아지고, 골은 더 낮아진다. 파형의 크기가 줄어들면scale down 그 반대가 된다. 파형을 지연시킨다는 것은 파형의 마루와 골이 수영장 끝에 더 늦게 도착한다는 의미다.

이제 고조파가 결합되어 생기는 효과를 알아보자(그림 2.3). 먼저 1차 고조파의 진폭을 1이라고 하자. 파형의 진폭은 정지 상태로부터의 최대 편차고, 고조파의 진폭은 마루의 높이다. 따라서 2차 고조파는 진폭이 1차 고조파의 절반이다. 3차 고조파는 진폭이 다시 1이 되고, 주기가 절반으로 지연된다. 이 고조파들을 모두 더하면 새로운 복합 파형이 나온다. 더하는 과정은 실제로 파동끼리 만날 때 일어나는 일과 흡사하다. 파동은 그저 다른 파동 위에 올라타려고만 한다. 이를 물리학 용어로 파동이 '겹친다superpose'라고 표현한다.

파형을 추가하는 것은 쉽다. 하지만 그 반대 과정은 훨씬 복잡하다. 그렇다면 복합 파형이 주어진 경우, 이를 구성하는 각 고조파의 진폭과 지연 시간을 어떻게 알 수 있을까? 그 답을 구하는 알고리즘이 바로 푸리에 변환Fourier Transform, FT이다.

푸리에 변환은 모든 파형을 입력으로 인식하고 그것을 구성하는 고조파들로 나눈다. 최종으로 출력되는 결과는 모든 고조파의 원래 파형에서의 진폭과 지연이다. 예를 들어 그림 2.3의 오른쪽과 같은 복합 파형이 주어지면, 푸리에 변환은 파형을 구성하는 세 고조파의 진폭과 지연을 도출한다. 이 복합 파형의 경우, 그것을 구성하는 각 고조파의 진폭은 1, $\frac{1}{2}$, 1이다. 첫 번째 항목이 1차 고조파의 진폭이고, 두 번째 항목은 2차 고조파의 진폭이다. 그리고 측정된 각 고조파의 주기는 $0, 0, \frac{1}{2}$이다.

처음에는 물리학자들만 푸리에 변환에 관심을 가졌다. 이 알고리즘의 진정한 가치는 컴퓨터가 발명된 후 수십 년이 지나서야 명백하게 드

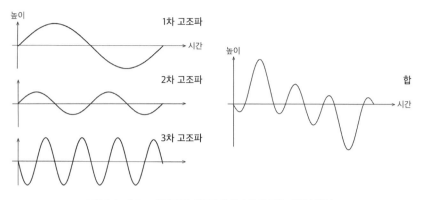

그림 2.3 세 고조파(왼쪽)와 이들이 합쳐져 생긴 복합 파형(오른쪽).
2차 고조파는 주기가 절반으로 조절되었고, 3차 고조파는 주기가 4분의 1로 지연되었다.

러났다. 모든 종류의 파형을 빠르고 저렴하게 분석해주는 장치가 바로
컴퓨터였기 때문이다.

컴퓨터는 파형을 숫자 목록으로 저장한다(그림 2.4). 그리고 모든 숫
자는 특정 시점의 파형의 정도를 나타낸다. 큰 양수는 파형의 마루와 관
련이 있고, 큰 음수는 골과 관련이 있다. 컴퓨터는 일정한 간격으로 파
형 높이의 '표본'을 측정하기 때문에, 이 숫자들도 표본이라고 부른다.
표본이 충분히 자주 인식되면, 숫자 목록은 파형의 모양에 합당한 근사
치를 제공한다.

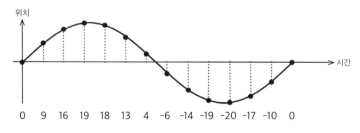

그림 2.4 신호를 나타내는 데 사용되는 파형 및 관련 표본값.

푸리에 변환은 1차 고조파를 생성하면서 시작된다. 생성된 1차 파형은 하나의 주기(하나의 마루와 하나의 골)를 가지고 있고, 입력 파동과 길이가 같다. 이 알고리즘은 표본별로 2개의 숫자 목록을 곱한다(예: [1, −2, 3]×[10, 11, 12]=[10, −22, 36]). 그다음 이 값을 모두 합한다. 총합은 입력 파형과 1차 고조파의 교차 상관이다. 상관성은 두 파형의 유사성 정도를 말하는데, 상관성이 높다는 것은 1차 고조파가 강하게 입력됐다는 의미다.

이제 알고리즘은 1차 고조파의 주기가 4분의 1로 지연될 때까지 상관 절차를 반복한다. 이때의 상관성은 입력 파형과 지연된 1차 고조파 간의 유사성을 나타낸다.

2개의 상관값(지연된 것과 지연되지 않은 것)이 합동으로 1차 고조파의 진폭과 지연 시간에 대한 추정치를 생성한다. 진폭은 두 상관값의 제곱의 합의 제곱근을 표본 숫자로 나눈 수다. 지연 시간은 두 상관값의 비교율比較率을 계산해서 구한다. 비교율은 두 고조파가 시간적으로 얼마나 가까운지를 나타낸다.

이 2개의 상관값과 합동 과정이 모든 고조파에서 반복되면서 각 고조파의 진폭과 지연 시간을 형성하는 것이다.

요약하면, 푸리에 변환 알고리즘은 다음과 같이 작동한다.

파형을 입력으로 인식하시오.
가능한 모든 고조파에 대해 다음 단계를 반복하시오.
　고조파를 생성하시오.
　입력 파형과 고조파를 교차 상관시키시오.

고조파의 주기를 4분의 1만큼 지연시키시오.

입력 파형과 지연된 고조파를 교차 상관시키시오.

고조파의 전체 진폭과 지연 시간을 계산하시오.

모든 고조파의 처리가 완료되면 반복을 중지하시오.

모든 고조파의 진폭과 지연을 출력한다.

이 알고리즘을 실행해보면, 복합 파형을 고조파들로 나누는 과정은 그저 수학적 차원의 문제에 불과한 것처럼 보인다. 주장을 입증한다는 점에서는 좋지만 실용성은 거의 없어 보이기 때문이다. 그러나 결코 그렇지 않다! 실제로 푸리에 변환은 시그널 분석에 광범위하게 사용되고 있다.

시그널은 시간에 따라 달라지는 실체적 양의 개념이다. 그리고 음향 시그널은 우리가 들을 수 있는 기압의 변화다. 음성 인식 시스템(애플의 시리나 갤럭시의 빅스비 등)에서 푸리에 변환은 추가 분석에 앞서 소리 시그널을 그것을 구성하는 고조파들로 분류한다. 디지털 음악 재생기(음악 스트리밍 회사 스포티파이나 타이달 Tidal 등) 또한 중복 고조파 정보를 식별하고 데이터 저장 공간을 줄이기 위해 푸리에 변환에 의존한다.

또, 무선 신호는 전자 기기를 이용해 감지할 수 있는 전자기 파동이다. 우리에게 없어서는 안 될 무선 통신 시스템Wi-Fi은 푸리에 변환 덕분에 무선 신호를 통해 데이터를 효율적으로 송수신하게 된 셈이다.

이처럼 푸리에 변환은 현실에서 매우 유용하게 사용되지만, 대량의 컴퓨팅 연산 능력을 필요로 한다. 특히 긴 파형의 경우 이를 교차 상관시키는 데 엄청난 시간이 걸리기 때문에, 현대 장비에서는 기존 알고리즘의 변형, 고속 푸리에 변환FFT을 사용하고 있다.

FFT는 군사적 목적으로 1965년에 발명되었다. 냉전이 한창이던 당시, 미국은 소련의 핵실험을 감시하고 싶어 했는데, 이를 실행할 수 있는 유일한 방법은 우방 국가의 측정소에서 핵실험 폭발로 인한 지진 진동을 측정하는 것이었다. 그러나 푸리에 변환을 이용한 지진 데이터 분석은 너무 느렸다. 이에 수학자 제임스 쿨리James Cooley(1926~2016)와 존 튜키John Tukey[7](1915~2000)가 훨씬 더 짧은 시간에 같은 결과를 얻을 수 있는 새로운 버전의 알고리즘을 고안했다.

이들의 알고리즘은 고조파 파형의 대칭을 활용해 상관 단계 간의 결과를 공유한다. 고조파 파형에서 골은 마루의 반향에 불과하다. 마찬가지로 마루의 상승부는 하강부의 반사 이미지고, 높은 고조파는 낮은 고조파의 가속 버전이다. 따라서 그 중간 결과를 재사용하면 계산에서 불필요한 반복을 없앨 수 있다.

이 아이디어는 대성공이었다. 쿨리-튜키 FFT 덕분에 미군은 소련의 핵실험 위치를 15킬로미터 범위 이내로 찾을 수 있게 되었다.

그런데 FFT의 '발명' 이후 거의 20년 만에, 이 알고리즘이 180년 전에 이미 발견되었다는 사실이 밝혀졌다. 독일의 위대한 수학자 카를 프리드리히 가우스Carl Friedrich Gauss(1777~1855)가 1805년에 천문학적 데이터를 분석할 때 이 알고리즘을 사용했던 것이다. 하지만 완벽주의자였던 가우스는 그것을 발표할 기회가 없었다. 그래서 가우스가 이 알고리즘을 썼다는 것은 그의 사후에 수집된 논문들을 통해 뒤늦게 밝혀졌다. 가우스의 논문은 이 주제에 대한 푸리에의 연구보다 시기적으로 훨씬 더 앞서 있다. 그러니 이 알고리즘은 '고속 가우스 변환'이라고 부르는 것이 더 적절할지도 모른다!

푸리에는 1830년 5월 16일에 사망했다. 그의 이름은 그가 세운 과학적 업적을 기리고자 에펠탑 옆면에 새겨졌다. 푸리에의 파란만장한 삶은 산업혁명의 흐름과 거의 정확히 일치한다. 수공업은 불과 70년 만에 기계로 대체되었다. 이런 변화 속에서 기계가 옷감을 짜는 일뿐만 아니라 계산까지 해낼 수 있을지 궁금해한 영국인이 있었다. 과연 산수에도 산업혁명이 일어날 수 있을까?

3

컴퓨터의 꿈

지난 50년 동안 문명의 역사에서 가장 명백하고 두드러지는 특징은 기계의 적용, 옛 기술 절차의 개선 그리고 새로운 기술의 발명을 통한 산업 생산의 놀라운 증가다.

> 토마스 헨리 헉슬리, 생물학자
> 『지난 반세기에 걸친 과학의 발전The Advance of Science in the Last Half-Century』(1887) 중에서

수동으로 계산을 하는 일은 느리고 지루하다. 그래서 발명가들은 수천 년 동안 빠르게 계산할 수 있는 장치를 설계하기 위해 노력해왔다. 제작에 성공한 첫 번째 장치는 주판이다. 수메르인들이 기원전 2500년경에 발명한, 자갈과 모래 글씨를 사용한 탁상용 주판은 숫자 세는 법을 발전시켰다. 나중에는 선과 기호를 탁자 표면에 새김으로써 더 빠르게 계산을 할 수 있게 되었다. 구슬과 가로 막대가 있는 주판은 중국에서 발명되었다. 고대 로마인들이 유럽에서 주판을 대중화하기 훨씬 전에 말이다.

최초의 기계식 계산기는 17세기에 프랑스와 독일에서 각각 발명되었다. 덧셈과 뺄셈이 수동 크랭크로 구동되는 기계의 레버, 톱니바퀴,

기어의 움직임으로 수행되었다. 그러나 이 복잡한 수제 장치는 비싸고 신뢰성도 떨어져, 대부분은 부자들에게 진귀한 물건으로 팔리는 데 그쳤다.

18세기 말과 19세기 초, 산업혁명이 도래했다. 기술자들은 증기와 흐르는 물로 구동되는 기계를 발명해 전통적인 수동식 생산을 대체했다. 기계 생산으로의 전환은 생산성의 급속한 증가와 더불어 중대한 사회적 변화를 가져왔다. 노동자들이 시골에서 도시로 대거 이동해 시끄럽고 어두운, 때로는 위험하기까지 한 공장에서 기계와 함께 일하기 시작한 것이다.

동력으로 작동하는 직조기(베틀)가 일정한 작업 능력을 뽐내며 옷감을 생산했다. 프랑스의 방직공이자 상인이었던 조제프 마리 샤를Joseph Marie Charles(1752~1834), 일명 자카르Jacquard는 1804년에 직조기를 혁신적으로 재설계했다. 자카르의 직조기는 카드에 뚫린 구멍(천공)의 패턴에 따라 직물을 짰다. 천공 배열이 루프(고리)에 연결되어 있어 기계가 프로그래밍된 패턴을 반복하는 방식이었다. 패턴을 변경해 다른 무늬의 직물을 짤 수도 있었다.

그 덕분에 유럽은 19세기 초 무렵에 손으로 작동시켜야 하는 계산기와 증기로 작동하는 프로그램 직조기를 보유하게 되었다. 어린 시절부터 기계에 매료되었던 영국의 한 수학자는 이 개념들을 결합할 수 없을까 하는 호기심을 갖기 시작했다. 증기로 작동하는 프로그램 기계라면, 어떤 인간보다도 빠르고 신뢰성 있게 계산을 할 수 있지 않을까? 그의 이런 생각이 세상을 변화시켰다.

시계태엽을 이용한 컴퓨터

찰스 배비지Charles Babbage(1792~1871, 그림 3.1)는 1791년 영국 서리주의 월워스Walworth에서 태어났다. 부유한 은행가의 아들인 배비지는 수학도가 되어, 독학으로 18세에 케임브리지대학교에 입학했다. 그러나 곧 수학과가 다소 재미없고 실망스러운 곳이라는 것을 알게 되었다. 완고한 성격이었던 그는 시험위원이나 미래에 자신의 고용주가 될 사람 들의 비위를 맞추려고 애쓰지 않았다. 그래서인지 뛰어난 수학 실력에도 불구하고 졸업 후 학계에 자리를 잡지 못했다. 아버지가 주는 용돈에 의존하던 배비지는 독자적으로 수학을 연구하기로 결심했고, 수도 런던으로 가서 본격적인 과학 인생을 시작하면서 일련의 유명한 논문들을 발표했다.

배비지가 쓴 것과 같은 논문들은 과학 연구의 생명선이라고 할 수 있다. 논문은 그 타당성을 뒷받침하는 실험적 결과를 수반하는 새로운 아이디어와 수학적 증거를 설명하는 보고서다. 과학은 증거에 의존하며, 그 증거는 반드시 검증되어야 한다. 또, 실험은 반복될 수 있어야 한다. 그래서 논문이 발표되면, 그 분야의 전문가들이 그 논문을 검토한다. 그리고 최고의 논문만이 출판될 수 있다. 가장 중요한 점은, 논문에 제시된 아이디어가 새롭고, 증명되어야 한다는 것이다. 권위 있는 잡지나 콘퍼런스에서 출판되는 논문들은 과학계의 이해 당사자들에게 새로운 아이디어를 전파하고, 그 논문을 쓴 과학자의 경력 이정표가 되어 그의 업적과 그 분야에서의 입지를 보여준다.

당시의 과학 연구는 공적 지원 자금이 부족해 부유한 열성 지지자들의 후원을 받는 몇몇 대학에서만 수행되었다. 그래서 과학적인 담론들이 부자들의 사교 모임에서 논의되는 경향이 있었다. 심지어 '과학자'라

그림 3.1 찰스 배비지(왼쪽, 1871년)와 세계 최초의 프로그래머 에이다 러브레이스(오른쪽, 1836년). (출처: 왼쪽 그림―미국 국회도서관, www.loc.gov/item/2003680395, 오른쪽 그림―Government Art Collection. GAC 2172, 「오거스타 에이다 킹, 러브레이스 백작 부인, 수학자이자 바이런 경의 딸」, 마거릿 사라 카펜터 작)

는 말 자체도 새로운 개념이었다. 배비지 또한 몇 년 동안 빅토리아 시대의 전형적인 부유층 신분 과학자로 살았다. 그러다가 1828년에야 비로소 케임브리지대학교의 루카스좌 석좌 교수Lucasian Professor Mathematics(케임브리지대학교에서 1663년부터 수학에 중요한 공헌을 한 사람에게 주었던 일종의 명예직. 당시 하원의원이었던 헨리 루카스가 만들었다―옮긴이)로 임명되었다. 그의 재능은 길고 힘든 연구 기간을 보내면서 더욱 넓고 깊어졌다. 배비지는 뛰어난 수학자였지만, 기계 장치를 발명할 때 자신이 가진 재능의 진가를 드러냈다.

논문이 출판되면서 배비지는 왕립학회 회원으로 선출되었다. 그에게 주어진 임무 중 하나는 천문협회를 위한 도표들을 검토하는 것이었다. 잘 알려진 천체 사건의 예측 시간과 위치가 나열된 이 도표들은 바다를 항해하는 선원들이 광범위하게 사용하고 있었다. 그러나 수동으로 힘들게 산출한 탓에 오류가 많았다. 바다 한가운데에서는 단 하나의 오류만 있어도 난파 사고로 이어질 수 있는데 말이다.

배비지는 계산 작업량을 줄이기 위해 자동으로 도표를 계산하고 인쇄할 수 있는 증기 동력 기계의 설계도를 그렸다. 이 기계는 기어, 톱니바퀴, 레버의 위치가 10진수로 표시되었고, 엔진은 작업 도중 중간 결과를 계산, 저장 및 재사용하는 순서를 자동으로 수행할 수 있었다. 고정된 단일 알고리즘을 수행하도록 설계되었기 때문에 별도의 프로그래밍 기능은 없었지만, 각 숫자와 작동 과정을 일일이 수동으로 입력해야 했던 이전 계산기에 비해 엄청난 진전을 보여주었다. 배비지는 먼저 실제로 작동하는 작은 모델을 제작했다. 배비지의 연구에 큰 이점이 있다는 것을 알게 된 영국 정부는 이 '차분 기관Difference Engine'제작에 자금을 지원하기로 했다.

그러나 이 기계를 만드는 일은 매우 어려웠다. 부품이 조금만 잘못 제작되어도 기계는 신뢰할 수 없는 결과를 보였다. 정부는 계속해서 투자를 했지만 배비지와 그의 조수 잭 클레멘트Jack Clement는 기계의 일부[1]만을 완성할 수 있었고, 결국 제작은 중단되었다. 영국 재무부는 이 프로젝트에 거의 1만 7,500파운드를 썼는데, 이는 당시로써는 매우 큰 금액으로, 철도사업가 로버트 스티븐슨Robert Stephenson(1803~1859, 증기기관차를 발명한 조지 스티븐슨의 아들―옮긴이)에게서 신형 기관차 22대를 구입할 수 있는 돈이었다.

차분 기관 프로젝트는 실패했지만, 배비지는 여전히 자동 계산에 사로잡혀 있었다. 그는 훨씬 더 신보된 새로운 기계를 설계했다. '해석 기관Analytic Engine'이라고 불리는 이 기계 역시 증기로 구동되고 10진수를 사용하며, 프로그래밍 기능까지 갖출 예정이었다. 자카르의 직조기에서 아이디어를 따 천공 카드로부터 명령과 데이터를 읽을 수 있게 만들고, 결과도 천공 카드로 제시될 것이었다. 해석 기관은 세계 최초의 범용 컴퓨터가 될 수도 있었다.

배비지는 다시 한번 정부에 자금을 지원해달라고 호소했다. 그러나 이번에는 거절당했고, 해석 기관 프로젝트는 중단되었다.

그러자 배비지는 이탈리아 토리노의 수학자들과 기술자들에게 해석 기관에 대해 공개적으로 발표했다. 발표 참석자 중 루이지 페데리코 메나브레아Luigi Federico Menabrea라는 군사 기술자가 그 발표를 기록하고, 나중에 배비지의 도움을 받아 해석 기관에 관한 논문을 냈다. 그러나 그 논문은 프랑스어로 쓰여서, 이전부터 배비지의 연구를 흠모해온 또 다른 지지자 에이다 러브레이스Ada Lovelace(1815~1852, 그림 3.1)가 이 논문을 영어로 번역하기로 결심했다.

에이다 러브레이스(본명 오거스타 에이다 바이런Augusta Ada Byron)는 1815년에 영국 낭만파 시인 바이런 경의 딸로 태어났다. 바이런 부인은 수학자였고, 바이런 경은 오늘날까지 위대한 영국 시인 중 한 명으로 여겨지는 인물이다. 그러나 두 사람의 결혼 생활은 1년밖에 지속되지 않았다. 바이런 부인은 생전에 남편의 어두운 분위기와 자신이 그에게 학대받았다는 사실을 자주 언급했다. 이에 더해 방탕한 생활로 세간의 평이 좋지 않았던 바이런은 결국 영국을 떠났고, 이후 다시는 딸을 보지 못했다.

러브레이스는 어머니의 권유로 과학과 수학을 공부하며 자랐다. 방탕한 아버지로부터 시와 문학의 영향을 받을 것을 우려한 사려 깊은 배려였다. 그는 1833년, 17살 때 한 사교 모임에서 배비지를 만났다. 당시 배비지는 4명의 자녀를 둔 41세의 홀아비였다. 아버지의 재산을 물려받은 덕분에 런던의 부유촌인 메릴본 도어셋 1번가에 있는 저택에서 비교적 풍요로운 삶을 살고 있었던 배비지는 상류층, 예술가, 과학자 들과의 사교 모임을 즐겼다. 200명이 넘는 각계 유명 인사들과의 파티가 거의 일상이었다. 이 모임에 초청받기 위해서는 재산이 많다는 것만으로는 부족했다. 지성, 아름다움, 신분 등 세 가지 자격 중 적어도 하나는 갖추고 있어야 했다.

배비지의 컴퓨터 장치에 완전히 매료된 러브레이스는 차분 기관을 검사해달라는 배비지의 요청을 받고 이를 살펴보면서 그와 친분을 쌓았다. 새 기계 장치인 해석 기관을 포함한 여러 과학적 주제에 대해 토론하면서 둘은 자주 만남을 가졌다. 그리고 러브레이스는 19세에 윌리엄 킹William King 과 결혼하면서 러브레이스 백작 부인이 되었다.

러브레이스는 메나브레아의 논문을 단순히 영어로 번역하는 차원을 넘어 7편의 주석을 달았다. 그 결과, 논문 분량이 2배 넘게 늘어났다. 「해석 기관 개요Sketch of the Analytical Engine」라는 제목의 이 논문은 그들의 선견지명을 보여주는 탁월한 역작이다. 결국 해석 기관은 실제로 제작되지 못했지만, 배비지는 자신이 상상한 기계가 수행할 명령들을 이 논문에 구체적으로 명시해놓았다. 두 사람이 힘을 합쳐 존재하지도 않는 컴퓨터를 위한 프로그램을 작성한 셈이다.[2]

「해석 기관 개요」에서 러브레이스와 배비지는 알고리즘과 그에 상응하는 프로그램 사이의 관계를 강조했다. 알고리즘을 일련의 수학 방정식으로 쓰인 추상적 계산법이라고 표현했으며, 방정식, 즉 대수 공식으로 표현된 알고리즘과 천공 카드로 암호화된 프로그램이 일치한다는 것 또한 상세하게 설명했다.

천공 카드는 단지 대수 공식이 번역된 것으로서, 대수 공식을 더 잘 표현하기 위한 또 다른 형태의 분석적 표기법이다.

또, 방정식을 푸는 일은 인간만이 수행할 수 있었다. 그러나 이제는 해석 기관이 천공 카드의 명령에 따라 방정식을 빠르게, 자동으로 수행할 수 있게 되었다. 이 기계가 만들어졌다면 말이다.

러브레이스는 추가한 주석에서 프로그램으로 암호화된 일련의 수치 알고리즘에 대해 설명한다. 해석 기관이 실제로 존재하지 않았기 때문에, 프로그램을 테스트하는 유일한 방법은 컴퓨터의 동작을 모방해 프로그램을 수동으로 실행해보는 것뿐이었다. 주석 G에서 러브레이스는 처음 다섯 가지 베르누이 수를 계산하기 위한 프로그램의 추적 실행 테스트를 설명한다. 이 추적 테스트에는 컴퓨터가 실행할 명령과 각 단계가 처리된 후 얻은 결과가 나열되어 있다. 러브레이스는 알아채지 못했을지 모르지만, 그의 테스트는 알고리즘에 대한 고대 바빌로니아인들의 설명과 유사하다. 그리고 현대의 프로그래머들도 자신들이 만든 프로그램의 행동을 더 잘 이해하기 위해 여전히 이러한 추적 테스트를 사용한다.

심지어 두 사람은 프로그램이 실수할 가능성과 버그가 발생할 가능성까지 예측했다.

실제 메커니즘이 과정에 영향을 미치지 않아도 카드가 잘못된 명령을 내릴 수 있다.

아이러니하게도, 그 후 논문에 적혀 있는 프로그램 목록 중 하나에서 오류가 발견되었다. 4를 3으로 잘못 표기한 것이다. 이것은 소프트웨어에서 나타난 첫 버그다!

논문은 또 컴퓨터가 숫자뿐만 아니라 다른 형태의 정보도 처리할 수 있다고 이야기한다.

> 해석 기관은 숫자 외에 다른 것들, 즉, 상호 기본적 관계가 추상적인 운용 과학에 의해 표현될 수 있다. 이 기계의 운영 표기법과 메커니즘의 작용에 적응하기 쉬운 물체들에 대해서도 작동할 수 있을 것이다.

다시 말하자면, 해석 기관은 기본적으로 계산을 수행하기 위해 설계된 기계지만, 사용된 기호로 다른 형태의 정보 또한 나타낼 수 있으며, 다른 형태의 데이터를 처리하기 위해 프로그램되거나 수정될 수도 있다. 그들은 이 기계가 문자, 단어 그리고 논리적인 값을 나타내는 기호도 처리할 수 있다는 것을 알고 있었다. 배비지는 심지어 삼목게임Tic-Tac-Toe(9개의 칸 속에 번갈아 가며 ○나 ×를 그려 나가는 게임. 연달아 3개의 ○나 ×를 먼저 그리는 사람이 이긴다—옮긴이)이나 체스를 할 수 있는 프로그램까지도 생각하고 있었다.

배비지, 메나브레아, 러브레이스의 놀라운 논문은 새로운 과학, 즉, 알고리즘, 프로그래밍, 데이터를 결합시키는 과학인 '컴퓨터과학'에 이들이 눈을 돌린 후 이뤄낸 첫 쾌거였다. 이 분야가 인정을 받고 컴퓨터 과학이라는 이름으로 명명되기까지는 100년의 세월이 더 걸린다.

그러나 안타깝게도 이 논문이 러브레이스의 유일한 과학 출판물이 되었다. 그는 계속 건강이 좋지 않았고, 결국 36세의 젊은 나이에 암으로 사망한다. 그와 배비지는 끝까지 친한 친구 사이로 지냈다. 러브레이스의 요청대로, 그는 노팅엄셔주 허크널Hucknall에 있는, 생전에 사이가 멀었던 아버지의 묘 옆에 나란히 묻혔다.

배비지는 그 후에도 몇 차례 해석 기관을 작동시켜보았지만, 그때마다 제작 기술의 한계로 좌절할 수밖에 없었다. 그래서 해석 기관은 또 다른 영광의 실패작으로 남게 되었다.[3]

그럼에도 불구하고 배비지는 여전히 지칠 줄 몰랐다. 그는 세상 여기저기를 여행했는데, 화산을 조사한다는 목적으로 이탈리아의 베수비오산 분화구 안까지 들어가기도 했다. 그러면서 평생 경제학, 지질학, 생명 보험, 철학 등 여러 분야를 연구하고 이에 대한 저서를 남겼다. 컴퓨터 엔진 외에도 다양한 것들을 발명했고, 정치에 관심이 많아 선거에 출마하기도 했다. 말년에는 정부의 인식 부족을 원망하곤 했으며, 런던의 거리 음악가들이 연주하는 곡의 불협화음을 참을 수 없다며 그들과 공공연히 언쟁을 벌이기도 했다. 러브레이스가 죽은 지 18년 후인 1871년에 배비지가 사망하면서, 기계적 디지털 컴퓨터에 대한 그의 꿈도 함께 사라져버렸다.[4]

비록 한 시대가 지났지만, 배비지의 해석 기관은 현대 컴퓨터의 모든 구성 요소를 확실하게 갖추고 있었다. 단 한 가지를 제외하고 말이다. 그 장치는 전자적인 것이 아니라 기계적인 것이었다. 따라서 배비지가 남긴 컴퓨터의 유산은 바로 러브레이스의 주석이다.

토머스 에디슨이 상업용 전구를 발명한 것은 배비지가 사망한 지 한참 후의 일이다. 또, 누군가가 프로그래밍이 가능한 전자 컴퓨터를 만들려고 시도하기까지는 그로부터 50년이 더 걸렸다.

프로그래밍을 할 수 있는 엔진 없이 알고리즘과 계산의 미래를 계획하는 것은 이론가들의 몫이 되었다. 이들 중 지금까지 가장 영향력 있는 인물 중 한 명이 바로 앨런 튜링_{Alan Turing}(1912~1954, 그림 3.2)이다.

튜링 머신

튜링은 1912년 영국 런던에서 태어났다. 그의 아버지가 식민지 공무원이었기 때문에 튜링의 부모는 앨런이 1살이 되었을 때 인도로 복귀해야 했고, 튜링과 그의 형은 한 은퇴한 육군 대령의 보살핌을 받으며 영국에

그림 3.2 컴퓨팅의 선구자 앨런 튜링. 1930년대.

3 컴퓨터의 꿈

남았다. 몇 년 후, 어머니가 형제를 돌보기 위해 영국으로 돌아왔다. 그러나 가족이 함께 시간을 보낸 기간은 길지 않았다. 튜링이 13살 때 기숙학교에 들어갔기 때문이다.

학교에서 튜링은 같은 반의 크리스토퍼 모컴Christopher Morcom과 친하게 지냈다. 두 사람은 과학과 수학에 대한 깊은 관심을 나누었다. 수업 시간에도 퍼즐과 여러 증명을 토론하는 메모를 주고받을 정도였다. 그만큼 튜링은 모컴이 걸어온 길을 존경해서, 그가 1930년에 결핵으로 일찍 세상을 떠나자 깊은 상실감에 빠졌다.

튜링의 어머니 에셀 사라 튜링Ethel Sara Turing 은 자신의 회고록에서 그 시기의 아들을 애틋한 마음으로 회상했다.

> 앨런은 때로 정신이 나간 듯했고 꿈꾸는 것 같았으며 생각에 몰두하기도 했는데, 그런 태도 때문에 사교적이지 않은 아이로 보였다…….
> 너무 수줍음을 타서 어쩔 줄 몰라 할 때도 많았다.

그의 어머니가 가진 동정심에 동의하지 않는 사람들은 튜링을 외톨이로 여겼다. 그를 가르쳤던 한 교사는 튜링의 외골수 성향과 모든 일을 원칙대로만 하려는 고집이 그의 연구에 보기 드문 신선함을 가져다주었을 것이라고 추측하기도 했다. 그리고 총명함 때문인지, 튜링은 남들이 자신을 놀리는 것을 참지 못했다. 곰 인형 앞에서 강의 연습을 한다거나, 누가 훔쳐가지 못하도록 머그잔을 라디에이터에 묶어놓는 등 유별난 행동을 하기도 했다. 그는 사귀기 쉽지 않은 사람이라는 평가를 받으면서도 많은 동료의 사랑을 받는, 독특한 양면성을 가진 인물이었다.

튜링은 케임브리지대학교에서 장학금을 받고 수학에서 1등급 우등 학위를 받았다. 그 후 대학에서 연구를 계속하면서 주목할 만한 과학 논문을 발표했는데, 이 논문에서 다음 세 가지 중요한 아이디어를 주창했다. 알고리즘을 공식적으로 정의하고, 범용 컴퓨터가 처리해야 하는 기능을 정의했으며, 이러한 정의를 바탕으로 어떤 함수는 계산할 수 없다는 사실을 증명한 것이다. 놀랍게도, 그는 디지털 컴퓨터라는 것이 만들어지기 전에 이런 생각을 했다.

또, 튜링은 오늘날 '튜링 머신'이라고 불리는 가상의 컴퓨터 아이디어를 제시했다(그림 3.3). 이 컴퓨터는 무한 종이 테이프, 테이프 헤드, 메모리 그리고 기계 작동을 제어하는 일련의 명령으로 구성되어 있다. 테이프는 여러 개의 칸으로 나뉘어져 있고, 칸 하나당 기호 1개를 쓸 수 있다. 테이프 헤드는 바로 아래에 있는 칸에 1번당 기호 1개를 읽거나 쓸 수 있다. 기계는 테이프를 한 칸씩 앞뒤로 이동할 수 있다. 메모리에는 하나의 값을 저장할 수 있는데, 이 값을 '기계의 현재 상태'라고 부른다.

일련의 명령은 기계와 연동되며, 기계의 작동을 제어한다. 명령이 작

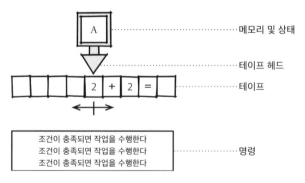

그림 3.3 튜링 머신의 구조.

동하는 방식은 현대 컴퓨터의 방식과 상당히 다르다. 튜링 머신에서는 모든 명령이 전제 조건과 세 가지 작업으로 구성되어 있으며, 전제 조건이 충족되면 작업이 수행된다. 전제 조건은 기계의 현재 상태(메모리값)와 현재 테이프 헤드 아래에 있는 기호에 따라 달라진다. 상태와 기호가 전제 조건에서 지정한 값과 일치하면 전제 조건과 관련된 작업이 수행되는데, 이때 허용되는 작업은 다음과 같다.

① 테이프 헤드는 기호를 교체하거나, 삭제하거나, 바로 밑에 그대로 둘 수 있다.
② 테이프는 왼쪽 또는 오른쪽으로 한 칸씩 이동하거나 그 자리에서 움직이지 않을 수 있다.
③ 기계의 현재 상태는 업데이트되거나 업데이트되지 않을 수 있다.

튜링은 인간 프로그래머가 기계가 실행할 수 있는 프로그램을 쓸 수 있을 것이라고 생각했다. 수동으로 기계를 조작하는 동료에게 프로그램과 입력 데이터를 제공할 수도 있다(그런데 이 과정을 곰곰이 생각해보면, 명령을 처리하는 일은 매우 간단하므로 인간 작업자는 기계나 전자 장치로 쉽게 대체될 수 있다). 튜링에 따르면, 작업자는 다음 알고리즘을 수행한다.

입력값을 종이 테이프에 기호로 쓰시오.
기계의 초기 상태를 설정하시오.
다음 단계를 반복하시오.
현재 테이프 헤드 아래에 있는 기호를 확인하시오.

기계의 현재 상태를 확인하시오.

명령을 검색하고 일치하는 전제 조건을 찾으시오.

일치하는 전제 조건과 관련된 세 가지 작업을 수행하시오.

메모리가 지정된 멈춤 상태를 표시하면 반복을 멈추시오.

기계가 멈추면, 결과가 종이 테이프에 나타난다.

이 기계는 우리의 눈에는 구식처럼 보이지만, 데이터 읽고 쓰기, 수정된 명령 실행하기, 정보를 표시하는 기호 처리하기, 데이터에 따라 의사결정 하기, 명령 반복하기 등 컴퓨터에 필요한 모든 기능을 갖추고 있다. 그러나 튜링은 튜링 머신을 실제로 만들어야 한다고는 생각하지 않았다. 계산 이론을 발전시킬 수 있는 아이디어로서 "컴퓨터는 이래야 한다"라는 추상적 모델을 제시하려 했을 뿐이었다.

중요한 것은 튜링 머신은 기호를 조작할 뿐이고, 기호에 의미를 부여하는 것은 여전히 인간의 몫이라는 점이다. 여기서 기호는 숫자, 문자, 논리 변수(참 또는 거짓), 색상 등 기타 많은 다른 의미를 표현하는 방식으로 해석될 수 있다.

또 튜링 머신에는 산수를 위한 전용 명령어가 없다. 산수의 연산은 그 결괏값을 얻을 수 있도록 테이프 위에 기호를 처리하는 프로그램을 실행함으로써 구현된다. 예를 들어, 2 더하기 2는 테이프 위의 기호 '2+2'를 기호 '4'로 대체하는 프로그램에 의해 수행된다. 현대 컴퓨터에는 처리 속도를 높이기 위해 산수 연산 기능이 내장되어 있다.

튜링은 그가 상상한 기계가 어떤 알고리즘도 수행할 수 있을 만큼 유연하다고 보았다. 지금도 인정되고 있는 이 생각은 동전의 양면과 같아서, 알고리즘과 범용 컴퓨터를 다음과 같이 정의할 수 있게 되었다. 알고리즘은 튜링 머신이 기능을 수행하도록 프로그래밍할 수 있는 일련의 단계를 말한다. 그리고 범용 컴퓨터는 튜링 머신이 실행할 수 있는 프로그램과 동등한 프로그램을 실행할 수 있는 모든 기계를 말한다.

이처럼, 범용 컴퓨터의 기본적 특징은 그것이 '튜링 컴플리트Turing complete(튜링 완전)'라는 것이다. 이는 현대의 범용 컴퓨터가 튜링 머신의 방식을 흉내 낸 것에 불과하다는 의미를 내포한다. 물론 종이 테이프 기호는 다른 물리적 기호(전자 전압 수치 등)로 대체되었지만 말이다. 따라서, 우리가 사용하는 모든 컴퓨터는 튜링 컴플리트다. 튜링 컴플리트가 아니라면 범용 컴퓨터라고 할 수 없을 것이다.

튜링 머신의 가장 기본적인 기능은 데이터를 검사하고, 다음에 어떤 작업을 수행할지를 결정하는 것이다. 컴퓨터를 단순한 자동 계산기 이상의 존재로 만드는 것이 바로 이 기능이다. 이 기능은 컴퓨터에 알고리즘을 수행할 수 있는 능력을 제공한다. 하지만 계산기는 결정을 내릴 수 없다. 데이터를 처리할 수는 있지만, 그 데이터에 응답하지는 않는다는 뜻이다.

튜링은 "알고리즘을 사용해 모든 함수를 계산할 수 있을까?"라는 계산 능력에 관한 고전적인 질문의 답을 구하기 위해 이 가상의 기계를 사용했다. 컴퓨터는 입력을 받아 출력으로 값을 생성하는 기능을 한다. 그리고 곱셈은 컴퓨터가 계산할 수 있는 기능이다. 이는 가능한 모든 입력값에 대한 곱셈의 결과를 계산하기 위한 알고리즘이 이미 알려져 있다는 의미다. 그래서 튜링은 "과연 컴퓨터가 모든 함수를 계산할 수 있을까?"의 답을 내기 위해 고심했다.

그리고 그가 찾아낸 답은 "아니오"였다. 알고리즘으로 계산할 수 없는 함수들이 있었던 것이다. 튜링은 실제로 한 특정 함수는 컴퓨터로 계산할 수 없음을 증명하기도 했다.

튜링의 정지 문제halting problem는 어떤 프로그램에 데이터를 입력했을 때, 이 프로그램이 멈추는지(답을 도출함), 아니면 멈추지 않는지(답을 내지 못하고 무한 루프에 빠짐)를 알 수 있는 알고리즘이 있느냐는 질문을 제기한다. 이 문제는 프로그래밍에서 실제적인 어려움이 있음을 보여준다. 프로그래머들은 쉽게 어떤 단계들이 영원히 반복되는 프로그램을 만드는 실수를 한다. 이를 '무한 루프'라고 하는데, 알다시피 프로그램이 영원히 종료되지 않는 것은 일반적으로 바람직하지 않다. 그러니 프로그래머들이 새로 만든 프로그램을 분석하고, 거기에 무한 루프가 포함되어 있는지를 판단하는 검사 프로그램을 갖게 된 것은 매우 다행스러운 일이다. 이를 통해 무한 루프를 방지할 수 있으니 말이다.

또, 튜링은 보편적으로 쓸 수 있는 검사 알고리즘은 존재하지 않는다는 사실을 증명했다. 아이러니하게도 그가 제시한 증거는 역설에 의존한다. 거짓말쟁이의 역설은 좋은 예로, 이는 바로 다음 선언으로 요약될 수 있다.

이 문장은 거짓이다.

위 문장은 다른 논리적인 진술과 마찬가지로 진실일 수도 있고 거짓일 수도 있다. 만약 문장의 내용이 사실이라면, 우리는 '이 문장은 거짓이다'라는 결론을 도출해야 한다. 그런데 그 진술은 참도 될 수 있고 거짓도 될 수 있다. 이는 자기모순이다. 반대로 이 문장이 거짓이라면 우리는 '이 문장은 거짓이 아니다'라는 결론을 도출해야 하는데, 이 또한 모순이다. 두 가지 가능성(참과 거짓, 거짓과 참)이 모두 모순이므로, 이 진술은 역설이다.

튜링은 정지 문제에 대한 해결책이 존재하지 않는다는 것을 증명하기 위해 역설을 사용했다. 그의 역설 기반 증명은 다음과 같다.

거짓이라고 증명하고 싶은 진술을 인식한다.
일단, 그 진술이 사실이라고 가정한다.
그 가정을 바탕으로 논리적 추론을 펼친다.
만약 결론이 역설이고 논리적인 추론이 정확하다면
다음에는 그 가정이 무효가 되어야 한다.

튜링은 다음과 같은 가정으로 시작했다.

정지 문제를 해결하는 검사 알고리즘이 존재한다.

이 가상 검사 알고리즘은 프로그램이 중단되는지 아닌지에 관한 것이다. 테스트 대상 프로그램이 멈추면 검사 알고리즘은 '정지'를 출력하고, 멈추지 않으면 '정지하지 마시오'를 출력한다. 검사 알고리즘은 다음과 같이 작동한다.

프로그램을 입력으로 인식하시오.

프로그램이 항상 중단되면

'정지'를 출력하고

그렇지 않으면 '정지하지 마시오'를 출력하시오.

다음 순서로 튜링은 논리적 추론을 따랐다. 그는 스스로 검사기를 실행하는 프로그램을 만들었다(그림 3.4).

다음 단계를 반복하시오.

검사기를 입력으로 인식하고 검사를 실행하시오.

검사기가 '정지하지 마시오'를 출력하면 반복을 멈추시오.

먼저 프로그램이 검사기의 출력을 검사한다. 검사기가 '정지하지 마시오'를 출력하면 루프가 종료되고, 프로그램이 멈춘다. 반대로 검사기가 '정지'를 출력하면 프로그램은 무한정 반복되며, 멈추지 않는다. 그러나 검사기는 자체적으로 검사를 한다. 따라서 검사기가 정지되지 않는 경우에만 검사기가 정지된다. 반대로 검사기가 정지되면, 검사기는 정지되지 않는다. 두 결과 모두 모순이다. 어느 결과든 역설이 되어버리

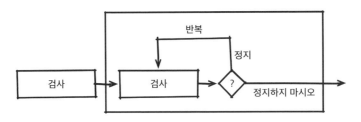

그림 3.4 정지 문제에 대한 튜링의 답.

는 것이다.

또한 논리적 추론은 정확하므로, 원래 가정은 무효가 되어야 한다. 이는 정지 문제를 해결하는 검사 알고리즘이 존재할 수 없다는 의미다. 정지 문제는 계산할 수 없다. 완전한 지식을 가지고도 계산할 수 없는 문제가 존재하는 것이다. 우리가 할 수 있는 계산에는 한계가 있다. 다만 다행히, 입력값에서 출력값에 이르는 많은 유용한 함수들을 계산할 수는 있다. 원하는 함수의 계산을 수행할 효율적인 알고리즘을 설계하는 것이 어렵긴 하지만 말이다.

1936년, 튜링은 프린스턴대학교에서 박사학위를 받았다. 문학사나 이학사 학위를 받으려면 강의를 듣고 필기시험을 봐야 하고, 그보다 높은 박사학위는 하나의 총체적인 연구 프로젝트를 해내야 하며, 논문을 제출하고 엄격한 구두시험도 봐야 한다. 즉 박사 후보자가 실험에 의해서든 수학적으로든 증명으로 뒷받침되는 새로운 연구의 결실을 얻어내야 학위를 취득할 수 있다. 튜링은 계산의 이론적 문제에 박사학위 연구의 초점을 맞추었으며, 미국의 수학자이자 논리학자인 알론조 처치Alonzo Church(1903~1995)[5]가 그 지도를 맡았다.

박사학위를 얻은 튜링은 1938년에 다시 케임브리지대학교로 돌아갔다. 그리고 영국이 나치 독일과의 전쟁을 선포한 다음 날인 1939년 9월 4일, 블레츨리파크Bletchley Park에 있는 정부암호학교Government Codes and Ciphers School에 합류했다. 암호명 '스테이션 엑스Station X'로 불리는 블레츨리파크는 영국의 극비 전시 암호 해독의 총 지휘소였다.

폴란드 암호 해독가들에게 받은 정보를 바탕으로 튜링과 고든 웰치먼Gordon Welchman은 독일의 암호 제조기 에니그마Enigma가 만든 암호를 해독할 수 있는 특수 목적 컴퓨터를 개발했는데, 그것이 1940년에 완성된 전자기계식 컴퓨팅 장치 봄브Bombe다. 그러나 봄브는 구조를 바꿀 수는 있었지만 프로그래밍을 할 수는 없었다. 당시의 다른 장치와 마찬가지로 고정된 알고리즘만 수행할 수 있었다. 그래도 봄브 덕분에 튜링의 팀은 독일 잠수함이 내보내는 무선 통신을 도청해 해독할 수 있었고, 영국 해군은 이를 통해 독일 잠수함의 위치를 파악하고 연합군에게 적의 공격을 예고해줄 수 있었다. 연합군의 희생을 크게 줄일 수 있었음은 물론이다. 튜링은 전쟁에 기여한 공로를 인정받아 대영제국 훈장을 받았지만, 그의 극비 활동에 대한 자세한 내용은 공개되지 않았다.

전쟁이 끝나자 스테이션 X는 해체되었다. 튜링은 런던에 있는 국립물리학연구소NPL에 들어가 범용 전자 컴퓨터 설계 프로젝트에 착수했다. 프로젝트 자체도 어려웠지만 다른 사람과 함께 일하는 데 익숙하지 못한 성격 탓에 연구가 속도가 나지 않자, 그는 좌절한 채 NPL을 떠나 케임브리지로 돌아가 맨체스터대학교에서 일자리를 얻었다. 당시 맨체스터대학교는 자체적으로 전자 컴퓨터 개발을 추진하고 있었다. 오직 컴퓨터의 가능성만을 생각하며 평생을 보낸 튜링이 마침내 컴퓨터를 손에 넣은 것이다.

그는 맨체스터대학교의 컴퓨터를 프로그래밍하기 시작했고, 그 컴퓨터의 매뉴얼을 만들었다. 또 미래의 컴퓨터 응용 가능성에 대한 논문도 썼다. 튜링은 이 논문에서 현대 생물정보학bioinformatics(데이터베이스를 이용한 유전자 해독이나 신약 개발 분야의 학문―옮긴이)을 예견하고, 분자가 생물계에서 어떻게 행동할 수 있는지 컴퓨터가 예측할 수 있다고 주장했다. 그리고 지금까지 인간의 지능을 필요로 했던 문제들도 컴퓨터가 해결할 수 있다고 주장했으며, 2000년이 되면 문자메시지로 의사소통을 하게 되기 때문에 인간 주체와 컴퓨터를 구별하는 것이 불가능할 것이라고 추측했다. 이 튜링 테스트Turing test[6](기계의 지능이 인간처럼 독자적인 사고를 하거나 의식을 가졌는지 인간과의 대화를 통해 확인하는 시험법. 이 테스트는 현재 로봇 등 인공지능 연구에서 기계의 독자적 사고 여부를 판별하는 주요 기준으로 널리 인정받고 있다—옮긴이)를 통과한 인공지능은 아직 드물다.

그러던 1952년, 튜링의 집에 도둑이 들었다. 그는 경찰에게 친구 아놀드 머레이Arnold Murray가 도둑이 누구인지 알고 있다고 말했다. 그리고 경찰 심문 때 머레이와의 동성애 관계를 인정했다. 튜링은 '성추행' 혐의로 고소되었고, 법원은 튜링에게 화학적 거세에 해당하는 호르몬 치료를 선고했다. 이 치료가 아마추어 마라톤 선수였던 튜링의 건강에 나쁜 영향을 끼친 것으로 보인다.

2년 후, 튜링은 41세의 나이로 자신의 침대에서 시체로 발견되었다. 독극물 검사 결과, 사인은 청산가리 중독이었다. 검시관은 튜링의 죽음을 자살로 판명했으나 많은 사람이 그 평결에 의문을 제기했다. 유서도 없었기 때문이다. 침대 옆에서 반쯤 먹은 사과[7]가 발견되었지만, 사과에서 청산가리는 검출되지 않았다. 그의 친구들은 그가 죽기 전 며칠 동안 기분이 좋았다고 증언했다. 튜링이 전시 기밀을 누설하는 것을 막으려 국가 요원들이 암살했다는 설도 있다. 하지만 이 추측은 좀 억지스러운 것 같다. 튜링은 집에서 화학 실험을 자주 했다. 어쩌면 그의 죽음은 단순한 사고였을지도 모른다.

1970년대가 되자 스테이션 X에 대한 소문은 거의 잊혔다. 심지어 그곳에서 일했던 사람들의 후손들도 부모의 업적에 대해 전혀 알지 못했다. 한참 더 세월이 흐른 뒤인 2013년, 튜링은 엘리자베스 여왕으로부터 '동성애 범죄'를 사면받았다.

튜링이 컴퓨터과학에 남긴 유산은 헤아릴 수 없을 정도로 많다. 그는 컴퓨터와 알고리즘을 정의했고, 컴퓨터의 한계를 설정했다. 그가 만든 튜링 머신은 모든 컴퓨터의 기준이 되었으며, 튜링 테스트를 통과하는 것은 인공지능의 최고 목표 중 하나가 되었다. 그러나 그런 발명들보다 더 중요한 것은 그가 논문 전체에 흩뿌려 놓은 작은 아이디어들이다. 그의 즉흥적 사색은 그의 뒤를 따르는 사람들에게 미래 탐사의 길을 열어주었다. 컴퓨팅머신협회ACM는 그의 업적을 기리기 위해 컴퓨터과학 분야의 가장 큰 영예인 ACM 튜링상을 제정하고, '지속적이고 중대한 기술적 중요성'의 공로가 있는 자에게 매년 100만 달러의 상금을 제공하고 있다.

튜링이 블레츨리파크에서 에니그마 코드를 해독하며 바쁘게 지내는 동안, 프로그래밍이 가능한 전자 컴퓨터들은 정작 다른 곳에서 개발되고 있었다. 독일의 엔지니어 콘라트 추제Konrad Zuse (1910~1995)가 1941년 베를린에서 프로그래밍이 가능하고 완전 자동으로 작동하는, 릴레이 기반의 전자기계 컴퓨팅 장치 시리즈 Z3[8]를 만든 것이다. Z3는 튜링 컴플리트라고는 할 수 없지만, 많은 고급 기능을 포함하고 있었다(이 시리즈는 훗날 다른 곳에서 보완되어 재창조된다). 하지만 전쟁은 추제의 연구에 큰 지장을 주었다. 부족한 부품, 제한된 자금, 수시로 일어나는 공중 폭격 등이 모두 Z 시리즈의 개발을 늦추는 요인이 되었다. 그래서 추제의 연구는 전쟁이 끝나는 1945년까지 사실상 정지되었다. 명실공히 튜링 컴플리트라 할 수 있는 완전한 Z4 컴퓨터 개발이 중단된 것이다.

연구는 추제가 1949년에 자신이 만든 기기를 제조하기 위해 회사를 다시 설립하면서 비로소 재개되기 시작했다. 그리고 1950년, 마침내 스위스 취리히연방공과대학교ETH Zurich에서 Z4가 탄생했다. 추제의 회사는 200대가 넘는 Z4 컴퓨터를 만들었고, 그 후 독일의 전자 대기업 지멘스Siemens에 인수되었다.

제2차 세계대전은 본토에서는 전쟁을 치르지 않았던 미국에서 컴퓨터를 개발하는 데 큰 도움이 되었다. 하워드 아이켄Howard Aiken은 배비지의 차분 기관 시연 모델에서 영감을 받아 하버드대학교에서 전자 컴퓨터를 설계했다. IBM이 자금을 지원하고 제작한 이 컴퓨터, 하버드 마크 I Harvard Mark I(자동 연속 제어 계산기Automatic Sequence Controlled Calculator라고도 불린다)은 1944년에 그 모습을 드러냈다. 완전 프로그래밍이 가능하고 자동으로 작동하는 이 기계는 사람이 개입하지 않아도 며칠 동안 작동했다. 그러나 의사결정 기능 등이 없었기 때문에 튜링 컴플리트라고 할 수 없었고, 따라서 범용 컴퓨터도 아니었다.

세계 최초의 디지털 범용 컴퓨터는 미 육군의 자금 지원을 받아 명백하게 군사용으로 개발된 것으로, 펜실베이니아에서 만들어져 1946년에 처음 기자단에게 공개되었다. 이 기계는 알고리즘 개발 혁명이 시작되었다는 사실을 알리는 신호탄이었다.

일기예보

여섯 날 일곱 밤 동안 바람이 불고, 홍수가 나고, 폭풍우가 땅을 덮쳐버렸네.
이레째 되는 날, 산통을 겪는 여인처럼 발버둥 치던 폭풍우와 홍수가 저절로 멈추더니
바다는 다시 산산해졌고, 임훌루풍 imhullu-wind[1]은 잠잠해졌으며, 홍수노 멈췄다네.

작자 미상, 스테파니 달리 옮김
『길가메시 서사시』 중에서

태곳적부터 인간의 삶은 변화무쌍한 날씨에 좌우되어왔다. 하루 전에 날씨를 알았더라면 우리는 수많은 재앙을 피할 수 있었을 것이다. 기원전 2000년에는 날씨를 정확하게 예언하는 것이 신들의 영역이어서, 뱃사람들과 농부들은 날씨를 예측하기 위해 민간전승과 예언자들의 예언에 의존했다.

기원전 650년경, 바빌로니아인들은 구름의 형성을 관찰해 날씨를 좀 더 정확하게 예측하려고 시도했다. 기원전 340년경에는 아리스토텔레스가 날씨의 본질에 관한 인류 최초의 책『기상학Meteorologica』을 썼다. 아리스토텔레스의 리시움Lyceum(아리스토텔레스가 철학을 가르치던 학교. 플

라톤의 아카데미아와 더불어 당시 학문의 본산이었다—옮긴이) 출신의 직계 제자인 에레소스의 테오프라스투스Theophrastus of Eresus는 이 책의 부록으로 날씨 예측에 관한 민간전승을 기록한 『바람에 관하여』와 『기후 징조에 관하여』를 편찬했다. 이 두 책은 이후 2,000년 동안 이 주제에 관한 독보적 문헌으로 취급받았지만, 아쉽게도 둘 다 근본적으로 잘못된 내용을 담고 있다.

계몽 시대 이후 과학자들은 날씨 상태에 대한 측정값을 기록하기 위해 노력했다. 몇몇 국가들은 중앙정부 조직에 기상 서비스 전담 기구를 설립했다. 영국은 1854년에 기상청을 설립했고, 그로부터 6년 후, 미국도 기상청을 운영하기 시작했다. 이후 전신기電信機의 발명으로 기상 서비스 기구들은 전국 각지로부터 기상 데이터를 수집했고, 이 정보를 바탕으로 일기예보를 발표했다. 그러나 그들의 예측 방법은 기초적인 수준이었다. 기상학자들은 과거 기록에서 현재 기상 상태와 가장 유사한 근사치를 찾아, 현재 날씨도 똑같이 전개되리라고 예측했다. 이 접근법은 때로는 맞았지만, 때로는 끔찍할 정도로 크게 빗나갔다.

20세기에 접어들며 보다 정확한 예측법에 다가설 조짐들이 나타나기 시작했다. 미국 기상청장 클리블랜드 애비Cleveland Abbe(1838~1916)는 지구의 대기가 본질적으로 가스의 혼합체임을 지적하며, 가스는 대기에서나 실험실에서나 똑같이 움직인다고 주장했다. 과학자들은 실험실의 가스가 열, 압력, 동력에 노출되었을 때 어떻게 움직일지 예측할 수 있었다. 그렇다면 기상학자들도 이런 과학 법칙을 사용해 대기 중의 가스가 태양의 열과 바람의 흐름에 노출되었을 때 어떻게 움직일지 예측할 수 있지 않을까? 유체역학과 열역학 법칙은 이미 알려져 있으니, 그

법칙들을 대기에 적용하면 되지 않을까?

애비의 주장이 나온 지 얼마 되지 않아, 노르웨이의 과학자 빌헬름 비에르크네스Vilhelm Bjerknes(1862~1951)도 2단계 기상 예측법을 제안했다. 1단계에서 현재의 날씨 상태를 측정하고, 2단계에서 대기 중의 압력, 온도, 밀도, 습도, 풍속을 예측하는 데 방정식들을 사용하는 방식이었다. 비에르크네스는 이 방정식들을 이미 알려진 물리 법칙들에서 따왔다. 물론 법칙들이 워낙 복잡해 간단한 해결책을 짜낼 수는 없었지만 말이다. 또 그는 관측 기록을 미래 기상 상태의 추정치로 변환하기 위해 차트와 그래프를 사용했다. 이때 모든 차트를 정해진 시간 단위로 날씨를 예측할 수 있도록 설계했는데, 이러한 단계를 반복하면 미래의 날씨를 예상할 수 있으리라고 생각했기 때문이다. 첫 번째 반복 때 출력되는 조건이 두 번째 반복의 입력값이 되는 방식이었다.

비에르크네스의 방법은 확실히 획기적이었지만, 정확도는 차트와 그래프가 얼마나 정확한가에 따라 바뀔 수밖에 없었다. 현재의 측정치에서 미래의 날씨 상태를 계산하는 신뢰할 수 있는 방법도 필요했다. 이 두 문제를 해결하는 일은 모두 난관에 부딪혔다. 그가 제시한 방정식들은 너무 복잡해서 풀 수 없어 보였다.

이때, 기상학 경험이 거의 없는 한 남자가 그 도전에 나서기로 결심했다.

수치 예보

1881년 영국 뉴캐슬에서 태어난 루이스 프라이 리처드슨Lewis Fry Richard-son(그림 4.1)은 뉴캐슬대학교와 케임브리지 킹스칼리지에서 과학을 공

그림 4.1 수치 예보를 처음 도입한 기상학자 루이스 프라이 리처드슨. 1931년.
(출처: 런던 국립 초상화 갤러리)

부했다. 대학 졸업 후 그는 유체 흐름과 차분법(계차를 써서 방정식을 풀이하는 방법)을 연구하는 단기 연구직을 전전하다가 1913년에 스코틀랜드의 외딴 도시 에스크데일무르Eskdalemuir에 있는 기상 관측소의 책임자로 임명되었다. 스코틀랜드 남부 고지대에 위치한 에스크데일무르는 경치는 아름답지만, 바람이 강하게 부는 삭막한 시골 마을이다. 리처드슨의 임무는 기상을 기록하고, 지진 진동을 모니터링하고, 지구 자기장의 변화를 파악하는 일 등이었는데, 다행히 외지 근무라는 이유로 집이 제공돼 시간적 여유를 가질 수 있었다. 황량하고 습한 에스크데일무르에서 외롭게 지내면서, 리처드슨은 일기예보를 위한 수치 알고리즘을 개발하고 실험하는 일에 착수했다. 이 실험은 절대불변의 물리학 법칙을 기반으로 진행되었다.

리처드슨은 대기를 가상의 3차원 격자 칸으로 나누었다. 한 칸의 크기는 폭 100마일(약 160킬로미터), 길이 100마일, 높이 2마일(약 3킬로미터)이다. 이때 각 칸 내의 대기는 비교적 균질하다고 가정했다. 풍속, 풍향, 습도, 압력, 온도 및 밀도가 대략 같다고 본 것이다. 그는 대기 상태를 파악하기 위해 칸별로 각 요소의 측정치를 기록해 전체적인 기상 상태를 숫자 목록으로 표현했다.

또, 시간이 경과함에 따라 기상 상태가 어떻게 변화했는지 판단하기 위해 하루를 여러 시간 단계로 나누었다. 이 시간 단계는 1시간 단위가 될 수도 있다. 그리고 관측된 것을 토대로 다음 단계에 예상되는 기상 상태를 계산했다. 실험실에서 유추한 가스 방정식을 사용해, 이전 시간 단계에서의 해당 칸과 인접 칸의 기상 상태를 기반으로 해당 칸의 다음 단계 기상 상태를 계산한 것이다. 리처드슨은 이 방식으로 모든 칸에 대해 계산을 수행했다. 하나의 시간 단계에 대해 완성된 계산값은 다음 시간 단계의 기상 상태를 계산하기 위한 입력 데이터로 사용되었다. 이때, 대기의 상단과 하단에 있는 경계 칸에는 특수방정식이 사용되었다. 태양의 가열 효과도 하루의 시간대별로 고려했고, 지구 자전에 의한 영향도 감안했다. 그의 알고리즘은 다음과 같이 요약된다.

칸마다 초기 기상 상태를 측정하시오.
  매 시간 단계에서 다음을 반복하시오.
  모든 칸에 대해 다음을 반복하시오.
    해당 칸과 인접 칸의 이전 시간 단계 기상 상태를 바탕으로 해당 칸의 기상 상태를 계산하시오.
  모든 칸의 계산이 처리되면 반복을 멈추시오.

모든 시간 단계가 처리되면 반복을 멈추시오.

완료된 일기예보를 출력한다.

이 알고리즘은 현대 기상예보의 바탕이 되었다. 그의 모형은 정확한 계산을 통해 실제의 물리적 시스템이 시간 경과에 따라 어떻게 변화하는지를 예측한다. 그 모형을 통제하는 방정식들이 실제 기상 상태의 움직임을 계산해내는 것이다.

1910년 5월 20일, 리처드슨은 독일 전역에서 측정된 과거의 모든 기상 데이터를 사용해 자신의 알고리즘이 얼마나 정확한지 시험했다. 6시간 전에 측정한 값을 바탕으로 지도 위 두 지점의 기압과 풍속을 예측했는데, 모든 계산을 수동으로 수행하면서 알고리즘을 일일이 적용해야 했기 때문에 작업하는 데 몇 달이 걸렸다.

그런데 그 결과는 끔찍하게 부정확했다. 알고리즘은 표면압이 엄청나게 비현실적인 값인 145헥토파스칼까지 상승할 것이라고 추정했지만, 실제로는 거의 달라지지 않았다. 리처드슨은 이런 불일치가 초기 바람을 표기하는 방식에 오류가 있었기 때문이라고 생각했다.

이런 실패에도 불구하고, 리처드슨은 1922년, 자신의 연구 결과를 『수치 계산에 의한 기상 예측 Weather Prediction by Numerical Process』이라는 제목의 책으로 출간했다. 책에서 그는 기계 계산기의 도움을 받아 6만 4,000명의 인간 컴퓨터가 일기예보를 실시간으로 계산할 수 있는 대형 홀을 구상했다.

그러나 이 책은 호평을 받지 못했다. 알고리즘이 너무 부정확하고 비현실적이었기 때문이었다. 또, 그의 방식을 따르려면 엄청난 양의 방정식을 계산해야 했다. 이 방식이 실현될 수 있는 유일한 길은 고속 계산기의 도움을 받는 것이었다. 때문에, 이후 수치 기상예보가 다시 거론되기까지는 30년이 더 걸렸다.

에니악 Electronic Numerical Integrator And Computer, ENIAC

최초의 범용 컴퓨터는 제2차 세계대전 중 펜실베이니아대학교에서 설계·제작되었다. 두 교수(존 모클리John Mauchly와 프레스퍼 에커트Presper Eckert)가 우리가 잘 아는 에니악을 설계한 것이다. 그러나 운명의 장난인지, 에니악 개발의 주 공로는 당시에 이미 천재 수학자로서 세계적으로 유명세를 떨치고 있었던 존 폰 노이만John von Neumann(1903~1957)에게 돌아갔다.

모클리는 1907년 신시내티에서 태어났다. 뛰어난 수학 능력을 지녔던 그는 학사 학위를 이수하기도 전에 물리학 박사 과정을 밟을 수 있었고, 졸업하자마자 펜실베이니아의 어사이너스대학교Ursinus College의 강사로 임명되었다.

모클리는 1941년에 펜실베이니아대학교 무어공과대학원의 전자공학 과정을 들었다. 미 해군이 후원한 이 과정은 군사 목적의 전자제품 개발에 초점을 맞춘 것이었다. 바로 얼마 전에 무어대학원을 졸업한 에커트가 전임강사였는데, 그는 뛰어난 학생은 아니었지만, 탁월한 실력을 갖춘 엔지니어였다. 모클리가 에커트보다 12살 연상이었지만, 기계장치에 매력을 느낀다는 공통점이 있어 둘은 잘 어울려 다녔다. 이 과정을 이수한 후, 모클리는 무어공과대학원에 고용되었다.

유럽에서 제2차 세계대전이 발발하면서 무어공과대학원은 미 육군을 위해 연구하는 인간 컴퓨터들, 즉 수재들의 본산이 되었다. 모클리와 에커트는 메릴랜드에 있는 육군연구소 애버딘 프로빙 그라운드Aberdeen Proving Ground 산하의 탄도연구소에서 일했다. 무어공과대학원이 소유한 계산기의 도움을 받아 탄도 표를 작성하는 업무였다. 이 표는 포병 장교들이 포의 정확한 발사 각도를 결정하기 위해 사용하는 표로, 이를 통해 장비 유형, 공기압, 풍속, 풍향, 목표 범위 및 목표 고도를 판단했다. 탄도연구소는 시간이 오래 걸리는 계산을 정확히 수행하기 위해 무어대학원을 졸업한 100명의 여성 수학자들도 고용했지만, 육군의 수요를 따라가지 못했다.

1942년 4월, 모클리는 전자 컴퓨터의 설계도를 요약한 제안서를 작성했다. 그의 보고서는 무어대학원 내에서 회람되었는데, 탄도 표 제작 작업의 리더인 허먼 골드스타인Herman Goldstine 중위도 이 문서를 보았다. 미시간대학교 수학 교수이기도 했던 골드스타인은 모클리가 설계한 컴퓨터가 탄도 각도 계산의 병목 현상을 줄일 가능성이 있다는 것을 알아챘다. 그는 즉시 모클리와 접촉했고, 모클리의 설명에 만족해 모클리와 에커트가 그 기계를 만들 수 있도록 육군 상부에 자금 지원을 신청했다.

이렇게 해서 1943년에 에니악 연구가 시작되었다. 젊고 에너지 넘치는 에커트가 수석 엔지니어로 임명되었고, 노련한 모클리는 에커트의 컨설턴트 역할을 했다. 골드스타인은 프로젝트 매니저 겸 수학자로 참여했다.

에니악은 탄도 표 계산을 위해 설계되었고 전선과 플러그로 연결되긴 했지만, 사실상 완전한 범용 컴퓨터였다. 프로그래밍이 가능했던 것이다. 즉, 이 기계는 계산을 수행하고 값을 저장하는 것뿐만 아니라 의

사결정도 내릴 수 있었다. 배비지의 해석 기관처럼 10진수를 처리할 수도 있었다.

에니악은 전자 기기였지만 구성이 대부분 전기 기계 부품으로 되어 있어 무게가 약 27톤이나 나갔고, 높이가 2.5미터, 길이가 25미터나 될 정도로 거대했다. 전자회로 선반들이 바닥에서 천장까지 닿는 커다란 캐비닛들 안에 설치되어 무어공과대학원 지하실 벽을 차지했다. 일렬로 늘어선 전구와 플러그 소켓이 캐비닛 앞면을 장식했다. 바퀴 달린 캐비닛은 장비 사이를 바쁘게 오갔다. 소켓 사이로는 뱀처럼 생긴 수많은 케이블이 복잡한 패턴으로 연결되었다.

전자 장비들 사이로 소수 정예의 프로그래머들이 이 괴팍하게 생긴 기계를 작동시키기 위해 분주히 움직였다. 에니악 프로그래머들(그림 4.2)은 탄도연구소에서 일하는 수학자들 중에서도 우수한 인재들, 또 그중에서도 최고로 우수한 사람들이었다. 캐슬린 맥널티Kathleen McNulty(이후 모클리와 안토넬리Antonelli로 교체되었다), 베티 진 제닝스Betty Jean Jennings(이후 바틱Bartik으로 교체), 프랜시스 베티 홀버턴Frances Betty Holberton(이후에 스나이더Snyder로 교체), 말린 웨스코프Marlyn Wescoff(이후에 멜처Meltzer로 교체), 프랜시스 빌라스Frances Bilas(이후에 스펜스Spence로 교체), 루스 리히터만Ruth Lichterman(이후에 타이텔바움Teitelbaum으로 교체) 등이 괴물 같은 기계를 프로그래밍하는 방법을 찾아냈다. 그것은 악몽과 같았다. 여러 개의 장치가 동시에 작동되었기 때문에 데이터 전송을 동기화하기 위해 각각의 출력 타이밍을 다시 맞춰야 했는데, 부품들이 계속 고장 났기 때문이다. 골드스타인의 아내이자 학교 강사였던 아델 골드스타인Adele Goldstine은 작업이 좀 더 쉽게 진행될 수 있도록 이 기계를 위한 첫 매뉴얼을 만들었다.

그림 4.2 1946년의 에니악 팀.
왼쪽부터 호머 스펜스, 수석 엔지니어 프레스퍼 에커트, 컨설팅 엔지니어 존 모클리,
엘리자베스 제닝스(베티 진 제닝스), 팀장 허먼 골드스타인, 연락관 루스 리히터만.

에니악이 완성될 무렵, 모클리와 에커트는 자신들의 후임자를 고민했다. 1944년 8월, 그들은 애니악을 개선한 에드박Electronic Discretic Variable Automatic Computer, EDVAC에 대한 아이디어를 제안했고, 탄도연구소는 이번에도 자금을 지원했다. 곧이어 에드박 연구가 시작되었고, 거의 동시에 골드스타인이 이 프로젝트에 참여할 새로운 협력자를 소개했다.

존 폰 노이만은 1903년 헝가리 부다페스트에서 태어나 10살이 될 때까지 부유한 집안에서 사교육을 받았다. 중등학교에 진학한 그는 18살이 되기도 전에 첫 연구 논문을 쓸 정도로 수학에 특별한 재능을 보였다. 이후 노이만은 부다페스트대학교에서 수학을 공부했고, 동시에 취리히에서 화학 학위를 받았다. 그는 취리히까지 가서 강의를 듣는 일을 마다하지 않았고, 시험에도 빠지지 않았다. 또 영어, 독일어, 프랑

스어에 능했고, 라틴어와 그리스어도 어느 정도 구사할 수 있었다.

1931년, 노이만은 프린스턴대학교의 교수로 임명되었다. 그리고 고등연구소Institute for Advanced Study, IAS 회원이 되면서 아인슈타인의 팀에 합류했다. IAS 연구자였던 레온 하먼Leon Harmon은 노이만에 대해 다음과 같이 썼다.

> 내가 만난 진정한 천재. 나는 아인슈타인, 오펜하이머, 텔러 등 많은 사람을 만났지만, 그중 폰 노이만은 유일한 천재였다. 물론 다른 사람들도 매우 뛰어난 인재들이었지만, 폰 노이만은 마음속에 모든 것을 품고 있었다. 그는 어떤 분야의 문제든 다 풀 수 있었고, 그의 마음은 끊임없이 무언가를 연구하고 있었다.

따뜻하고 친근한 성격의 폰 노이만은 누구나 좋아하는 호감형이었다. 모두가 그를 '조니'라고 불렀다. 그는 남의 의견을 경청하는 겸손함과 남의 생각을 잘 받아들이는 성품을 지니고 있었다. 늘 단정한 정장을 입고 빠른 차를 타고 다녔으며, 지적인 유머 감각까지 가지고 있었다. 이 위대한 지식인은 사람들과 어울려 잡담하는 일을 즐겼다.

제2차 세계대전이 발발하자 폰 노이만은 군사 프로젝트에 참여하기 위해 휴가를 받았다. 그리고 맨해튼 프로젝트Manhattan Project에 깊이 관여하면서 최초의 원자폭탄 설계를 도왔다. 이 프로젝트는 많은 계산을 요구했기 때문에, 폰 노이만은 인간보다 더 빨리 계산을 할 수 있는 기계가 필요하다고 생각했다. 그러던 1944년, 메릴랜드의 애버딘 기차역 플랫폼에서 골드스타인을 만났다(여기까지는 우연인 것처럼 보인다). 골드스타인이 자신을 소개하면서 두 사람은 이야기를 나누게 되었는데, 아마도 그는 폰 노이만에게 깊은 인상을 주기 위해 에니악 연구를 언급한 것 같다. 에니악 이야기에 폰 노이만이 관심을 보이자 골드스타인은 그에게 함께하자고 요청했고, 이렇게 해서 폰 노이만이 컨설턴트 자격으로 에니악 프로젝트에 참여하게 되었다.

에커트는 나중에 이렇게 말했다.

폰 노이만은 우리가 하고 있는 일을 꽤 빨리 파악했다.

1945년 6월, 폰 노이만은 '에드박에 관한 보고서 초안First Draft of a Report on the EDVAC'이라는 제목의 101쪽짜리 보고서를 작성했다. 이 보고서는 에드박의 설계에 대해 자세히 설명하고 있지만, 정작 발명가인 모클리와 에커트의 이름은 언급되어 있지 않다. 골드스타인의 승인이 나자 보고서는 프로젝트에 관련된 모든 사람에게 배포되었고, 에드박에 관한 첫 서류인 이 보고서의 '유일한' 저자 폰 노이만이 이 설계의 창안자로 널리 알려지게 되었다. 에커트의 이야기를 다시 들어보자.

나는 그가 외부에 자신이 보고서를 작성했다고 주장할 것이라고는 생각도 하지 못했다. 그는 보고서를 외부에 유출했을 뿐만 아니라, 그 자료가 분류된 시점에서 내게는 보고서에 대해 말하는 것조차 일절 허용하지 않았다.

1945년에 완성된 에니악은 시기가 너무 늦었던 탓에 전쟁에 직접적인 도움이 되지는 못했다. 이 거대한 기계는 1946년 성 밸런타인데이에 무어공과대학원에서 열린 기자 회견에서 일반 대중에게 공개되었다. 팀원 중 한 명인 아더 벅스Arthur Burks가 에니악을 시연했다. 그는 1초에 5,000개의 숫자를 더하는 문제로 시연을 시작했다. 그리고 포탄이 대포에서 쏘아져 목표물을 맞히는 데에는 30초밖에 걸리지 않지만 탄도 궤적을 수동으로 계산하는 데에는 3일이 걸린다고 설명하면서, 청중들에게 에니악이 그 계산을 얼마나 빨리 수행할 수 있는지 볼 것이라고 말했다. 조명이 꺼지면서 회견장에 모인 기자들은 기계의 깜박이는 불빛을 똑똑히 볼 수 있었고, 에니악은 불과 20초(포탄이 목표물까지 날아가는 시간보다 더 빠르다) 만에 계산을 완료했다.

그날 저녁 축하 만찬에 프로젝트에 참여한 사람들이 모두 모였다. 하지만 그 만찬은 최고 공로자들과 전자 기술자들만을 위한 자리였다. 에니악 프로젝트에 참여했던 여성 프로그래머들은 초대받지 못했다. 이들이 당연히 받았어야 할 최소한의 공로를 인정받기까지는 50년이 더 걸렸다.

아침 뉴스 헤드라인은 환호 그 자체였다.

미 육군의 놀라운 새 두뇌와 발명가들.
100년 걸리는 문제를 전자 '두뇌'가 2시간 만에 계산하다.

에니악은 1947년에 애버딘의 탄도연구소 시설로 옮겨져 1955년까지 계속 사용되었다. 폰 노이만의 행동에 불만을 품은 모클리와 에커트는 1947년에 무어공과대학원을 사임하고 컴퓨터 회사를 설립했다. 그러나 회사는 곧 재정적인 어려움에 부딪혔고, 1950년에 사무기기 회사인 레밍턴 랜드Remington Rand에 인수되었다.

에커트와 모클리의 에니악 특허 출원도 허용되지 않았다. 라슨Larson 판사는 에니악의 제작이 모클리의 지식 이전에 존재했던 아타나소프베리 컴퓨터Atanasoff-Berry Computer(ABC 컴퓨터)에 의거한 것이라고 판결했다.[2] ABC 컴퓨터는 아이오와주립대학교 교수인 존 아타나소프John Atanasoff와 그의 제자 클리포드 베리Clifford Berry가 개발한 컴퓨터로, 전자식이었다. 그러나 ABC 컴퓨터는 프로그래밍도 불가능했고, 의사결정 능력도 없었다. 현대의 관점에서 보면 ABC 컴퓨터는 범용 컴퓨터가 아니라 특수목적의 전자 계산기에 불과하기에, 라슨 판사의 판결은 이해하기 어렵다. 에니악은 ABC 컴퓨터보다 훨씬 더 발전된 모델이었으며, 많은 혁신적인 기능도 포함하고 있었다.

결국 폰 노이만의 보고서가 모클리와 에커트의 명성을 박탈한 셈이 되었다. 모클리와 에커트는 창업한 회사와 특허 출원의 실패로 전 재산을 잃었다. 모클리는 컴퓨터 업계에서 계속 일하다가 1980년에 세상을 떠났다. 에커트는 1995년에 사망할 때까지 레밍턴 랜드와 나중에 그 회사를 인수한 회사에서 일했다.

에니악은 탄도 표 계산을 위해 설계되었지만, 첫 시연을 보면 더 큰 목적을 염두에 두었던 것으로 보인다. 실제로 에니악이 맨해튼 프로젝트에서 맡은 첫 임무는 비밀 계산이었다. 폰 노이만의 제안에 따라, 1945년에 뉴멕시코주 로스앨러모스Los Alamos에서 온 한 무리의 사람들이 에니악이 설치된 곳을 방문했다. 그들은 에니악으로부터 큰 인상을 받고 수소폭탄 설계에 필요한 계산을 위해 이 기계를 이용할 수 있도록 로비 활동을 벌였다. 그들의 요청은 받아들여졌고, 맨해튼 프로젝트와 에니악 팀 간에 지속적인 관계가 형성되었다. 이 협업으로 역사상 가장 강력한 알고리즘 중 하나가 시험되었다.

몬테카를로Monte Carlo

스타니스와프 울람Stanislaw Ulam[3](그림 4.3)은 1909년 폴란드계 유태인 가문의 부유한 가정에서 태어났다. 그는 우크라이나의 리비브폴리테크닉 연구소에서 수학을 공부하고 박사학위를 받은 후, 1935년에 바르샤바에서 존 폰 노이만을 만났다. 폰 노이만은 울람을 초청해 프린스턴의 고등연구소에서 몇 달 동안 함께 일했다. 울람은 고등연구소에 합류한 직후인 1939년에 하버드대학교에서 강사직을 얻었다. 이때 미국으로 건너간 덕분에 유럽에서 벌어진 제2차 세계대전을 가까스로 피했다. 2년 후,

그림 4.3 몬테카를로 방법의 발명가 스타니스와프 울람. 1945년.
(출처: 로스앨러모스 국립연구소)

4 일기예보

미국 시민권을 얻은 그는 재능 있는 수학자로서 명성을 쌓았고, 1943년에 맨해튼 프로젝트 참여 요청을 받았다. 로스앨러모스의 활력 넘치는 환경은 울람에게 잘 맞았다. 당시의 동료 니콜라스 메트로폴리스Nicholas Metropolis[4]는 울람에 대해 다음과 같이 썼다.

> 그는 격식을 차리지 않는 성격이었다. 평상시에 예의 절차를 따지지 않고 편하게 (내가 있는 곳에) 들르곤 했다. 또, 그는 어떤 것에 대해 진지하게 논하기보다는 느긋하게 담소를 나누는 것을 더 좋아했다. 주제는 수학, 물리학, 세계의 각종 사건, 지역 뉴스, 복불복 게임, 고전 인용 등으로 다양했는데, 이 모든 주제를 다소 단편적으로 다루는 것 같으면서도 언제나 그 안에서 어떤 의미를 찾았다. 그는 항상 그런 주제들에서 중요한 연결 고리를 찾으려는 자세를 가지고 있었다.

울람은 원자폭탄 제조 과정에서 중성자(원자의 중심에 있는 무전하 입자)가 차폐 물질을 통해 이동하는 거리를 계산하는 문제를 맡았다. 그 문제는 까다로워 보였다. 중성자 침투는 입자의 궤적과 차폐 물질 내 원자의 배열에 따라 그 거리가 달라지기 때문이다. 무작위로 놓인 100만 개의 새총에서 탁구공이 제멋대로 발사된다고 상상해보라. 이 탁구공들의 평균 이동 거리가 얼마나 되느냐는 질문에 어떻게 대답할 수 있단 말인가? 공이 지나갈 수 있는 길이 엄청나게 많은데 말이다.

아파서 병원에 입원해 있는 동안, 울람은 혼자서 하는 카드 게임인 캔필드 솔리테어Canfield Solitaire를 즐겼다. 캔필드 솔리테어는 52장의 카드를 사용하는데, 카드는 1장씩 돌려지고 게임 규칙과 게임자의 결정에 따라 카드 더미들로 이동된다. 목표는 4개의 카드 더미를 만드는 것이다. 각 더미에는 1벌의 카드(에이스부터 킹까지)가 모두 있어야 한다.

이 게임의 규칙은 아주 간단하다. 일단 카드가 나오면 선택할 수 있는 몇 가지의 이동 방법이 있는데, 대부분의 경우 가장 적절한 이동 방법을 선택하는 것이 그리 어렵지 않다.

울람은 자신이 게임에서 이길 가능성이 얼마나 될지 궁금했다. 승패 여부는 카드가 나뉘는 순서에 달려 있었다. 카드의 순서에 따라 승패가 갈리는 셈이다. 그 가능성을 계산하는 한 가지 방법은 가능한 모든 카드 순서를 나열한 후 이길 확률을 백분율로 계산하는 것이었다.

카드 1벌에는 52장의 카드가 있으므로, 첫 번째로 나올 수 있는 카드는 52가지다(그림 4.4). 다음에는 51장의 카드가 있으므로 두 번째로 나올 수 있는 카드는 51가지다. 따라서 첫 번째 카드와 두 번째 카드가 연속으로 나올 수 있는 경우의 수는 $52 \times 51 = 2,652$가지다. 이 계산을 끝까지 확장하면 $52 \times 51 \times 50 \times 49 \times \cdots\cdots \times 1$이 된다. 8 다음에 숫자 67개가 붙는 숫자인데, 아마 아무도 그렇게 게임을 많이 하지는 않을 것이다.

울람은 이 문제를 보다 단순하게 풀 수 없을까 고민했다. 만약 게임을 10번만 했다면? 10번 중 이길 확률을 계산할 수 있다면, 진정한 승률을 알 수 있을 것이다. 물론 10게임 내내 행운이 올 가능성도 있다. 이것이 확률을 왜곡시킬 것이다. 그러나 100게임을 한다면? 100게임 연속 행운이 올 가능성은 적다. 울람은 어느 정도 이상의 게임 결과의 평균을 내면 실제 이길 확률에 대한 합리적인 추정치를 얻을 수 있다고 결론지었다. 이때 중요한 것은 이길 확률을 알아내기 위해 모든 가능한 게임을

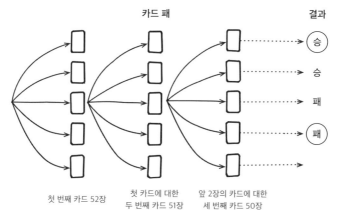

カード 패   결과

승
승
패
패

첫 번째 카드 52장   첫 카드에 대한   앞 2장의 카드에 대한
               두 번째 카드 51장   세 번째 카드 50장

그림 4.4 캔필드 솔리테어 게임에서 가능한 카드가 나뉘는 순서의 일부.
동그라미가 표시된 결과는 몬테카를로 방법을 사용해 표본을 추출한 것이다.

다 해 볼 필요가 없다는 점이다. 실제 이길 확률을 합리적으로 추정할
정도만큼만 하면 된다.

1,000게임을 하는 데에는 꽤 오랜 시간이 걸릴 것이다. 울람은 컴퓨
터로 그 정도로 많은 게임을 하도록 프로그래밍할 수 있음을 알고 있었
다. 그렇다면 컴퓨터가 무작위로 카드를 돌리고, 자신이 실제로 하는 것
처럼 게임을 하도록 프로그래밍할 수도 있을 것이다. 이를 반복해 게임
횟수가 충분해지면, 이길 확률은 가능한 모든 게임을 한 것만큼 신뢰할
수 있는 추정치가 될 것이다.[5] 울람은 그렇게 생각했다.

요약하면, 울람의 알고리즘은 다음과 같이 작동한다.

승리 횟수를 0으로 설정하시오.
다음을 반복하시오.
    새 카드 1벌을 준비하시오.

다음을 반복하시오.

　카드를 무작위로 나누시오.

　가장 적절한 이동 방식으로 게임을 하시오.

1벌의 카드를 다 돌렸으면 반복을 멈추시오.

게임에서 이기면 승리 횟수에 1을 추가하시오.

충분히 많은 게임을 했다면 반복을 멈추시오.

이길 확률을 출력한다.

울람은 이 알고리즘을 단순히 카드 게임에서 이길 확률을 구하는 일 이상의 문제에 사용할 수 있을 것이라고 생각했다. 중성자 확산 문제도 해결할 수 있지 않을까? 중성자 궤적과 차폐 원자 위치는 난수로 나타낼 수 있다. 각 궤적과 차폐 구성에 대한 침투 거리도 계산할 수 있다. 어느 정도 많은 수의 무작위 시험을 하고 그 평균을 내면, 실제 중성자 침투 거리의 추정치를 얻을 수 있을 것이다.[6]

울람은 폰 노이만에게 이 아이디어를 설명하고 중성자 침투 거리 계산을 에니악으로 실행해보자고 제안했다. 그의 동료 니콜라스 메트로폴리스의 이야기를 다시 들어보자.

폰 노이만은 울람이 제시한 방법에 동의했고, 고무되었다. 울람은 느긋한 태도를 보였지만, 강렬한 관심과 이 실험을 빨리하고 싶어 하는 마음이 엿보였다.

에니악은 울람이 고안한 새로운 방법을 테스트하는 작업을 빠르게 수행했다. 그 결과는 겸손하고 절제된 표현을 빌리더라도 "썩 괜찮았다". 로스앨러모스의 동료들은 모나코에 있는 유명한 카지노의 이름을 따서 이 새로운 알고리즘에 '몬테카를로 방법Monte Carlo method'이라는 이름을 붙였다.

1949년, 울람과 메트로폴리스는 몬테카를로 방법에 대한 첫 논문을 발표했다. 이후 이 방법은 컴퓨터 시뮬레이션의 기본이 되었다. 과학자들은 이 방법을 사용해 많은 사례를 무작위로 추출한 후, 복잡한 물리적 사건의 결과를 추정할 수 있게 되었다. 오늘날, 몬테카를로 방법은 물리학, 생물학, 화학, 공학, 경제학, 비즈니스, 법률 등 다양한 분야의 추측 연구에 필수적으로 사용되고 있다.

컴퓨터 일기예보

전쟁이 끝난 후, 폰 노이만은 다시 프린스턴 고등연구소의 학자로 돌아가(그림 4.5) 에드박 연구의 연장선에서 새로운 전자 컴퓨터, IAS 컴퓨터를 만드는 프로젝트에 착수했다. 잘 알려져 있듯, IAS 컴퓨터는 기존 컴퓨터에 폰 노이만의 재능이 더해진 작품이다. 이 프로젝트는 1952년부터 1958년까지 진행되었는데, 이때 폰 노이만은 IAS 컴퓨터에 대한 계획을 여러 연구기관과 기업에게 공개했다. 그래서 IAS 컴퓨터는 전 세계 컴퓨터의 모델이 되었다.

폰 노이만은 또 어떤 작업에 컴퓨터가 투입되어야 할지에 대해서도 많은 생각을 했다. 그는 1930년대에 유체 흐름에 대한 연구를 해본 적이 있어 리처드슨의 수치 기상예보 연구를 알고 있었던 것 같다. 이 연구에서 영감을 받은 폰 노이만은 미 해군으로부터 최초의 컴퓨터 기상

그림 4.5 수학자 존 폰 노이만과 IAS 컴퓨터. 1952년.
(프린스턴 고등연구소 셀비 화이트 앤 레비 아카이브 센터 제공, 엘런 리차드 촬영)

연구기관을 설립하는 데 필요한 보조금을 확보했다. 그리고 이 계획을 추진하기 위해 유능한 기상 연구원들을 모으는 협의회를 조직하고, 최초의 컴퓨터 일기예보 실행에 도전했다.

폰 노이만의 IAS 프로젝트에 참여한 기상학자 줄 차니Jule Charney(1917~1981)가 가스 방정식을 만들었는데, 컴퓨터가 계산을 실행해야 할 만큼 복잡했다. IAS 컴퓨터가 아직 완성되지 않았던 때라, 폰 노이만은 에니악에게 계산을 요청했다.

1950년 3월 첫째 주 일요일, 기상학자 5명이 컴퓨터 일기예보 작업을 수행하기 위해 탄도연구소에 도착했다. 이들과 프로그래머들로 이루어진 팀은 이후 33일 동안 8시간씩 교대로 일하며 24시간 내내 연구를 수행했다. 그들은 북미와 유럽 지역에서 1949년 1월과 2월 중 각 나흘간의 기상 예측치를 계산했다. 그 기간을 선택한 이유는 그때 중요한 기상 현상이 발생했기 때문이었다. 또 그들은 24시간에 걸친 기압의 변화도 예측했는데, 초기 기상 상태와 결과 예측 평가에 미국 기상청의 데이터를 사용했다. 그리고 예측 모형에서 총 736킬로미터의 거리를 15×18개의 가상 직사각형 격자 칸으로 나눠 1시간 간격으로 각 칸의 기상을 예측했다. 에니악은 일기 변화가 진행되는 속도에 맞추어 기상 예측에 필요한 100만 건의 계산을 약 24시간 만에 수행했다.

결과는 엇갈렸다. 일부 현상은 정확하게 예측되었지만, 사이클론의 위치와 모양 등 다른 특징들은 부정확했다. 연구원들은 각 칸의 크기가 너무 크다는 것과 방정식의 한계를 오류의 원인으로 보았다. 컴퓨터에 의한 수치 예보 개념이 가능하다는 것 자체는 증명되었으니, 이제 오류의 원인을 알아내야 했다.

결국 리처드슨이 옳았다는 것이 입증되었다. 1950년, 차니는 에니악 기상 예측 실험을 설명하는 최종 논문의 사본을 리처드슨에게 보냈다. 수치 예보의 선구자는 차니의 팀에게 축하한다고 응답을 보내왔다. 리처드슨은 스스로를 낮추면서 에니악의 실험 결과에 대해 다음과 같이 언급했다.

……과학은 자체적으로 엄청나게 진보했지만, 결과는 신통치 않았다.

리처드슨은 2년 후인 1953년에 세상을 떠났다.
존 폰 노이만도 오랜 암 투병 끝에 1957년 53세의 나이로 사망했다. 맨해튼 프로젝트에 참여했던 노벨상 수상자 한스 베테Hans Bethe(1906~2005)는 그에 대해 이렇게 회고했다.

나는 가끔 폰 노이만과 같은 두뇌는 보통 인간의 뇌보다 우월한 종이 아닌지 궁금했다.

폰 노이만의 부고문은 스타니스와프 울람이 썼다.

울람은 그 뒤에도 핵물리학, 생물정보학, 수학 분야에 중대한 공헌을 했다. 그는 미국의 명문 대학들에서 교수직을 맡았고, 여름에는 로스앨러모스에서 연구를 하며 지냈다. 그리고 1984년, 미국 뉴멕시코주 산타페에서 세상을 떠났다.

알고리즘의 개선, 컴퓨터 성능 발전, 기상 관측소 수 증가 등으로 1950년대와 1960년대에 컴퓨터 일기예보의 정확도는 꾸준히 향상되었다. 에드워드 로렌즈Edward Lorenz가 리처드슨의 접근 방식에서 근본적인 한계에 부딪힐 때까지, 모든 것이 잘 진행되고 있는 듯 보였다.

카오스 이론Chaos theory[7]

에드워드 로렌즈는 1917년, 미국 코네티컷주에서 태어났다. 대학교에서 수학을 공부하고 미 육군 항공대학교에서 기상학자로 근무했던 그는 매사추세츠 공과대학교MIT에서 기상학 연구를 계속하며 교수로 재직했다. 그가 리처드슨의 방법에서 우연히 문제를 발견한 것은 1961년이었다.

로렌즈는 연구 프로젝트를 진행하기 위해 작은 컴퓨터로 날씨 시뮬레이션을 실행했다. 그런데 늘 일상적인 결과가 나오던 실험에서 그날 따라 이상한 일이 일어났다.

그는 결과를 더 자세히 조사하기 위해 시뮬레이션 중 하나를 반복해 보기로 했다. 그리고 1시간 후에 다시 돌아와 새로 나온 결과를 앞서 나온 결과와 비교한 다음, 새 예측이 이전의 예측과 전혀 다르다는 것을 알고 깜짝 놀랐다. 당시만 해도 컴퓨터가 매우 자주 고장 났기 때문에 원인이 컴퓨터 고장이라고 생각했던 그는 유지보수를 요청하기 위해 전화하기 전, 시뮬레이션 출력물을 시간대별로 점검했다. 처음에는 두 예측이 일치하더니 얼마 지나지 않아 값들이 분산되기 시작했고, 시뮬레이션이 진행됨에 따라 불일치되는 부분이 빠르게 늘어났다. 새 예측과 이전 예측의 차이는 시뮬레이션 날짜로 나흘마다 약 2배로 커졌다. 시뮬레이션 날짜로 두 달이 지나자, 이전 출력 결과와 새 출력 결과에는 비슷한 부분이 전혀 없었다.

컴퓨터와 프로그램은 모두 문제가 없었다. 로렌즈는 이런 불일치가 시뮬레이션 초기에 입력한 숫자의 사소한 차이에서 비롯된 것이라고 생각했다. 첫 실행에서 로렌즈는 대기 상태를 여섯 자리 숫자로 입력했지만, 두 번째 실행에서는 세 자리 숫자만 입력했다. 여섯 자리 숫자와 가장 가까운 세 자리 근삿값의 차이는 매우 작았다. 그는 입력시 차이가 작으면 출력에서도 큰 차이가 나지 않을 것이라고 생각했지만, 사실은 그렇지 않았다. 그 작은 차이가 계산을 거듭하면서 크게 벌어졌고, 결국 출력 시점에서 큰 불일치로 나타난 것이다. 마침내 로렌즈는 자신이 시뮬레이션의 인위적 효과를 간과했다는 사실을 깨달았다. 원래 시뮬레이션은 실제 기상 현상을 정확하게 모델링해야 한다.

이 우연한 발견에서 새로운 과학이 출현했다. 로렌즈의 카오스 이론은 실세계의 많은 물리 체계가 초기 조건에 매우 민감하다는 사실을 밝혀냈다. 초기 조건에 작은 차이만 있어도, 나중에는 결괏값이 크게 달라질 수 있다는 것이다. 그의 주장은 훗날 널리 알려진 '나비 효과Butterfly Effect'라는 개념에 잘 반영되어 있다. 모든 조건이 맞아 떨어지기만 한다면, 브라질에 있는 나비 한 마리의 날갯짓이 며칠 후에는 미국 텍사스에 토네이도가 일어나는 한 원인이 될 수 있다. 예가 매우 극단적이긴 하지만, 실제로 토성의 고리 안에서 움직이는 소행성의 궤도를 포함해 많은 실세계 체계에서 이런 혼돈이 일어나고 있음이 확인되었다. 로렌즈의 주장이 옳다는 것이 입증된 셈이다.

카오스 이론은 수치 일기예보가 가진 시간 구분time horizon의 한계를 지적한다. 현재의 기상 상태를 모델링할 때 작은 오류라도 생기면, 이후 단계에서 큰 예측 오류가 발생할 수 있는 것이다. 에드워드 엡스타인Edward Epstein이 등장하기 전까지, 정확한 일기예보를 위한 시간 구분은 불가능해 보였다.

엡스타인은 1931년 미국 뉴욕주 브롱크스Bronx에서 태어났다. 로렌즈처럼 엡스타인도 군 복무를 하는 동안 기상학을 접하게 되었다. 그는 공군을 전역한 후 미국 대학의 연구원과 강사로 일했으며, 스웨덴 스톡홀름대학교의 객원 과학자로 일하면서 나비 효과를 완화할 수 있는 알고리즘에 대한 논문을 발표했다. 엡스타인은 이 논문에서 일기예보의 시간 구분을 확장하는 방법을 제시했다.

리처드슨의 수치 기상예보는 하나의 시뮬레이션에 의존한다. 이 시뮬레이션은 현재 기상 상태를 측정하는 것으로 시작해 칸별, 시간 단계별로 날씨의 변화를 계산한다. 여기에서 엡스타인의 통찰력이 발휘됐다. 울람의 몬테카를로 방법을 리처드슨의 수치 시뮬레이션에 적용한 것이다.

엡스타인은 하나의 시뮬레이션이 아니라 여러 개의 시뮬레이션을 실행해야 한다고 주장했다. 그리고 각 시뮬레이션은 무작위로 교란된 초기 조건으로 시작해야 한다. 이러한 초기 조건은 관찰된 대기 상태에 작은 변화나 교란을 가함으로써 생성된다. 측정의 한계를 감안했을 때, 예측자들은 어느 칸의 현재 기상 상태가 어떠한지 정확히 알 수 없기 때문에, 여러 가지 시나리오를 시도할 수 있다. 시뮬레이션이 끝난 후에는 각 시뮬레이션 결과의 평균을 내서 단일화된 최종 예측을 얻는다. 이때 여러 가능성을 고려해야 하는데, 모든 것을 고려하면 중간값이 가장 가능성이 큰 시나리오다. 엡스타인의 주장은 다음과 같은 알고리즘으로 요약되며, 이를 몬테카를로 앙상블 방법이라고 부른다.

현재 대기 상태를 측정하시오.
다음 단계를 반복하시오.
　현재 기상 조건에 임의의 작은 교란을 가하시오.
　이러한 초기 조건에서 시작해 수치 예보를 수행하시오.
　결과를 저장하시오.
충분한 시뮬레이션이 수행되면 반복을 멈추시오.
평균 예측값을 출력한다.

이 알고리즘의 단점은 너무 많은 계산을 해야 한다는 것이다. 몬테카를로 방법을 8회 실행하려면 단일 예측을 하는 경우에 비해 컴퓨터 성능이 8배는 높아야 한다. 이런 이유 때문에 엡스타인의 몬테카를로 앙상블 방법은 1990년대 초까지 운용되지 못했다. 그러나 오늘날에는 앙상블 예측법이 최첨단 방식이 되었다(그림 4.6). 예를 들어, 유럽 중기기상예보센터European Centre for Medium-Range Weather Forecasts는 51개의 각기 다른 시뮬레이션을 기반으로 날씨를 예보하고 있다.

에드워드 로렌즈는 카오스 이론 연구로 과학 부문에서 여러 차례 수상했다. 에드워드 엡스타인은 자신의 연구 생애를 기상학과 기후 모델링에 바쳤고, 일찍부터 인공 기후 변화 개념을 주장했다. 두 사람은 모두 2008년에 세상을 떠났다.

장기 예보

에니악과 마찬가지로, 1950년대만 해도 컴퓨터는 매우 비싸고, 많은 전력을 소모하면서 신뢰도는 그다지 높지 않은, 덩치 큰 괴물일 뿐이었다. 그러다 1947년과 1958년에 트랜지스터와 집적회로가 발명되면서 비로소 소형화가 가능해졌다.

트랜지스터는 전자 스위치다. 전자를 제외하면 움직이는 부품이 없기 때문에 크기도 작고, 전력 소모도 적고, 안정적인 데다 속도도 놀라울 만큼 빠르다. 게다가 여러 개의 트랜지스터를 함께 배선하면 논리 회로를 만들 수 있고, 이 논리 회로를 상호 연결하면 데이터 처리 장치를 만들 수 있다.

금속 연결 방식으로 서로 연결되는 집적회로의 발명 덕분에 매우 적은 비용으로 수많은 작은 트랜지스터를 만들 수 있게 되었다. 또한 모든

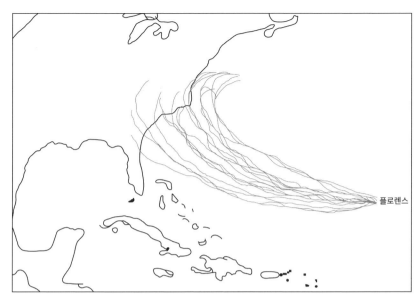

그림 4.6 몬테카를로 앙상블 방법을 사용해 구한 허리케인 플로렌스(2018)의 예측 경로.

컴퓨터 칩 안에는 집적회로가 들어가는데, 이 칩은 현대 컴퓨터의 필수적인 물리적 구성 요소다.

이후 수년 동안 전자공학자들은 트랜지스터 디자인과 집적회로 기술을 발전시켜왔다. 1965년, 인텔의 공동 설립자 고든 무어Gordon Moore(1929~2023)는 회사의 엔지니어링 팀이 하나의 집적회로에 집적시키는 트랜지스터의 수를 18개월마다 2배로 늘려왔다고 말했다. 그리고 이러한 추세가 앞으로도 지속되지 않을 이유가 없다고 주장했다. 이후, '무어의 법칙'으로 불리는 그의 예측은 업계의 로드맵이 되었다. 이 법칙은 실제로 현대의 가장 위대한 예측 중 하나임이 증명되었다. 반세기 이상 지속되어 왔으니 말이다.[8]

무어의 예측대로, 컴퓨터의 성능은 기하급수적으로 발전했다. 하지만 컴퓨터 크기, 가격, 전력 소비량은 오히려 급감했다. 오늘날, 최고급 컴퓨터 칩에는 수백억 개의 트랜지스터가 집적되어 있다. 무어의 법칙이 깨지지 않고 이어진 덕택에 컴퓨터가 급진적 성장을 이룬 것이다.

2008년, 피터Peter(아일랜드 국립대학교 소속)와 오웬 린치Owen Lynch(IBM 아일랜드 소속)는 에니악이 수행한 기상예보를 휴대전화로 수행했다. 시중에 나와 있는 노키아 6300 휴대전화로 포니악PHONIAC이라는 그들이 만든 프로그램을 실행한 것이다. 에니악은 하나의 예보를 수행하는 데 24시간이 걸렸지만, 노키아 6300은 1초도 걸리지 않았다. 에니악의 무게가 27톤인 반면, 노키아 6300의 무게는 91그램에 불과하다. 이것이 바로 무어의 법칙이 가진 위력이다.

컴퓨터 기술의 발전으로 새로운 알고리즘이 개발되었다. 한때는 실행하는 데만도 엄청난 시간이 걸렸던 알고리즘이 이제는 누구나 사용할 수 있는 프로그램이 되었다. 그저 이론적으로만 보였던 알고리즘 연구 또한 완전히 실용적인 것이 되었다. 새로운 컴퓨터 기기의 출현으로 새로운 응용 프로그램 제작이 가능해졌고, 그에 따라 새로운 알고리즘이 필요하게 되었다. 컴퓨터 산업의 비약적 발전으로 소프트웨어와 알고리즘 개발직에 종사하는 사람들도 엄청나게 많아졌다. 무어의 법칙이 이러한 변화들을 이끌어낸 셈이다.

5

인공지능의 등장

> 그 기계는 생각하는 존재가 아니라, 단지 자신에게 부여된 법칙에 따라 행동하는 자동 장치일 뿐이다.

루이지 페데리코 메나브레아, 에이다 러브레이스
「해석 기관 개요」(1843) 중에서

1940년대와 1950년대에 컴퓨터는 본질적으로 '빠른 계산기'로 간주되었다. 이에 소모되는 높은 비용과 압도적인 크기 때문에 중앙 기관이나 소유할 수 있는 자원이기도 했다. 대형 캐비닛 크기의 컴퓨터는 엄청난 양의 반복적인 산술 계산을 거창하고 요란하게 해치웠다. 인간 작업자들은 이 새로운 괴물의 보조원으로 고용되어, 경쟁적으로 쇄도하는 고객들의 주문에 기계의 귀한 시간을 할애했다. 캐비닛 컴퓨터는 사용자와의 상호 작용은 일체 하지 않고, 데이터 처리 작업만을 일방적으로 차례차례 실행했다. 최종적으로 나온 대량의 출력물은 작업자들에 의해 '고마운' 고객들에게 일괄 전달되었다.

산업 전반에 산수 계산의 적용이 확장되면서, 몇몇 선각자들은 컴퓨터가 더 많은 일을 할 수 있으리라고 생각했다. 이들은 컴퓨터가 근본적으로 '기호 조작기symbol manipulators'라는 사실을 이해하고 있었다. 컴퓨터는 기호로 모든 종류의 정보를 나타낼 수 있다. 그들은 이 기호들을 올바르게 조작할 수만 있다면, 컴퓨터가 인간 지능을 필요로 하는 작업까지 수행할 수 있을 것이라고 보았다.

수학 그 이상의 것

앨런 튜링은 1947년에 국립물리학연구소를 떠나 케임브리지대학교로 돌아온 후, 1년간 안식년을 보냈다. 국립물리학연구소를 떠날 때, 그는 자신이 구상했던 자동 컴퓨팅 엔진ACE을 포기했다. ACE는 영국 최초의 범용 컴퓨터였지만, 이 프로젝트는 제대로 진행되지 못했다. 기계를 만드는 일이 너무 어려웠기 때문이다. 게다가 튜링은 여전히 다른 사람들과 함께 일하는 것을 어려워했다.

튜링이 떠난 후에도 ACE 팀은 연구를 계속했고, 마침내 1950년에 튜링의 구상보다 훨씬 단순하게 설계된 파일럿 ACE가 가동되기 시작했다.

그해 가을, ACE 팀은 특별한 요청을 받았다. 런던의 명문 사립 중등학교 해로 스쿨의 교사인 크리스토퍼 스트레이치Christopher Strachey(1916~1975, 그림 5.1)가 자신이 파일럿 ACE를 프로그래밍해 볼 수 있는지 문의한 것이다. 1950년 당시에는 모두가 그랬지만, 스트레이치 역시 프로그래밍 초보자였다.

1916년생인 스트레이치는 부유한 영국 지식층 가문의 후손이었다.

그림 5.1 AI의 선구자 크리스토퍼 스트레이치.
(영국컴퓨터박물관 제공)

그는 케임브리지 킹스칼리지 물리학과를 졸업했는데, 3학년 때 정신쇠약을 앓았다. 훗날 그의 누이는 그가 동성애를 받아들이려 했기 때문에 병을 얻은 것이라고 말했다. 제2차 세계대전 중, 스트레이치는 레이더 개발 회사에서 일하다가 영국에서 가장 배타적인 사립학교 중 하나인 해로 스쿨의 교사로 채용되었다.

파일럿 ACE를 써보겠다는 스트레이치의 요청은 수락되었고, 그는 크리스마스 휴가 중 하루를 국립물리학연구소에서 보내면서 새 기계에 대한 모든 정보를 얻었다. 해로 스쿨로 돌아온 스트레이치는 파일럿 ACE에 사용할 프로그램을 만들기 시작했다. 기계를 마음대로 쓸 수 없었기 때문에 펜과 종이로 프로그램을 작성하고, 컴퓨터의 작동 과정을 그림으로 그리며 프로그램을 테스트했다. 초보자들은 대부분 간단한 프로그래밍 작업으로 프로그램 만들기를 시작하는데, 야망 때문인지 순진함 때문인지, 스트레이치는 체커 게임Checkers을 하는 프로그램을 쓰기로 했다. 체커 게임은 확실히 산수 연습용 게임은 아니다. 논리적인 추론과 예측 능력이 요구되기 때문에, 이 게임을 하려면 '지능'이 필요하다.

1951년 봄, 스트레이치는 맨체스터대학교에 새로운 컴퓨터, 맨체스터 베이비Manchester Baby가 있다는 소문을 들었다. 이 컴퓨터를 만들기 위한 프로젝트는 전쟁 직후에 블레츨리파크 출신인 맥스 뉴먼Max Newman에 의해 시작된 것으로, 맨체스터 베이비는 파일럿 ACE보다 더 똑똑해 연구에 더 적합해 보였다. 그래서 스트레이치는 당시 맨체스터 컴퓨터 기계연구소의 부소장이었던 튜링과 접촉했다. 둘은 킹스칼리지 시절부터 알고 지낸 친구 사이였기에, 그는 프로그램 매뉴얼 사본을 손에 넣을 수 있었다. 그리고 여름, 스트레이치는 또다시 튜링을 찾아가 더 많은 것을 알아냈다.

몇 달 후, 스트레이치는 튜링의 의뢰로 작성한 프로그램을 시험하기 위해 튜링을 찾았다. 그날 밤, 그는 손으로 쓴 메모를 밤새도록 수천 줄의 프로그램으로 풀어냈다. 스트레이치의 프로그램은 튜링이 낸 문제를 완벽하게 풀었고, 완성되자마자 스피커를 통해 미국 국가를 내보냈다.[1] 이는 컴퓨터에 의해 연주된 최초의 음악이었다. 이미 컴퓨터에 조예가 깊은 튜링조차 감명을 받았다. 스트레이치가 타고난 프로그래머라는 것은 의심할 여지가 없었다.

스트레이치는 곧 국립연구개발공사NRDC에 채용되었다. 국립연구개발공사의 소관은 정부 기관이 개발한 새로운 기술을 민간 부문으로 이전하는 것이었다. 당시에는 해야 할 일이 많지 않아서 그는 프로그래밍 일을 계속했는데, 연애편지를 써주는 프로그램을 개발하기도 했다.

스트레이치의 프로그램은 견본 연애편지를 입력으로 인식하고, 미리 저장된 목록에서 형용사, 동사, 부사, 명사를 무작위로 선택해 열렬한 연애편지를 써 내려갔다.

사랑하는 그대에게.

나의 호소하는 마음이 그대의 애틋한 열정을 아름답게 끌어당기오.
그대는 나의 사랑스러운 동경. 숨 막히게 사모하는 마음. 숨 막힐 듯한
마음이 당신의 열망을 간절히 바라오. 그대를 향한 애끓는 사랑이 그
대의 탐스러운 열정을 소중히 간직한다오.

그대를 그리워하며,
M. U. C.(맨체스터대학교 컴퓨터)

스트레이치는 동료들을 즐겁게 하기 위해 연구소 게시판에 이런 연
애편지들을 종종 올렸다. 이 기발한 프로그램은 컴퓨터가 창의력을 발
휘한 첫 번뜩임이었다.

스트레이치는 마침내 1952년에 체커 게임 프로그램을 완성하고,
「논리적 혹은 비수학적 프로그램Logical or Non-Mathematical Programmes」이라는
제목의 논문에서 이 프로그램에 대해 설명했다.

체커 게임은 체스와 똑같은 8×8 격자무늬 판에서 말을 움직이는
2인용 보드게임이다. 게임자들은 게임판을 가운데 두고 마주 앉아서 한
사람은 백말을, 다른 한 사람은 흑말을 12개씩 받는다. 처음에 말들은
게임자에 가까운 세 줄의 검은 칸에 배치된다. 게임자들은 번갈아 말을

하나씩 움직이며, 말은 대개 대각선 방향으로 한 칸씩 앞으로 이동한다. 이동 중 건너편 칸이 비어 있으면 앞 칸에 있는 상대방의 말을 뛰어넘을 수 있고, 연속해서 점프를 할 수도 있다(그림 5.2). 이때 뛰어넘은 상대방의 말은 잡히는 말이 되어 게임판에서 제거된다. 게임의 목적은 상대방의 말을 모두 제거하는 것이다. 또한 처음에는 말이 앞으로만 이동할 수 있는데, 계속 이동해서 상대방의 칸 맨 끝까지 도달하면 말에 왕관이 씌워지며 킹이 된다. 킹은 앞뒤로도 움직일 수 있다.

이처럼, 체커 게임은 꽤 어렵다. 반드시 승리로 이어지는 단순한 전략 같은 건 없다. 게임이 어떻게 전개될지를 얼마나 잘 상상할 수 있는가에 따라 승패가 결정된다. 평범한 수처럼 보이던 것이 나중에 예상치 못한 반격의 수가 될 수도 있다.

스트레이치의 알고리즘은 숫자를 사용해 게임판에 있는 말들의 위치를 기록한다. 그리고 자기 차례가 되면 말을 둘 수 있는 가능한 모든 수手를 검사한다(평균 10가지). 보드게임 용어로 한 회차는 두 사람이 한

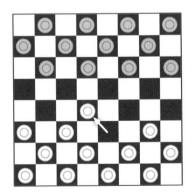 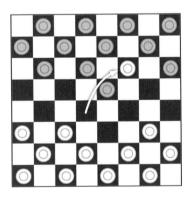

그림 5.2 체커 게임에서 백말이 한 칸씩 움직이다가(왼쪽)
점프해서 흑말을 잡는 모습(오른쪽).

　　　　　　　　　　　　　　　　　　5 인공지능의 등장

수씩 두는 2번의 수로 구성된다. 이때 한 사람이 두는 한 수(또는 반 회차)를 플라이ply라고 한다. 알고리즘은 가능한 모든 다음 수에 대한 상대방의 잠재적 반응을 평가한다. 이런 예측 기능은 향후 3회차의 수까지 내다볼 수 있고, 예측 결과는 나뭇가지 모양(트리)으로 시각화할 수 있다(그림 5.3). 게임판에 있는 모든 말의 위치는 트리의 교점(또는 분기점)에 해당한다. 그 위치에서 가능한 모든 수에서 다음 위치로 이어지는 분기점이 생성된다. 앞 수를 더 많이 내다볼수록, 트리의 층이 많아진다. 알고리즘은 예측의 맨 끝에 있는 각 교점의 상황별로 게임자들이 현재 가지고 있는 말의 수를 계산한다. 그 후 예측의 맨 끝 교점에서 가장 큰 수數(가장 유리한 手)로 이어지는 수를 트리의 뿌리(현재 위치)에서 선택하는 것이다.

맨체스터 마크 IManchester Mark I의 상업용 버전인 페란티 마크 IFerranti Mark I 컴퓨터는 한 수를 두는 데 1~2분이 걸렸다. 그 정도 실력으로는

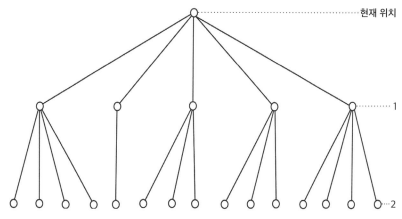

그림 5.3 체커 게임 예측 기능을 시각화한 트리 모양.
모든 교점은 게임판에 있는 말의 위치를 나타내며, 트리의 모든 가지는 수手의 가짓수다.

썩 훌륭한 선수라고 할 수 없었다. 돌이켜보면 스트레이치 프로그램의 예측 능력은 썩 좋지 않았고, 의사결정 논리도 정교하지 않았으며, 이동 위치에 대한 평가도 부정확했다.

그럼에도 불구하고 스트레이치의 시도는 컴퓨터가 계산만 하는 기계라는 통념을 깨트리는 계기가 되기에 충분했다. 여기에서 인공지능AI의 개념이 싹트기 시작했다.

이후 스트레이치는 옥스퍼드대학교의 첫 컴퓨터과학 교수가 되었다. 그러나 안타깝게도, 높은 학문적 평판에도 불구하고 그의 후기 연구는 크게 인정받지 못했다. 그가 학술논문 발표를 주저했기 때문이다. 스트레이치는 짧게 병을 앓다가 1975년 58세의 나이로 일찍 세상을 떠났다.

스트레이치의 프로그램이 등장한 후로 보드게임은 인공지능의 바로미터가 되었다. 기술적인 면과 인간적인 면을 모두 갖춘 게임이기 때문이다. 보드게임의 목표와 규칙은 컴퓨터 프로그램이 처리할 수 있을 만큼 명확하다. 게임의 어느 시점에서든 컴퓨터가 확인할 수 있는 선택지의 수가 제한되어 있으므로, 컴퓨터는 그 문제를 충분히 다룰 수 있다. 컴퓨터가 사람 역할을 한다는 것이 얼마나 큰 진보인지를 이해하기는 어렵지 않을 것이다. 게다가 사람들은 경쟁을 좋아한다. 훗날 컴퓨터가 체커 게임 세계 챔피언을 이긴다면, 엄청난 대중의 관심을 받게 될 것이다. AI 연구원들조차도 그 게임을 보고 싶어 할 테니 말이다.

AI의 정의

인공지능이라는 용어는 1955년 존 매카시John McCarthy(1927~2011)가 록펠러재단에 제출한 제안서에서 처음 사용했다. 이 제안서는 미국의 응용수학자이자 컴퓨터과학자 클로드 섀넌_{Claude Shannon}(1916~2001)과 MIT AI연구소를 설립한 마빈 민스키_{Marvin Minsky}(1927~2016) 등의 유명 인사들을 포함해 10명이 참여하는 두 달간의 하계 연구 프로젝트에 쓸 자금을 요청하는 문서였다. 미국 뉴햄프셔주 다트머스대학교의 수학 조교수였던 매카시는 이 제안서에서 다음과 같이 썼다.

> 현재의 목적에 비추어 볼 때 인공지능 문제는, 인간이 그렇게 행동한다면 '총명하다_{intelligent}'라고 인정받을 만한 방식으로 기계가 행동하도록 만드는 것이라고 할 수 있다.

그의 설명으로 사람들에게 AI가 무엇을 의미하는지 이해시킬 수는 있었으나, 이 정의에는 문제가 있었다.

지능에는 여러 측면이 있지만, 여기서는 특정한 한 측면만 생각해보자. 1940년 이전에는 사람들 대부분이 체커 게임을 하려면 지능이 필요하다고 말했을 것이다. 게임판의 위치를 이해하고, 이길 수 있는 수를 생각해야 하기 때문이다. 그러나 지금 사람들은 알고리즘을 수행하는 데 꼭 지능이 필요하지는 않다는 말에 동의할 것이다. 뻔한 단계를 거쳐 한 수씩 두는 것은 아주 사소한 일이며, 일반적인 기계도 할 수 있으니 말이다.

바로 이것이 문제다. 게임 알고리즘이 알려지지 않았을 때는 체커 게임을 하기 위해 지능이 필요했다. 하지만 체커 게임 알고리즘이 알려지자마자, 체커 게임은 지능을 요하지 않는 게임이 되어버렸다.

맥카시의 AI에 대한 정의도 이와 같다. 일단 문제를 푸는 알고리즘이 알려지면, 그 문제는 더는 지능을 필요로 하지 않는다. 여기서 이야기하는 지능은 컴퓨터가 수행할 수 없는 지적인 작업을 의미한다. 어떻게 보면, AI는 마술과 비슷하다. 트릭이 어떻게 짜여 있는지 알게 되면, 그 마술은 더는 마술이라고 받아들여지지 않는다.

알고리즘과 컴퓨터가 꾸준히 발전하면서 인간 지능의 경계는 계속 수정되었다. 계산기가 나오기 전에는, 사람들은 산수를 계산하는 데 지능이 필요하다고 생각했다. 스트레이치의 프로그램 이전에는 체커 게임을 하는 데 지능이 필요하다고 했다. 이를 바탕으로 미래를 그려보면, 알고리즘과 지능의 궁극적인 경계가 어디일지 궁금해진다. 언젠가는 인간의 지능 자체가 알고리즘이라는 것이 입증될지도 모른다.

매카시가 내린 AI에 대한 정의는 많은 혼란을 야기했다. 비전문가들은 AI가 인간의 지능과 맞먹는 완전한 형태일 것이라고 생각한다. 그러나 사실, 인간 지능은 다면적이면서도 종합적이다. 먼저 지능에 여러 측면이 있다는 점에서 다면적이다. 우리는 배우고, 기억하고, 동시에 여러 가지 일을 하고, 발명하고, 전문 지식을 응용하고, 상상하고, 인지하고, 요약하는 등 다양한 행동을 할 수 있다. 또 우리가 이렇게 광범위한 행동을 할 수 있다는 점에서 우리의 지능은 종합적이다. 우리는 점심 도시락을 만들고, 토론도 하고, 여행도 하고, 스포츠도 즐기고, 고장 난 기계도 고칠 수 있다.

하지만 컴퓨터는 예전에 인간의 지능이 필요하다고 생각되었던 한 가지 작업만 수행할 수 있으면 '인공지능'이라고 불린다. 컴퓨터가 수많은 게임 중 체커 게임만 할 수 있어도 인공지능을 갖고 있다고 간주하는 것이다. 그러니 엄밀히 말하자면, 인간 지능과 유사한 지능을 지칭하는 적절한 용어는 AI라기보다는, '인간 수준의 인공 종합 지능human-level artificial general intelligence, HLAGI'이라고 할 수 있다. 우리가 SF 영화에서 종종 보는 것이 바로 HLAGI다. 과학적 관점에서 AI는 HLAGI와 매우 거리가 멀다.

매카시의 정의에서 중요한 점은, 그가 AI를 결과의 관점에서 묘사했다는 것이다. 그는 AI가 인간과 같은 방식으로 문제를 해결한다고 주장하지 않았다. 단지 기계가 인간이 만들어낸 것과 유사한 결과를 만들어내기만 하면, 그 기계(AI)의 지능은 인간의 지능과 동등하다고 생각했을 뿐이다. 매카시에게 메커니즘은 중요한 문제가 아니었다.

그동안 지능을 필요로 하는 일을 컴퓨터와 인간이 어떻게 수행하느냐 하는 이분법적 생각은 많은 철학적 논쟁을 불러일으켰다. 문제의 핵심은 다음과 같은 간단한 질문으로 가장 잘 표현할 수 있다.

"기계가 과연 생각할 수 있을까?"

물론 이 질문에 대한 대답은 '생각'이라는 단어가 무엇을 의미하느냐에 달려 있다. 만약 생각이 뇌의 생물학적 과정을 의미한다면, 컴퓨터는 절대로 '생각'할 수 없다. 그런데 많은 사람이 이 의미를 지나치게 제한적이라고 생각한다. 왜 생각하는 기질基質(효소의 작용으로 화학 반응을 일으키는 물질—옮긴이)과 생각하지 않는 기질을 구분해야 한단 말인가? 다른 행성에서 온 외계인들이 탄소 기반이 아니라 실리콘 기반의 생명체라고 해서, 그들이 생각할 수 있다는 사실을 부정할 수 있을까? 그렇지 않을 것이다.

보통 사람들에게 있어 생각의 전제 조건은 지능과 의식이다. 자각의 상태인 의식 덕분에 지각 있는 존재들은 스스로 생각하고 있음을 인식할 수 있다. 그리고 사람들은 보통 이를 생각의 핵심이라고 생각한다. 아직까지 컴퓨터에 의식이 없는 것은 분명하다. 게다가 우리는 의식할 수 있는 컴퓨터를 만드는 방법도 전혀 모른다. 그러니 생각하는 기계는 아직 먼 얘기다. 아마도 만들어지지 못할 것이다.

따라서 매카시의 AI에 대한 정의는 "기계들도 생각할 수 있을까?"라는 질문과는 관계가 없어 보인다. 이 점에 관한 한, 앨런 튜링도 그렇게 생각했다.

> "기계들이 생각할 수 있을까?"라는 원초적 질문은 토론할 가치가 없다고 생각한다. 하지만 세기가 끝날 무렵에 단어의 의미나 일반적으로 교육받은 것들의 의미가 크게 바뀌면, 모순되지 않게 생각하는 기계에 대해 말할 수는 있을 것이라고 예상한다.

기계의 행동이 인간의 지능과 구별할 수 없을 정도라면, 우리도 튜링처럼 그 기계를 '생각하는 기계'라고 여길 것이다. 사실 튜링은 기계가 생각하느냐 아니냐는 오직 철학자들에게만 중요한 문제라고 보았다. 그러나 이 문제는 중요한 의미를 가지고 있다. 만약 기계가 의식과 감정을 가지고 있다면, 우리는 당연히 우리가 만든 기계에 대해 윤리적 책임을 져야 한다. 이러한 질문은 기술이 발전함에 따라 점점 더 중요해질 것이다.

결국 매카시는 록펠러재단에게서 자금을 얻어내는 데 성공했다. 다트머스 콘퍼런스는 1955년 여름에 열렸으며, AI가 미래의 연구 분야가 될 것임을 예고하는 시발점이 되었다. 그러나 실망스럽게도, 그 콘퍼런

5 인공지능의 등장

스는 참석자들이 서로 안면을 익히는 데 그치는 시시한 행사가 되고 말았다. 참석자들은 자신의 안건을 홍보하기에만 바빴고, 새로운 통찰력을 얻은 사람은 거의 없었다. 대부분이 별 성과를 거두지 못한 행사라고 평가했다.

그런데 그 와중에 미래에 대한 이정표를 제시한 설명회가 하나 있었다. 두 과학자, 앨런 뉴얼Allen Newell(1927~1992)과 허버트 사이먼Herbert Simon(1916~2001, 그림 5.4)이 대수학을 수행할 수 있는 컴퓨터 프로그램을 발표한 것이다.

기계의 추론 능력

대수학은 미지수를 포함하는 방정식과 관련된 수학의 한 분야다. 미지수는 문자로 표시되며, 수학자들은 이를 구하기 위해 대수학의 규칙을 이용해 방정식을 다시 배열하거나 결합한다. 수천 년 동안 방정식을 조작하는 것은 수학자들의 영역이었다. 이 문제에 관한 한, 주판이나 계산기, 초기의 컴퓨터 프로그램조차 손을 댈 수 없었다. 에니악의 공동 발명가 존 모클리는 이에 대해 1946년에 다음과 같이 썼다.

계산기는 대수학은 모르고 단지 산수만 할 줄 안다는 점을 지적하지 않을 수 없다.

다트머스 콘퍼런스가 열릴 즈음, 뉴얼과 사이먼은 랜드연구소RAND Corporation에서 일하고 있었다. 제2차 세계대전 이후 설립된, 미국 캘리포니아주 샌타모니카에 있는 이 연구소는 당시나 지금이나 비영리 민간

연구기관으로, 정부 기관이나 기업을 위한 계획 수립, 정책 및 의사결정 연구를 전문으로 한다. 1950년대, 랜드연구소의 가장 큰 고객은 미 공군이었다. 덕분에 랜드연구소는 지적 자유가 보장되고, 똑똑한 인재들이 넘쳐나고, 넉넉한 예산에 대학처럼 학생을 가르치지 않아도 되는, 그야말로 연구자들의 낙원이었다. 당시 랜드연구소 연구원들은 다음과 같은 말을 심심치 않게 들었다고 한다.

여기 돈뭉치가 있으니 어서 가져다가 공군을 위해 맘껏 쓰시오.

그림 5.4 논리 이론가 프로그램의 설계자 앨런 뉴얼과 허버트 사이먼. (카네기멜론대학교 제공)

5 인공지능의 등장

두 사람 중 11살 연장자인 사이먼은 밀워키 출신으로, 저명한 정치학자이자 경제학자였다. 피츠버그에 있는 카네기 공과대학교CIT의 교수이기도 했던 그는 여름마다 랜드연구소에서 일했다.

뉴얼은 샌프란시스코에서 자랐다. 그는 스탠퍼드대학교에서 물리학 학위를 받은 후 프린스턴대학교에서 수학 석사과정을 진행하다가, 도중에 그만두고 랜드연구소에 들어갔다.

둘은 방공 센터의 조직 효율성을 향상시키겠다는 목표로 여러 프로젝트를 진행하면서 시험 삼아 컴퓨터를 사용했다. 랜드연구소의 컴퓨터 조니악JONNIAC은 IAS의 청사진을 기반으로 한 것이었다. 존 폰 노이만 역시 랜드연구소의 객원 강사였다. 그러나 뉴얼의 상상력을 사로잡은 것은 MIT 링컨연구소MIT Lincoln Labs의 연구원 올리버 셀프리지Oliver Selfridge(1926~2008)의 강연이었다. 셀프리지는 강연에서 O나 X 같은 간단한 문자를 이미지로 인식할 수 있다는 자신의 연구를 설명했다. 뉴얼은 나중에 이에 대해 다음과 같이 회고했다.

> 셀프리지의 강연이 내 인생을 완전히 바꾸어놓았습니다. 그때를 계기로 AI를 연구하기 시작했으니까요. 그 모든 일이 어느 날 오후에 일어난 것만은 분명합니다.

다음 해, 뉴얼과 사이먼은 '논리 이론가Logic Theorist'라는 AI 프로그램을 개발했다. 뉴얼은 사이먼과 더욱 긴밀히 협력하려고 샌타모니카에서 피츠버그로 이사하기까지 했다. CIT에는 컴퓨터가 없었기 때문에, 두 사람은 교실에 학생들을 모아놓고 그들에게 기계의 동작을 시뮬레이션할 것을 요청하는 방식으로 프로그램을 테스트했다. 학생들은 명령어를 호출해 데이터를 업데이트하면서 개발을 도왔다.

검증이 끝난 후, 사이먼과 뉴얼은 이 프로그램을 랜드연구소의 클리프 쇼Cliff Shaw(1922~1991)에게 전송했다. 쇼가 프로그램을 조니악에 입력한 다음 결과를 피츠버그에 보내면, 두 사람이 그것을 분석했다.

1955년 12월 15일, 마침내 이들은 논리 이론가를 발표했다. 학기가 다시 시작되자 사이먼은 학생들에게 다음과 같이 의기양양하게 말했다.

크리스마스 연휴 동안 앨런 뉴얼과 나는 생각하는 기계를 발명했습니다.

논리 이론가는 논리 방정식에 대해 대수학을 수행한다. 논리 방정식은 연산자에 의해 변수들을 서로 연관시킨다. 변수들은 문자로 표시되며, 참 또는 거짓 값을 가질 수 있다. 가장 일반적인 논리 연산은 등호 '=' 'AND' 'OR'이다. 예를 들어 변수 A, B, W에 다음과 같은 의미를 부여한다고 가정해보자.

A = 오늘은 토요일이다
B = 오늘은 일요일이다
W = 오늘은 주말이다

그러면 다음과 같은 방정식을 생성할 수 있다.

　　　　　　　　　　　　　5 인공지능의 등장

W = A XOR B

(XOR : 배타적 논리합. 입력된 2개 중 1개만 참일 때 참이 되는 논리 연산자 —옮긴이)

이 방정식은 '오늘은 토요일이다'가 참이거나 '오늘은 일요일이다'가 참이면, '오늘은 주말이다'가 참이라는 의미다. 둘 다 참인 경우는 제외한다.

이런 방정식들은 대수학에 의해 변수들 사이의 새로운 관계를 나타내도록 조작될 수 있다. 처음 내세운 방정식으로부터 결론으로 이어지는 일련의 조작을 증명이라고 한다. 처음 방정식이 유효하고 조작 규칙이 제대로 적용된다면, 결론도 유효해야 한다는 것이다. 이때 처음 시작하는 방정식을 '조건'이라고 하고, 최종 결론을 '추론'이라고 한다. 이를 증명하기 위해서는 '그 조건이 주어지면 그 추론이 유효하다'라는 공식적 증거를 단계별로 제공해야 한다. 예를 들어, 다음 방정식이 조건으로 주어졌다고 해보자.

W = A XOR B

여기에서 우리는 다음을 증명할 수 있다.

A = W이고 B는 아니다(A=W AND NOT B)

즉, '오늘이 주말이다'가 사실이고 '오늘은 일요일이다'가 거짓이면, '오늘은 토요일이다'가 반드시 참이라는 의미다.

인간은 직관과 경험에 의해 증거를 만들어낸다. 하지만 논리 이론가는 증거를 찾기 위해 무차별적 접근 방식을 취한다. 입력 문장에 대해 가능한 모든 대수적 조작을 시도하고, 결과로 도출된 방정식에 대해서도 이 과정을 계속 반복한다. 찾던 결론을 발견하면, 검색이 종료된다. 그다음, 프로그램은 원래 조건에 연결되는 변환 경로를 역추적해 추론을 출력한다. 이 경로가 사용자에게 증거로 제시되는 것이다.

논리 이론가는 고전 교과서 『수학 원리Principia Mathematica』에 실린 52개의 이론 중 38개의 이론을 단계별로 증명했다. 실제로 논리 이론가의 증명 중 하나는 교과서에 설명된 것보다 더 우아하다.

1959년에 뉴얼, 쇼, 사이먼은 새 프로그램을 도입했다. 논리 이론가와 비슷한 접근법을 사용한 '일반 문제 해결자General Problem Solver, GPS'였다. 이름에서 알 수 있듯이, 이 프로그램은 기하학을 포함한 훨씬 더 다양한 대수적 문제들을 다룰 수 있었다. 그러나 일반 문제 해결자는 논리 이론가처럼 가능한 모든 조작을 시도하지는 않는다. 검색 속도를 높이기 위해서다. 이 프로그램의 알고리즘은 원하는 추론과 유사한 방정식을 우선시한다. 쓸모없는 경로를 검색하느라 시간을 낭비하는 일을 줄일 수 있다는 말이다. 물론, 여기에는 중요한 추론 라인을 소홀히 함으로써 원하는 결론에 도달하지 못할 위험이 수반된다. 하지만 빠른 속도 덕분에, 현대에는 규칙에 입각해 스스로 발견하는 검색heuristic search이 일반화되었다.

뉴얼, 사이먼, 쇼의 추리 연구는 AI 연구에 큰 영향을 미쳤다. AI 연구(기호 추론)는 전 분야에 걸쳐 논리문을 기호 목록으로 처리하는 개념에서 크게 성장했다. 사이먼은 한발 더 나아가, 일반 문제 해결자가 인간의 추리 능력을 모방한다고 주장했다. 인간도 때로는 시행착오를 통해 공식적인 수학적 증거를 도출한다는 점을 생각해보면, 확실히 유사성이 있다. 그러나 인간의 추론은 일반 문제 해결자의 접근 방식보다는 더 직관적이고 덜 엄격해 보인다.

이후 뉴얼은 CIT에서 박사학위를 받았다. 그리고 1967년, CIT는 멜론연구소와 합병해 카네기멜론대학교CMU가 되었다. 뉴얼과 사이먼은 CMU에 세계 최고의 AI 연구 그룹을 설립했고, 1975년에 AI와 인지 심리학에 대한 연구 공로로 ACM 튜링상을 받았다. 3년 후, 사이먼은 그의 또 다른 연구 관심사인 미시경제학에 기여한 공로로 노벨상을 수상했다. 뉴얼과 사이먼은 피츠버그에서 여생을 살았으며, 뉴얼은 1992년에 65세의 나이로, 사이먼은 84세가 된 2001년에 세상을 떠났다.[2]

머신러닝

학습 능력은 인간 지능의 핵심이다. 그러나 초기 컴퓨터들은 데이터를 저장하고 검색할 수 있을 뿐이었다. 학습은 이와는 완전히 다른 것으로, 간단히 말해 경험을 바탕으로 행동을 개선하는 능력이다. 어린이는 어른을 모방하고 시행착오를 겪으면서 걷는 법을 배운다. 처음에는 불안정하지만, 신체 조절 능력과 운동 능력이 점점 나아지면서 능숙한 보행자가 된다.

학습 능력을 보여주는 최초의 컴퓨터 프로그램이 TV를 통해 처음 공개된 것은 1956년 2월 24일이었다. IBM의 아서 새뮤얼Arthur Samuel(1901~1990, 그림 5.5)이 쓴 프로그램이 스트레이치의 프로그램처럼 체커 게임을 수행한 것이다. 그의 프로그램이 소개된 TV 쇼가 사람들에게

그림 5.5 머신러닝의 창시자 아서 새뮤얼. 1956년.
(© International Business Machines Corporation, IBM 제공)

매우 인상적이었는지, 다음 날 IBM의 주가가 15포인트나 올랐다.

새뮤얼은 1901년 미국 캔자스에서 태어나 MIT에서 전자공학 석사 학위를 받고 벨연구소에서 일했다. 제2차 세계대전이 끝난 후에는 일리노이대학교의 교수가 되었다. 당시 그 대학교에는 컴퓨터가 없었지만, 새뮤얼은 체커 게임 알고리즘을 연구하기 시작했다. 3년 후, 그는 IBM에 들어가 마침내 진짜 컴퓨터를 손에 넣을 수 있었다. 그리고 스트레이치가 체커 게임에 관한 논문을 발표한 것과 거의 동시에 자신의 체커 게임 프로그램 첫 버전을 작동시켰다. 시기가 너무 비슷해서, 새뮤얼이 스트레이치의 논문에 대한 신문 보도를 보고 그가 자신의 연구를 훔쳤다

5 인공지능의 등장

고 생각했을 정도였다. 그러나 논문을 자세히 살펴본 결과, 스트레이치 프로그램의 체커 게임 실력은 하수임이 분명했다. 새뮤얼은 자신이 만든 프로그램이 한 수 위일 것이라고 확신하고 연구를 계속해나갔다.

1959년, 새뮤얼은 마침내 자신의 체커 게임 프로그램에 대한 논문을 발표했다. 그리고 논문에 「체커 게임을 이용한 머신러닝에 관한 연구」라는 절제된 제목을 붙임으로써 이 아이디어의 중요성을 숨겼다.

새뮤얼의 알고리즘은 영리한 평가 알고리즘scoring algorithm을 사용했다. 그래서 스트레이치의 알고리즘보다 게임판의 위치(말이 이동할 자리)를 판단하는 데 훨씬 더 치밀했다. 또한 다양한 기능이 탑재되어 있어 기능별로 포인트가 제공되었는데, 그 기능들은 게임판 위치의 강점이나 약점을 나타냈다. 두 게임자가 보유하고 있는 말 개수의 차이를 알 수 있는 기능도 있었고, 킹 말이 몇 개인지도 알 수 있었다. 또 각 말이 놓인 위치의 상대성(중요도)도 평가할 수 있고, 게임판의 중앙을 자유롭게 이동하거나 제어하는 등의 전략적 요소를 인식하는 중요한 기능도 있었다. 프로그램은 이런 모든 기능에 점수를 매겼으며, 특정 기능에는 가중치를 곱한 점수가 주어졌다. 결괏값은 모두 합산되어 특정 위치에 대한 전체 점수로 제시되었다. 가중치는 각 기능의 상대적 중요도를 결정했으며, 플러스일 수도 있고 마이너스일 수도 있었다. 플러스 가중치는 그 기능이 컴퓨터에게 유리하다는 것을 의미했고, 마이너스 가중치는 컴퓨터가 이길 가능성이 적다는 의미였다. 그리고 가중치가 크다는 것은 하나의 기능이 총 점수에 강한 영향을 미친다는 뜻이었다. 그러나 낮은 가중치를 가진 여러 기능이 합쳐져 전체 점수와 최종 결정에 영향을 미칠 수도 있었다.

요약하면, 새뮤얼의 위치 평가 방법은 다음과 같다.

게임판의 특정 위치를 입력으로 인식하시오.

총 점수를 0으로 설정하시오.

각 기능에 대해 다음을 반복하시오.

　게임판에서의 기능(중요도)을 측정하시오.

　기능에 대한 점수를 계산하시오.

　기능 가중치를 곱하시오.

　결과를 더해 총 점수를 계산하시오.

모든 기능에 점수가 매겨지면 반복을 중지하시오.

총 점수를 출력한다.

이 점수 평가 메커니즘이 새뮤얼 알고리즘의 핵심이다. 점수가 컴퓨터가 이길 가능성을 더 정확하게 반영할수록 프로그램은 더 나은 결정을 내린다. 이때, 정확한 분석을 위해서는 최상의 기능을 선택해야 한다. 그리고 그보다 더 중요한 것은 최상의 가중치를 결정하는 것이다. 하지만 각 가중치에 대한 최상의 값을 찾기가 어려웠다.

그래서 새뮤얼은 최적의 가중치를 결정하기 위해 머신러닝 알고리즘을 설계했다. 알고리즘이 가중치를 추정한다. 그러면 컴퓨터가 자기 자신을 상대로 수많은 게임을 한다. 프로그램의 한 카피가 백말을 잡고, 다른 카피가 흑말을 잡는다. 게임이 진행될수록 알고리즘은 가중치를 세세하게 조정하고, 계산된 점수는 게임 결과를 더 정확하게 예측한다. 어느 한쪽이 이기면 승부에 긍정적으로 기여한 기능의 가중치 점수가 조금씩 커진다. 반대로 패배의 원인을 제공한 기능의 가중치 점수는 줄 어든다. 이 과정을 통해 어느 한쪽이 승리하는 행동이 강화된다. 결과적 으로 이겼을 경우 프로그램은, 앞으로도 그 방식으로 게임을 하는 방향 으로 간다. 반대로 게임에서 진 경우에는 프로그램이 다음 게임에서 같 은 방식으로 말을 두지 못하게 한다. 학습 알고리즘은 이렇게 수많은 게 임을 통해 프로그램이 게임을 하는 방식을 미세하게 조정한다.

가중치를 수동으로 선택하지 않고 이 알고리즘을 사용할 때의 장점 은 두 가지다. 컴퓨터는 게임을 할 때마다 그 게임이 가중치에 영향을 미친다는 사실을 잊지 않는다는 것과, 인간보다 훨씬 더 많은 게임을 스 스로 할 수 있다는 것이다. 이런 장점들 덕분에 컴퓨터는 아주 많은 양 의 정보를 학습 과정에 이용할 수 있다.

새뮤얼의 머신러닝 개발은 컴퓨터 산업의 판도를 바꾸었다. 이전에 는 프로그램의 동작을 변경하려면 명령 목록을 수동으로 수정해야 했 다. 그러나 새뮤얼의 프로그램은 단순한 수치값인 가중치에 의해 스스 로 결정한다. 컴퓨터가 알아서 가중치를 변경함으로써 프로그램의 동 작을 조정하는 것이다. 따라서 프로그램 코드를 수정할 필요가 없다. 또 프로그램 코드를 수정하는 것은 어려운 작업이지만, 가중치 숫자 몇 개 를 변경하는 것은 아주 쉬운 작업이어서 알고리즘이 혼자서 수행할 수 있다. 이런 창의적인 개념이 학습의 자동화를 가능하게 한 것이다.

새뮤얼은 말을 어떻게 둘 것인가를 선택하는 데 미니맥스 절차minimax procedure(선택 가능한 모든 전략 중 게임자가 선택한 전략이 최악의 결과가 나올 것 으로 예상하고 그중 그나마 최선의 결과를 내는 전략을 선택하는 것—옮긴이)[3]를 사용했다. 알고리즘은 가능한 모든 이동의 트리를 생성하기 위한 예측 절차를 수행한다. 예측이 끝나면 게임판의 모든 위치에 대한 점수가 계산된다. 이때, 가장 높은 점수를 받은 위치 중 일부는 실제 게임에서 나올 가능성이 매우 낮다. 상대방의 엄청난 악수惡手로 나온 결과이기 때문이다. 우리는 두 게임자가 모두 최선을 다해 게임을 한다고 가정해야 한다. 이를 보완하기 위해 알고리즘은 가능한 모든 수의 트리를 역추적한다. 프로그램은 예측 트리의 잎에서 시작한다. 역추적 알고리즘은 자기 차례가 되면 최대 점수를 얻을 수 있는 수를 선택한다. 그리고 상대방 차례에서는 최소 점수를 얻는 수를 선택한다. 모든 결정 지점에서, 선택한 수와 관련된 점수는 역으로 상위 교점으로 이어진다. 역추적 절차가 트리 뿌리에 도달하면, 프로그램은 가장 높은 역추적 점수와 관련된 수를 찾아낸다.

미니맥스 절차는 다음과 같이 작동한다.

가능한 모든 수의 트리를 입력으로 인식하시오.
끝에서 두 번째의 층에서 시작하시오.
모든 층에서 다음을 반복하시오.
　계층의 모든 교점에서 다음을 반복하시오.
　　컴퓨터 차례라면
　　그렇다면(then) 최대 점수를 얻는 수를 선택하시오.
　　그렇지 않으면(else) 최소 점수를 얻는 수를 선택하시오.
　　최소 점수를 현재 교점에 붙이시오.
　이 층의 모든 교점이 검사되었으면 반복을 멈추시오.
트리의 뿌리에 도달하면 반복을 멈추시오.

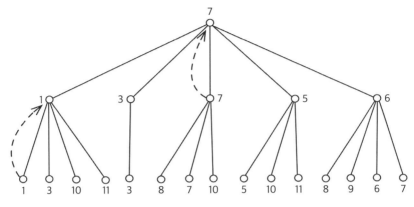

그림 5.6 미니맥스 알고리즘을 사용해서 구한 역추적 점수를 보여주는 예측 트리.

최대 역추적 점수를 주는 수를 출력한다.

게임자의 간단한 수를 한 수씩 예측해보자(그림 5.6). 트리에는 컴퓨
터의 다음 수와 상대방이 생각할 수 있는 모든 응수가 들어 있다. 트리
의 잎(플라이 2, 상대방의 응수)에 있는 점수는 각 하위 트리에서의 최소
점수로 검사된 점수들이다. 이는 상대방이 자기 관점에서 최고의 수를
선택했다는 것을 전제로 한다. 이 최소 점수들이 바로 위 교점에 복사
된다(플라이 1, 컴퓨터의 수). 그러면 플라이 1에 있는 교점들에 1, 3, 7, 5,
6이라는 점수가 표시된다. 여기서 알고리즘은 가장 높은 점수를 주는
수를 선택하는데, 이는 컴퓨터가 자기 관점에서 최고의 수를 선택한다
는 의미다. 따라서 최대 점수 7이 트리 뿌리로 복사된다. 상대가 실력 있
는 선수라면, 7점이 있는 게임판의 위치로 이동하는 수가 최선의 선택
이다. 컴퓨터의 이 수는 다시 상대방으로 하여금 8, 7, 10점의 위치들 사
이에서 한 수를 선택하도록 강요할 것이다. 그리고 알고리즘에 따르면,

상대가 할 수 있는 최선은 7점이 있는 위치를 수락하는 것이다.

컴퓨터가 사용할 수 있는 시간을 효과적으로 활용하기 위해 새뮤얼의 프로그램은 일련의 규칙(스스로 발견하는 검색을 사용한다)에 따라 검색 깊이와 폭을 조정한다. 예를 들어, 말이 점프하기 직전에 위치가 불안정하면 프로그램은 한 수 더 앞을 내다보는데, 나쁜 수는 깊이 탐구하지 않는다. 이런 식으로 검색을 정리해나가면, 가능한 시나리오를 평가할 시간을 더 많이 확보할 수 있다. 또, 처리 속도를 높이기 위해 프로그램은 일반적으로 자주 발생하는 게임판 위치에 대한 최소 점수를 저장해놓는다. 그러면 그 점수들은 게임 도중에 다시 계산할 필요가 없어지므로, 나중에 미리 저장해놓은 간단한 표만 조회해보면 된다.

1962년, 새뮤얼의 체커 게임 프로그램은 시각장애인 체커 명인 로버트 닐리Robert Nealey와 겨루어 승리를 거두었다. 컴퓨터의 승리는 널리 환영받았지만, 사실 닐리는 미국 주州 챔피언조차 아니었다. 그가 엄청나게 이기기 어려운 상대는 아니었다는 의미다. 컴퓨터 프로그램이 체커 게임 세계 챔피언을 물리치기까지는 그 이후 30년이 더 걸렸다.[4]

새뮤얼은 1966년에 IBM을 떠나 스탠퍼드대학교의 연구 교수가 되었다. 나중에는 파킨슨병으로 일을 하지 못하게 되었지만, 85세에도 프로그램을 짜는 것을 멈추지 않았던 그는 1990년에 세상을 떠났다.

오늘날에 사용되는 최첨단 보드게임 실행 알고리즘은 새뮤얼의 연구에서 시작된 것이다. 그가 도입한 미니맥스 절차, 강화 학습, 컴퓨터와의 일대일 게임 등은 오늘날 인공지능과 대국하는 거의 모든 체커 게임, 체스, 바둑 경기의 기본이 되었다. 그리고 머신러닝은 복잡한 데이터 분석 문제를 처리하는 데 놀라울 정도로 효과적이라는 사실이 수많은 응용 분야에서 입증되었다.

인공지능 연구, 침체에 빠지다

1950년대 후반에서 1960년대에 이르기까지, AI에 대한 기대는 하늘을 찌를 정도로 높았다. 냉전 시대 군사 기금의 지원을 받아 MIT, CMU, 스탠퍼드대학교, 에든버러대학교 등에 많은 AI 연구 단체가 생겨났다. 1958년에 뉴얼과 사이먼은 다음과 같이 예측했다.[5]

> 규정으로 대회 참가를 막지만 않는다면, 디지털 컴퓨터가 체스 세계 챔피언이 될 것이다.

그로부터 4년 후, 정보 이론의 창시자 클로드 섀넌은 한 TV 쇼에 출연해 다음과 같이 선언했다.

> 나는 10년 내지 15년 안에 SF영화에 나오는 로봇과 비슷한 것들이 실험실에서 태어날 것이라고 확신한다.

MIT의 AI 연구 책임자 마빈 민스키 또한 1968년에 이렇게 예측했다.

> 우리는 30년 안에 인간의 지능과 견줄 만한 지능을 가진 기계를 갖게 될 것임이 틀림없다.

물론, 이 예측 중 어느 것도 실현되지 않았다. 왜 이 수많은 저명한 전문가가 틀린 것일까?

이에 대한 가장 간단한 대답은 자만이다. 수학자인 그들에게 있어 수학은 지성의 정점이었다. 그래서 컴퓨터가 산술, 대수, 논리를 수행할 수 있다면, 일상적 형태의 지능이 곧 나올 것이 확실하다고 생각한 것이다. 그러나 그들이 미처 인식하지 못한 것이 있었다. 바로 현실 세계의 변동성과 인간 두뇌의 복잡성이다. AI 연구가 진행될수록, 이미지, 소리, 언어를 처리하는 것은 방정식을 다루는 것보다 훨씬 더 복잡한 일이라는 사실이 밝혀졌다.

AI 프로젝트가 계속 실패하자, 자금을 지원한 기관들과 정치인들은 이 연구의 가치에 의문을 제기하기 시작했다. 영국 과학연구위원회British Science Research Council는 케임브리지대학교 루카스좌 석좌 교수 제임스 라이트힐James Lighthill에게 그동안의 AI 연구에 대한 검토를 주도해달라고 요청했다. 그리고 1973년에 출판된 그의 보고서에는 연구자들의 기대를 완전히 저버린 내용이 담겨 있었다.

> AI 분야의 어느 부분에서도 그때(1960년)까지 출현할 것이라고 약속한 어떤 괄목할 만한 영향력을 만들어내지 못했다.

결국 영국에서 AI 연구 지원금이 크게 삭감되었다. 베트남 전쟁에 시달리던 미국도 1969년과 1973년의 맨스필드 수정안Mansfield Amendments(전쟁을 반대하는 민주당 상원의원 마이크 맨스필드Mike Mansfield가 국방 연구 후원을 차단한 예산 수정안—옮긴이)에서 밝힌 것처럼 직접적인 군사 목적에 해당하는 연구에만 자금 지원을 허용하기 시작했다. 이른바 첫 번째 'AI의 겨울'이 시작된 것이다. 자금이 부족해진 AI 연구 단체들은 위축될 수밖에 없었다.

AI 연구가 침체에 빠지면서 컴퓨터과학은 실용적인 응용 분야로 전환되었다. 컴퓨터 성능의 한계에 봉착한 과학자들은 중요하지만 계산이 복잡한 문제를 풀 수 있는 빠른 알고리즘을 개발하는 데 노력을 기울였다. 이것은 아직까지 해결되지 못한, 가장 미스터리한 수학 문제로 이어지게 된다.

6

모래에서 바늘 찾기

영업 사원이 많은 주문을 받아 행복한 성공을 거두기 위해서는 무엇을 어떻게 해야 할까?

늙은 영업 사원
『Mit einem Titelkupfer』(1832) 중에서

1970년대, 알고리즘의 특성을 조사하던 연구자들은 수학의 가장 큰 미스터리 중 하나를 발견했다. 100만 달러의 상금이 걸려 있음에도 불구하고, 이 미스터리는 아직도 풀리지 않았다. 그리고 그 핵심에는 겉으로 보기에는 평범한 문제가 도사리고 있다.

영업 사원 문제 | Travelling Salesman Problem

영업 사원 문제는 여러 도시를 순회하는 영업 사원의 가장 짧은 이동 거리를 구하는 문제로, 도시의 이름들과 도시들 사이의 거리가 주어진다. 모든 도시는 1번만 들러야 하며, 영업 사원의 거점 도시에서 출발해 다

시 거점 도시로 돌아와야 한다. 도시를 들르는 순서는 상관없다. 전체 이동 거리가 가장 짧은 경로를 찾는 것이 중요하다.

영업 사원 문제는 1800년대의 문헌에서 처음 발견되었다. 당시에는 유럽 대륙의 도시들을 여행하는 상인들의 실질적인 관심사였을 이 문제는 나중에 윌리엄 해밀턴William Hamilton과 토마스 커크먼Thomas Kirkman에 의해 수학 게임으로 재구성되었다.

예를 들어 베를린이 영업 사원의 거점 도시고, 그가 함부르크, 프랑크푸르트, 뮌헨을 방문해야 한다고 가정해보자(그림 6.1). 가장 짧은 이동 거리를 찾는 제일 간단한 방법은 모든 이동 거리를 일일이 탐색하는 것이다. 이런 완전 또는 무차별 억지exhaustive or bruteforce 탐색은 이동 가능한 모든 경로를 계산해 그중 가장 짧은 거리를 선택하는 방식이다. 완전 탐색 알고리즘은 다음과 같다.

한 세트의 도시 이름을 입력으로 인식하시오.

세트에 하나의 도시만 있다면,

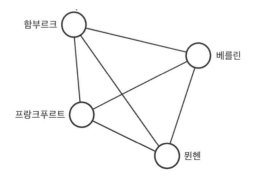

그림 6.1 베를린에서 출발한 영업 사원이 방문해야 할 도시 목록.

그렇다면(then) 그 도시만을 거치는 경로를 출력하시오.

그렇지 않다면(else)

　빈 목록을 작성하시오.

　세트에 있는 모든 도시에 대해 다음을 반복하시오.

　　선택된 도시를 제외하고 세트의 사본을 만드시오.

　　이 알고리즘을 줄어든 세트에 적용하시오.

　　모든 경로에 귀로의 첫 순서로 선택된 도시를 삽입하시오.

　　이 경로를 목록에 첨부하시오.

발견된 모든 경로를 출력한다.

우선, 거점 도시를 제외한 모든 도시가 세트로 묶여 알고리즘에 입력된다. 거점 도시는 모든 이동의 시작점이자 끝점이라는 것을 이미 알고 있으므로 검색에 포함시킬 필요가 없다. 알고리즘은 입력 세트를 가지고 두 가지 메커니즘에 의존해 도시 방문 트리를 만든다(그림 6.2). 첫째, 반복을 사용한다. 입력 세트에 있는 모든 도시를 차례대로 하나씩 다음 방문지로 선택하는 것이다. 둘째, 재귀를 사용한다(1장 참조). 도시별로 그 도시의 사본 또는 인스턴스(객체지향 프로그래밍에서 어떤 등급에 속하는 각 객체―옮긴이)를 호출하는 방식이 적용된다. 이때 사본 혹은 인스턴스는 자체 데이터에서 작동하는 알고리즘의 또 다른 별개의 규칙이며, 모든 인스턴스는 다이어그램에 새 하위 트리를 만든다.

모든 도시를 방문하면, 알고리즘의 다음 인스턴스에서 도시 입력 세트가 줄어든다. 결국 인스턴스는 점점 더 적은 수의 도시를 다루게 되고, 최종적으로는 세트에 도시 하나만 남게 된다. 그러면 트리의 잎 인스턴스가 종료되고, 하나의 도시만 여행(이동)하고 돌아온다. 알고리즘의 이전 인스턴스들은 이 출력을 인식하고 선택된 도시를 역순으로 추가한다. 트리를 거슬러 올라가며 여행 경로가 만들어지는 것이다.

가능한 모든 여행이 트리 뿌리까지 거슬러 올라가면, 알고리즘의 원래 인스턴스는 종료되고 완료된 여행 목록이 출력된다. 이때 각 도시 간 거리가 합산돼, 각 여행의 길이가 계산된다.

이러한 알고리즘의 운영 과정을 애니메이션으로 시각화할 수도 있다. 알고리즘은 뿌리에서부터 한 도시씩 차례대로 위를 향해 자라 맨 위에 있는 잎까지 도달하는 방식으로 트리를 만든다. 그런 다음 한 층을 역추적해 두 번째 잎을 생성하고, 아래 2개의 층을 역추적해 세 번째 잎, 네 번째 잎을 생성한다. 이렇게 앞뒤로 왔다 갔다 하면서 전체 트리를 만들고, 최종적으로 뿌리로 돌아가 종료된다.

그림 6.2에서는 거점 도시인 베를린이 먼저 {베를린, 함부르크, 프랑크푸르트, 뮌헨} 입력 세트에서 제외된다. 알고리즘의 첫 번째 인스턴

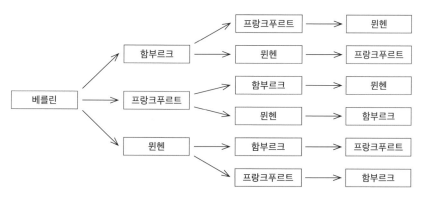

그림 6.2 가능한 모든 이동 경로를 보여주는 트리. 모든 여행은 베를린에서 끝난다.
참고로 이 트리에는 표시되지 않았다.

스는 함부르크, 프랑크푸르트, 뮌헨을 차례로 첫 번째 도시로 선택한다. 그리고 각 선택에 대해 하위 트리를 탐색하기 위한 새 인스턴스가 생성된다. 함부르크를 첫 번째 도시로 선택한 경우, 알고리즘의 두 번째 인스턴스는 {프랑크푸르트, 뮌헨} 세트에서 프랑크푸르트를 선택한다. 나머지 도시 {뮌헨}을 처리하는 세 번째 인스턴스도 생성된다.

뮌헨

뮌헨이 유일하게 남아 있는 여행 도시라는 답이 나온다. 여기에 호출 인스턴스가 프랑크푸르트를 덧붙이면, 다음과 같은 여행 경로가 생성된다.

프랑크푸르트, 뮌헨

그다음, 같은 인스턴스가 여행할 수 있는 다른 방안을 탐색한다.

뮌헨, 프랑크푸르트

이 경로들이 호출 인스턴스로 수신되면, 호출 인스턴스는 선택 항목을 추가한 후, 가능한 여행 경로를 다시 생성한다.

함부르크, 프랑크푸르트, 뮌헨
함부르크, 뮌헨, 프랑크푸르트

프랑크푸르트와 뮌헨을 시작점으로 삼는 서브 트리가 비슷한 방식으로 탐색된다. 마지막으로 여행의 전체 목록이 출력되고, 알고리즘의 첫 번째 인스턴스가 종료된다. 이와 같은 전체적 완전 탐색으로 가장 짧은 여행 경로를 확실하게 찾을 수 있다.

그러나 이런 무차별적 탐색은 속도가 느릴 수밖에 없다. 얼마나 느린지 알고 싶다면, 트리의 크기를 생각해보면 된다. 이 예시에는 이동 경로에 4개의 도시가 포함되어 있다. 모든 도시가 나머지 다른 도시들과 직접 이어지므로, 도시들은 완전히 연결되어 있다. 따라서 베를린을 떠나며 생겨나는 다음 목적지는 세 곳이고, 각 목적지에서 영업 사원은 거점 도시 또는 출발점으로 돌아갈 수 없으므로, 갈 수 있는 도시는 두 곳이 남는다. 첫 번째와 두 번째 목적지를 거치면 세 번째로 갈 수 있는 도시는 단 한 곳뿐이다. 이를 수식으로 표현하면 가능한 이동 경로의 수는 $3 \times 2 \times 1 = 6 = 3!$(3팩토리얼)이 된다.

이동 경로 6개의 거리를 계산하는 것은 수동으로도 할 수 있다. 그러나 거쳐야 할 도시가 100개라면 어떨까? 완전히 연결된 100개의 도시를 여행하는 경로의 수는 99!인데, 대략 $9 \times 10,155$다(9에 0이 155개나 이어지는 숫자다). 최신 데스크톱으로도 이 문제를 풀 수 없다는 말이다! 이처럼 전체적 완전 탐색은 거쳐야 할 도시의 수가 몇 개만 늘어도 전체 로드맵을 찾는 데 너무 많은 시간이 걸린다.

이후 보다 효율적인 알고리즘이 발견되긴 했지만, 가장 빠른 것도 전체적 완전 탐색보다 유의미하게 빠르진 않다. 탐색 속도를 크게 높일 수 있는 유일한 방법은 절충을 인정하는 것이다. 알고리즘이 가능한 최단 경로를 찾지 못할 수 있다는 사실을 인정해야 한다는 뜻이다. 현재 가장 빠른 근사 알고리즘도 최단 경로 값의 40퍼센트 이내에 들어오는 경로만 찾을 수 있다. 물론, 절충과 근사 알고리즘을 항상 받아들여야 할 필요는 없다. 우리는 어떻게 해서든 최단 경로를 찾아야 하니 말이다.

지난 수년 동안, 연구원들은 실제 로드맵의 가장 짧은 이동 경로와 거리를 찾는 프로그램들을 실험해왔다. 컴퓨터 시대 초기인 1954년에는 알고리즘이 49개의 도시가 제시된 영업 사원 문제까지 풀 수 있었다. 이로부터 50년이 지난 2000년대 초에는 스웨덴의 2만 4,978개의 도시가 포함된 문제를 풀었다. 그리고 2013년, 컴퓨터는 190만 4,711개의 도시를 잇는 세계 지도를 바탕으로 이 문제에 도전했고, 가장 짧은 이동 거리가 75억 1,577만 2,212킬로미터라고 계산했다. 이는 덴마크 로스킬레대학교Roskilde University 컴퓨터과학 교수인 켈트 헬스가운Keld Helsgaun이 발표한 것인데, 이것이 정말 가장 짧은 이동 거리인지 확인할 수 있는 사람은 아무도 없다.

복잡도 측정

영업 사원 문제가 이토록 어려운 이유는 그것을 푸는 데 필요한 알고리즘의 계산 복잡도computational complexity 때문이다.[1] 계산 복잡도란 알고리즘을 수행하는 데 필요한 기본 연산(메모리 액세스memory accesses. 중앙 처리 장치를 거치지 않고 직접 주기억 장치에 접근하여 데이터를 전송하는 방법. 덧셈 또는 곱셈이 있다—옮긴이)의 수를 말한다. 알고리즘이 더 많은 연산을 필요로 할수록 계산에 시간이 더 오래 걸린다는 이론이다. 계산 복잡도를 확인할 때 가장 중요한 점은 입력 요소의 수가 증가함에 따라 연산의 수가 어떤 방식으로 증가하느냐다(그림 6.3).

간단한 알고리즘은 일정한 복잡도constant complexity를 갖는다. 예를 들어, 정렬되지 않은 소설책 더미 위에 책을 1권 추가하는 것은 단 1번의 연산이 필요하다. 그러므로 책이 얼마나 많이 쌓여 있느냐와 상관없이, 책을 더해도 복잡도는 변하지 않는다.

그러나 책이 가득 차 있는 책장에서 특정 제목의 책을 찾는 일은 더 많은 연산을 필요로 한다. 책들이 분류되어 있지 않다면, 사서는 사람들이 원하는 책을 찾기 위해 모든 책의 제목을 확인해야 한다. 따라서 책장에 책이 늘어날수록, 1번의 연산으로 검색해야 할 계산의 복잡도는 급격하게 증가한다. 즉 이 문제의 경우 계산 복잡도는 책의 수에 비례해 커진다.

책을 분류하는 알고리즘은 복잡도가 더 크다. 삽입 정렬(프롤로그 참조)은 책을 1번에 1권씩 정리한다. 그리고 1권의 책을 올바른 자리에 놓으려면 이미 꽂혀 있는 모든 책을 확인하거나 옮겨야 한다. 결과적으로,

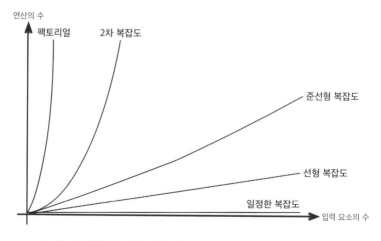

그림 6.3 계산 복잡도와 알고리즘에 입력되는 요소의 수 사이의 관계.

삽입 정렬은 책장에 정렬되어 있는 책의 수에 비례하는 계산 복잡도를 갖는다. 이는 책 권수와 연산의 수 사이에 2차 관계quadratic relationship가 생긴다는 의미다.

다행히, 프롤로그에서 이야기했듯 퀵 정렬의 계산 복잡도는 낮은 편이다. 퀵 정렬은 선택된 특정 문자를 기준해 책 더미를 반복적으로 분할한다. 책 더미에 쌓인 책이 5권 이하가 되면 모든 책 더미에 삽입 정렬이 적용되고, 책 더미별로 순서대로 책장으로 옮겨진다. 평균적으로 퀵 정렬의 복잡도는 책의 권수에 책 권수의 로그값을 곱한 것과 같다. 어느 수량의 로그값은 그 수량 자체보다 느리게 증가하므로, 퀵 정렬의 복잡도는 삽입 정렬보다 낮다.[2] 따라서 퀵 정렬의 평균 계산 복잡도는 준선형이다.

책을 추가하고 검색하고 정렬하는 알고리즘은 다항 계산 복잡도를 갖는다. 다항 시간 알고리즘polynomial time algorithm(알고리즘의 시간 복잡도가 입력 요소의 수에 대해 다항식으로 나타나는 알고리즘—옮긴이)은 일정한 힘에 입력하는 요소의 수에 비례하는 계산 복잡도를 갖는다. 일정한 복잡도의 경우, 그 힘은 0이다. 준선형 복잡도는 힘이 1이고, 2차 복잡도인 경우 힘은 2다. 다항 시간 알고리즘은 입력 개수가 매우 많아 속도가 느려질 수 있지만, 대부분은 현대 컴퓨터에서 다룰 수 있다.

문제가 되는 것은 초다항 계산 복잡도를 가진 알고리즘이다. 초다항 계산 복잡도는 다항 시간보다 훨씬 더 큰 복잡도를 가지고 있어서, 입력 요소의 수가 증가함에 따라 알고리즘을 수행하는 데 필요한 연산의 수가 폭발적으로 증가한다. 영업 사원 문제를 풀기 위한 전체적 완전 탐색 알고리즘이 바로 이 초다항 시간 복잡도를 가지고 있다. 앞서 살펴본 바와 같이, 필요한 연산의 수는 도시 수의 팩토리얼과 같다. 세트에 도시 하나를 추가하면, 필요한 연산의 수가 지도에 이미 나와 있는 도시 수를 곱한 것만큼 늘어나는 것이다. 그 결과, 도시 수가 증가하면 할수록 복잡도는 급속하게 커진다.

알고리즘의 계산 복잡도를 줄이기 위해 많은 연구가 이루어졌다. 적용할 수 있는 방법은 문제의 특성에 따라 다르다. 입력 요소의 구조를 활용해 명확한 솔루션 또는 부분 솔루션을 신속하게 찾아내는 경우도 있다. 또, 추가 데이터 스토리지를 사용해 연산 수를 줄일 수도 있다. 예를 들어, 책의 색인은 페이지 수를 늘어나게 하지만, 특정 키워드를 찾는 데 드는 시간을 크게 줄인다.

문제에 대한 가장 빠른 알고리즘은 시간을 절약하기 위해 필수적이다. 관건은 그것을 찾는 것이다. 1960년대와 1970년대에 몇몇 이론가들이 알고리즘 복잡도의 한계를 연구하기 시작했다. 우리가 현재 이 주제에 대해 알고 있는 많은 것이 바로 그들의 연구에서 시작되었다.

복잡도 등급

계산 문제는 그 문제를 푸는 가장 빠른 알고리즘의 복잡도에 따라 등급이 매겨진다(그림 6.4, 표 6.1). 다항 시간 알고리즘으로 풀 수 있는 문제를 $P_{polynomial\ time}$(다항 시간) 문제라고 하는데, 이런 P 문제들은 비교적 빨리 풀 수 있다. 예를 들면, 정렬이 바로 P 문제다.

다항 시간 알고리즘을 사용해 풀이가 검증될 수 있는 문제를 $NP_{non-deterministic\ polynomial\ time}$(비결정론적 다항 시간) 문제라고 한다. NP 문제를 푸는 데 걸리는 시간은 명시되어 있지 않다. 어떤 문제는 다항 시간 내에

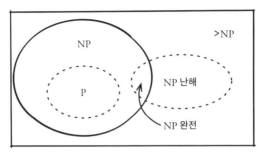

그림 6.4 일반적 문제 복잡도 등급의 종류.

등급	문제 풀이에 걸리는 시간	검증 시간
P	다항	다항
NP	명시되지 않음	다항
NP\P	>다항	다항
>NP	>다항	>다항
NP 완전	가장 복잡한 P	다항
NP 난해	P가 NP 완전으로 변환	명시되지 않음

표 6.1 일반적 문제 복잡도 등급을 시간 기준으로 나열한 표.

풀 수 있지만, 어떤 문제는 풀 수 없기 때문이다. 문제를 푼다는 것은 특정 풀이를 검증한다는 뜻이므로, P 문제는 곧 NP 문제이기도 하다. 다시 말해서, 모든 P 문제의 집합은 NP 문제 집합의 부분집합이다.

NP에는 있지만 P에는 없는 문제를 NP\P(NP 마이너스 P) 문제라고 한다. 이 문제들은 푸는 데 시간이 오래 걸리지만, 답을 구하면 빠르게 검증할 수 있다. 스도쿠가 바로 대표적인 NP\P 문제다.

9×9칸짜리 표 모양인 스도쿠는 일본에서 개발된 숫자 퍼즐이다. 어떤 칸은 비어 있고, 어떤 칸에는 숫자가 적혀 있다. 이 퍼즐의 목표는 1에서 9 사이의 숫자로 모든 빈칸을 채우는 것이다. 이때, 어떤 숫자든

각 행과 열에서 1번 이상 나와서는 안 된다. 무차별 억지 접근 방법으로 가능한 모든 숫자 배치를 시도하면, 답을 채우는 데 엄청난 시간이 걸린다. 이 퍼즐의 복잡도는 칸의 수에 초다항적이다. 하지만 답은 빠르게 검증할 수 있다. 표에 빈칸이 있는지, 중복된 숫자가 있는지만 확인하면 된다. 따라서 검증은 다항 시간 내에 완료할 수 있다.

NP 문제보다 더 큰 문제()NP)도 있다. 이 문제는 다항 시간 내에 풀 수도, 검증할 수도 없다. 이를 풀거나 검증하기 위해서는 초다항 시간이 필요하다. 영업 사원 문제가 바로 그 예다. 이런 문제를 푸는 데는 팩토리얼의 시간이 필요하다. 그리고 답이 정말 최단 거리가 맞는지 검증할 수 있는 유일한 방법은 문제를 다시 풀어보는 것이다. 따라서 답이 맞는지 확인하는 데에도 오랜 시간이 걸린다. 즉 문제를 푸는 데에도, 검증하는 데에도 NP 문제보다 더 많은 시간이 걸린다.

1971년, 캐나다 토론토대학교의 스티븐 쿡 Stephen Cook(1939~) 교수는 복잡도 이론에 중대한 영향을 미친 논문을 발표했다. 그가 캘리포니아대학교 버클리 캠퍼스에서 종신 재직권을 보장받지 못해 토론토대학교로 직장을 옮긴 후의 일이었다. 쿡은 이 논문에서 특정 문제 유형들 사이에 깊은 연관성이 있음을 밝혀냈다. 그리고 수학에서 가장 큰 미스터리 중 하나인 이른바 'P 대 NP 문제 P versus NP problem'를 언급하면서, "모든 NP 문제를 해결할 수 있는 다항 시간 알고리즘을 찾을 수 있을까?" 라고 묻는 질문을 던졌다.

이 질문은 분명 중요하다. 모든 NP 문제를 풀 수 있는 다항 시간 알고리즘을 알 수 있다면, 이는 바로 현실에 적용돼 많은 문제를 혁신할 것이다. 이전에는 다루기 힘들었던 문제들을 빠르게 풀 수 있기 때문이다. 예를 들어, 수송에서 제조에 이르기까지 여러 산업 분야에서 보다 효율적인 일정을 도출할 수 있다. 분자의 상호 작용을 예측해 더 빠르게 약물 설계를 하고, 태양 전지판을 개발할 수도 있다.

가장 복잡한 NP 문제를 NP 완전NP-Complete 문제라고 하는데, 쿡은 NP 완전 문제를 풀기 위한 다항 시간 알고리즘으로 모든 NP 문제를 다항 시간 내에 풀 수 있다는 것을 보여주었다. 즉, 하나의 NP 완전 문제를 풀기 위한 빠른 알고리즘을 확장하면, 모든 NP\P 문제를 단순한 P 문제로 바꿀 수 있는 것이다. 결과적으로, NP 집합은 순식간에 P 집합과 같아진다.

더 나아가, 쿡은 일부 〉NP 문제들도 다항 시간 내에 NP 완전 문제로 변환될 수 있음을 증명했다. 이는 NP 완전 알고리즘이 계산을 끝내는 방식으로 〉NP 문제의 입력을 처리함으로써 가능해진다. NP 완전 문제를 풀기 위한 빠른 알고리즘을 찾으면, 〉NP 문제에 대한 더 빠른 해결책 또한 제공할 수 있다는 논리다. NP 완전 문제에 P−시간 변환을 적용할 수 있는 NP 완전 문제와 〉NP 문제의 집합을 NP 난해NP-Hard 문제라고 부른다. NP 완전 문제를 풀기 위한 다항 시간 알고리즘으로 NP 난해 문제도 빠르게 풀 수 있는 것이다.

쿡의 NP 완전 문제 논문은 높은 평가를 받았다. 누군가가 이 논문이 제시한 대로 NP 완전 문제를 풀 수 있는 다항 시간 알고리즘을 발견한다면, 수학 분야의 노벨상이라고 불리는 필즈상 Fields Medal 을 수상할 가능성이 크다.

앞서 이야기했듯, 영업 사원 문제는 NP 난해 문제이기도 하다. 그리고 영업 사원 문제의 단순한 버전인 영업 사원 의사결정 문제Travelling

Salesman Decision Problem, "특정 로드맵에서 명시된 목표 거리보다 짧은 경로를 찾을 수 있는가?"는 NP 완전 문제로 알려져 있다. 영업 사원 문제의 답을 검증하기 위해서는 문제를 다시 풀어봐야 하지만()NP), 의사결정 문제는 주어진 여행 경로의 길이를 측정하고 그 결과를 명시된 거리와 비교하기만 하면 된다. 따라서 의사결정 문제의 경우, 문제를 푸는 데에는 오래 걸리지만 검증은 빠르게 할 수 있다(NP\P). 배낭 채우기 문제Knapsack Packing Problem, 배틀십 게임Battleships, 그래프 색칠하기 문제Graph Colouring Problem 등도 NP 완전 문제다.

2000년, 케임브리지에 위치한 클레이 수학연구소Clay Mathematics Institute 는 7개의 밀레니엄 문제[3]에 100만 달러의 상금을 내걸었다. 수학에서 가장 중요하다고 여겨지는 문제 중 7개를 고른 것인데, 'P 대 NP 문제'도 그 문제들 중 하나다. 연구소는 NP 완전 문제를 풀 수 있는 다항 시간 알고리즘을 알아내거나, 그런 알고리즘이 존재하지 않는다는 결정적인 증거를 제공하는 사람에게 상금을 주겠다고 발표한 것이다.

오늘날, 연구자 대부분은 P는 NP와 같지 않고, 앞으로도 같지 않을 것이라고 본다. 지난 40년 동안 NP 완전 문제를 풀기 위한 빠른 알고리즘을 찾는 데 실패했기 때문이다. 하지만 그런 알고리즘이 존재하지 않는다는 증거 또한 여전히 모호하다. 그래서, 클레이 수학연구소에 상금을 청구한 사람은 아직까지 나타나지 않았다.

쿡은 1982년에 ACM 튜링상을 받았다. 상장에는 "그는 계산 복잡도에 대한 우리의 이해를 바꾸어 놓았다"라는 찬사가 적혀 있었다. 훗날 캘리포니아대학교 버클리의 전자공학 및 컴퓨터과학[4] 명예 교수 리처드 캠프Richard Kamp는 다음과 같은 유감의 글을 썼다.

쿡에게 종신 재직권을 주도록 수학과를 설득하지 못한 것은 우리의 영원한 수치다.

지름길

영업 사원 문제는 여러 고정 요소가 최선의 방법으로 결합되어야 하는 다양한 조합 최적화combinatorial optimization 문제 중 하나이기도 하다. 이 문제의 고정 요소는 도시 간 거리이고, 최선의 방법은 가장 짧은 이동이다. 이때 고정 요소는 무수한 방법으로 배열될 수 있으며, 목표는 최선의 배열 한 가지를 찾는 것이다.

조합 최적화 문제가 실생활에서 응용되는 경우는 매우 많다. 공장의 대규모 작업에서 직원들을 배치하는 가장 좋은 방법은 무엇일까? 항공사의 수익을 극대화하는 비행 일정은 언제일까? 수익이 극대화되려면 어디에 있는 택시가 다음 손님을 태워야 할까? 이런 모든 질문의 해답이 일련의 자원들을 최선의 방법으로 배치하는 데 있기 때문이다.

앞서 설명한 것처럼, 무차별 억지 탐색 알고리즘은 가능한 모든 조합을 시도한 후 최상의 조합을 선택하느라 엄청난 시간을 소모한다. 네덜란드의 컴퓨터과학자 에츠허르 데이크스트라Edsger Dijkstra(1930~2002, 그림 6.5)가 마침내 이 알고리즘에서 벗어나, 1952년에 세계에서 가장 흔히 발생하는 조합 최적화 문제를 해결하는 빠른 알고리즘을 고안해냈다. 오늘날 그의 알고리즘은 수십억 개의 전자 기기에 내장되어 있다.

데이크스트라는 네덜란드의 첫 전문 프로그래머다. 그는 1951년에 영국에서 프로그래밍 과정을 수료하고, 암스테르담의 국립수학연구소Mathemitisch Centrum에서 컴퓨터 프로그래머 일자리를 얻었다. 그러나 당시 연구소는 자금도 부족했고, 컴퓨터 시대 초창기였으므로 컴퓨터도 없어서 첫 컴퓨터를 만들고 있는 중이었다. 데이크스트라는 네덜란드의 국립대학교인 레이덴대학교University of Leiden에서 수학과 물리학을 공부했지만, 국립수학연구소에서는 시간제로 근무했다.

3년 후, 프로그래밍과 물리학을 모두 계속할 수는 없겠다고 생각한 그는 둘 중 하나를 선택하기로 했다. 프로그래밍을 좋아하지만, 과연 프로그래머가 진지하고 젊은 과학자가 할 만한 존경 받는 직업이 될 수 있을까? 데이크스트라는 연구소의 컴퓨터부 책임자인 아드리안 반 베인가르덴Adrian van Wijgaarden을 찾았다. 반 베인가르덴은 프로그래밍이 아직은 좋은 학문 분야가 아니라는 데 동의했지만, 장차 컴퓨터가 일반화될 것이기에 이 분야가 이제 시작에 불과하다는 점만은 자신 있게 말했다. 데이크스트라는 생각했다. 내가 프로그래밍을 훌륭한 학문 분야로 바

그림 6.5 경로 찾기 알고리즘을 발명한 에츠허르 데이크스트라. 2002년.
(©해밀턴 리처즈Hamilton Richards)

꾼 사람이 될 수도 있지 않을까? 1시간 뒤, 반 베인가르덴의 사무실을 나오면서 그의 인생행로는 정해졌다. 그는 최대한 빨리 물리학 공부를 마쳤다.

1년 후, 데이크스트라는 곤란한 상황에 처했다. 연구소에서 중요한 손님들을 초대했는데, 그들의 주 목적은 연구소의 컴퓨터를 보는 것이었다. 그는 손님들 앞에서 컴퓨터의 성능을 시연해달라는 요청을 받았다. 손님들은 컴퓨터에 대한 지식이 거의 없었기 때문에, 데이크스트라는 실용적 적용에 시연의 초점을 맞추어야 한다고 생각했다. 그리고 마침내, 네덜란드의 두 도시 사이의 최단 경로를 판단하는 프로그램을 만들어야겠다는 생각이 떠올랐다. 그는 그것이 좋은 아이디어라고 생각했지만, 여전히 해결해야 할 문제가 남아 있었다. 최단 경로를 찾는 빠른 알고리즘이 없었던 것이다.

어느 날 아침, 데이크스트라는 약혼자와 함께 쇼핑하러 나갔다가 카페에 들렀다. 그리고 테라스에서 커피를 마시다가 불과 20분 만에 효율적인 경로 탐색 알고리즘을 만들었다. 그러나 그 알고리즘을 완성해 발표하기까지는 3년이 더 걸렸으므로, 시연 때는 완성도에 대해 크게 신경 쓰지 않았다.

데이크스트라의 알고리즘은 보드게임을 하는 것과 비슷하다. 지도에서 토큰을 여러 도시로 이동시키면서 최단 경로를 찾는 방식이다. 알고리즘은 지도를 가로질러 토큰을 이동시키면서 이동 경로와 출발지에서부터의 누적 거리를 각 도시에 주석으로 달아놓는다. 이때 토큰이 머물던 도시를 떠나면 그 도시의 이름은 방문할 도시 목록에서 지워지고, 토큰은 다시 그 도시로 돌아갈 수 없다.

6 모래에서 바늘 찾기

먼저, 토큰이 출발지 도시에 배치된다. 도시 이름이 기록되고, 거리는 0으로 표시되어 있다. 알고리즘은 출발지와 직접 연결된 모든 도시까지의 이동 거리를 계산해, 각 값을 토큰 옆에 숫자로 기입한다. 어느 도시에 붙은 주석이 이 계산값보다 작으면 그 주석은 변경하지 않고, 계산값이 주석보다 작으면 그 주석을 계산값으로 교체한다. 이때 새로 계산된 거리와 그 경로도 기록된다. 기록된 경로가 토큰 옆의 도시 목록에 추가되면, 그 뒤에 도시 이름을 기재한다. 직접 연결된 모든 도시에 대해 이 단계가 완료되면, 토큰은 주석을 기준으로 아직 방문하지 않은 가장 가까운 거리의 도시로 이동한다. 토큰이 원하는 목적지에 도달할 때까지 이 과정을 계속 반복한다.

데이크스트라의 알고리즘을 네덜란드 로드맵(그림 6.6)에 적용해보자. 출발지는 암스테르담, 목적지는 아인트호벤이라고 하자. 처음에 토큰은 암스테르담에 있다. 네덜란드의 수도인 이 도시에는 다음과 같은 주석이 달려 있다.

암스테르담 0

그리고 헤이그와 위트레흐트Utrecht는 암스테르담과 직접 연결되어 있으며, 다음과 같은 주석이 달려 있다.

암스테르담 — 헤이그 60
암스테르담 — 위트레흐트 50

위트레흐트까지의 거리가 더 가까우므로, 토큰은 위트레흐트로 이동한다. 이제 위트레흐트와 직접 연결된 도시들을 살펴볼 차례다. 틸뷔르흐Tilburg와 로테르담에는 다음과 같은 주석이 달려 있다.

암스테르담―위트레흐트―틸뷔르흐 50＋80＝130
암스테르담―위트레흐트―로테르담 50＋60＝110

이때 암스테르담에서 위트레흐트를 경유해 헤이그까지 가는 거리(90)와 암스테르담으로 다시 가는 거리(100)는 이미 기록되어 있는 거리(60과 0)보다 길기 때문에, 두 도시의 주석은 교체되지 않는다.

토큰은 아직 방문하지 않은 도시 중 누적 거리가 가장 짧은(60) 헤이그로 이동한다. 암스테르담에서 헤이그를 거쳐 로테르담까지 가는 경로가 위트레흐트를 경유하는 것보다 더 짧은 여행이므로, 로테르담의 주석은 다음과 같이 업데이트된다.

암스테르담 ― 헤이그―로테르담 60＋30＝90

이제 토큰은 로테르담에 있다. 로테르담과 직접 연결된 목적지 아인트호벤의 주석이 다음과 같이 교체된다.

암스테르담 ― 헤이그―로테르담―아인트호벤 90＋110＝200

이때 틸뷔르흐의 주석은 교체되지 않는다. 틸뷔르흐로 가는 경로의

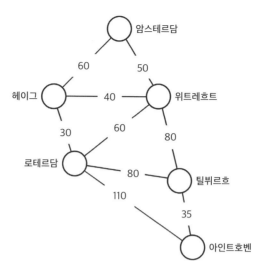

암스테르담

60   50

헤이그   40   위트레흐트

30   60   80

로테르담   80   틸뷔르흐

110

35

아인트호벤

그림 6.6 네덜란드 주요 도시들 사이의 거리를 킬로미터 단위로 보여주는 로드맵.

계산값이 이미 달려 있는 주석(위트레흐트 경유 130)보다 더 크기 때문이다(로테르담 경유 170).

아직 방문하지 않은 도시 중 누적 거리가 가장 짧은 도시는 틸뷔르흐이므로, 토큰은 틸뷔르흐로 이동한다. 틸뷔르흐를 경유해 아인트호벤까지 가는 거리는 165로, 현재 주석(로테르담 경유 200)보다 짧다. 따라서 아인트호벤의 주석은 다음과 같이 수정된다.

암스테르담―위트레흐트―틸뷔르흐―아인트호벤 165

토큰이 아인트호벤으로 이동하면, 알고리즘은 종료된다. 가장 짧은 경로는 암스테르담―위트레흐트―틸뷔르흐―아인트호벤으로, 총 165킬로미터다. 거리를 시간으로 대체하면 이 알고리즘으로 최단 경로

뿐 아니라 가장 빠르게 목적지에 도착하는 경로도 찾을 수 있다.

데이크스트라의 알고리즘이 중요한 이유는 두 가지다. 첫째는 최단 경로를 확실하게 찾을 수 있다는 것이고, 둘째는 답을 찾는 속도가 빠르다는 것이다. 나쁜 해결책을 피하고 좋은 해결책에 집중하면서 불필요한 검색을 건너뛰기 때문이다. 무엇보다, 최단 경로 찾기는 누구에게나 필요하다. 세계의 모든 사람과 차량은 언제나 새로운 목적지를 찾아 나서야 할 경우가 있으니 말이다.

그의 알고리즘은 곧 컴퓨터 분야에서 인기를 끌었다. 1968년, 캘리포니아 스탠퍼드연구소SRI에서 일하는 세 연구원이 이 알고리즘을 보강했다. 이들은 로봇 쉐이키Shakey the Robot를 만든 팀의 멤버였다. 쉐이키는 추론 능력을 가진 최초의 범용 모바일 로봇으로, 전동 휠이 장착된 큰 상자 속에 작은 컴퓨터가 든 투박한 모습이지만 당시에는 뾰족한 금속 '헤드'가 대형 비디오카메라와 초음파 거리 측정기를 지원하는 최첨단 기계였다. 『라이프』는 쉐이키를 "최초의 전자 인간"이라고 부르기까지 했다.

이동이 가능한 쉐이키는 스스로 길을 찾을 수도 있어야 했다. 개발팀은 이 기능을 쉐이키에 장착하는 과정에서 데이크스트라 알고리즘의 비효율성을 발견했다. 이 알고리즘은 최종 목적지에서 멀리 떨어진 도시들로 토큰을 이동하는 경우 많은 시간을 낭비했다. 그 도시들도 토큰으로 표시된 도시와 짧은 길로 연결되어 있긴 하지만, 알고리즘이 최종적으로 토큰을 잘못된 방향으로 인도했으므로 결국 도시 목록에서 삭제되었다.

이 결함을 해결하기 위해 세 연구원, 피터 하트Peter Hart, 닐스 닐슨Nils

Nilsson, 버트램 라파엘Bertram Raphael은 에이스타A*라는 알고리즘을 만들었다. 이 알고리즘은 수정된 거리 척도를 사용한다. 데이크스트라 알고리즘에서는 이동 거리를 킬로미터로 표시했다. 에이스타에 사용된 척도는 지금까지 이동한 거리에 현재 도시에서 최종 목적지까지의 직선거리를 더한 것이다. 또한, 데이크스트라 알고리즘이 지금까지 지나온 경로만 고려했다면, 에이스타는 처음부터 끝까지 전 경로의 거리를 추정한다. 덕분에 목적지에서 다른 도시로 갈 때 토큰이 제거될 가능성이 크게 줄어들었다.

오늘날, 위성 내비게이션에서 스마트폰에 이르기까지 지구상의 모든 내비게이션 앱에서 사용되고 있는 알고리즘은 에이스타의 변형 모델이다. 정확도를 높이기 위해 도시 이름들이 도로 내 교차로로 대체되었지만, 원리는 똑같다. 즉, 인터넷의 경로 찾기에 사용되는 모든 알고리즘이 데이크스트라 알고리즘에서 나온 것들인 셈이다.

반 베인가르덴의 예측대로, 데이크스트라는 신흥 학문 분야인 컴퓨터과학에 중요한 공헌을 했다. 특히 그의 알고리즘은 여러 컴퓨터가 협력하여 고도로 복잡한 컴퓨터 문제를 해결하는, 이른바 분산컴퓨팅distributed computing에 기여한 바가 크다. 그는 이 공로로 1972년에 ACM 튜링상을 수상했다.

안정적 결혼 문제 Stable Marriage Problem

조합 최적화 문제의 근원은 로드맵만이 아니다. 짝짓기, 즉 매칭 문제도 가능한 최상의 방법으로 상대를 찾으려 한다. 전형적인 매칭 문제는 수험생들을 입학이 가능한 대학과 연결시키는 것이다. 가능한 한 많은 학생과 대학 모두가 만족하는 공정한 방식으로 고등학교 졸업생들을 대학에 배정하는 것이 문제다. 다른 조합 최적화 문제와 마찬가지로, 항목 수가 증가하면 매칭이 어려워진다. 하지만 성격이 그다지 급하지 않은 대다수의 학생들 또한 빠른 매칭을 원한다.

매칭에 관한 중요한 논문이 발표된 것은 1962년, 데이비드 게일David Gale(1921~2008)과 로이드 섀플리Lloyd Shapley(1923~2016)에 의해서였다. 두 사람은 프린스턴대학교에서 수학박사 과정을 밟으며 가까워졌다. 대학원을 졸업한 후 게일은 로드 아일랜드에 있는 브라운대학교로 갔고, 섀플리는 랜드연구소에 들어갔다. 게일과 섀플리의 논문은 데이트하는 남녀들을 결혼으로 이어주는 아주 오래된 문제를 다룬 것이었다.

안정적 결혼 문제는 남녀를 짝지어 결혼시키는 것이다. 먼저 여성 참여자들이 자신의 선호도에 따라 모든 남성의 순위를 매기고, 다음에 남성들이 여성들의 순위를 매긴다. 목표는 참가자들 간에 짝을 맺어주고 그 결혼이 안정적으로 이어지도록 하는 것이다. 참가자 개인이 선택한 짝보다 더 선호하는 남성이나 여성이 존재하지 않는다면, 그 짝은 안정적인 것으로 간주한다. 물론 그런 상황이라도 이혼으로 이어질 수는 있다.

게일과 섀플리의 논문은 이 문제를 풀기 위해 놀랄 만큼 간단한 알고리즘을 제시했다. 너무 간단해서 논문을 발표하는 데 곤란을 겪을 정도였다.

게일과 섀플리는 안정적 결혼 문제를 쌍방향 매칭 문제의 대용물로 간주했다. 여기서 쌍방이란 어느 한쪽만이 아니라 쌍방이 모두 선호한다는 의사 표시를 하는 것을 말한다.

게일-섀플리 알고리즘은 순식간에 실세계에 적용되어 실제적인 쌍방 매칭 방식이 되었다. 이 알고리즘은 심각한 병을 앓고 있는 환자와 장기 기증자를 매칭하는 등, 매우 다양한 분야에서 여전히 사용되고 있다.

게일-섀플리 알고리즘은 연속 라운드에 걸쳐 남녀를 매칭시키는데, 각 라운드에서 모든 싱글 남성은 1번씩 청혼을 한다(단순성을 기하기 위해, 논문은 모든 참가자는 이성애자이고 청혼은 남성이 제안한다고 가정한다. 실제로는 여성들도 청혼할 수 있지만, 알고리즘에서 그것은 중요하지 않다). 이때 남성은 자신이 가장 선호하며, 이전에 자신을 거부한 적이 없는 여성에게 청혼한다. 청혼을 받은 여성은 이미 다른 남성과 약혼한 상태가 아니라면 자동으로 청혼을 받아들인다. 만약 그가 이미 약혼한 상태라면, 그는 새로운 청혼자와 기존 약혼자에 대한 선호도를 비교한다. 만약 그가 새로운 청혼자를 더 선호한다면, 그는 기존 약혼자를 버리고 새로운 청혼자와 약혼한다. 만약 그가 기존 약혼자를 선호한다면, 당연히 새 인물을 거절할 것이다. 일단 그가 결정을 하면, 알고리즘은 다음 싱글 남성에게 똑같은 과정을 계속 적용한다.

싱글 남성들이 모두 청혼을 하면 다음 라운드로 넘어간다. 이 라운드에서는 앞에서 거절당한 싱글 남성들이 자유롭게 다른 여성들에게 청혼을 할 수 있다. 이 과정이 계속 반복되어 모든 참가자가 약혼에 성공하면, 알고리즘은 종료된다.

뉴욕 센트럴파크 인근에 있는 아파트에 친구 6명(3명은 남성, 3명은 여성)이 복도를 마주 보고 살고 있다고 가정해보자. 쉽게 분별하기 위해 그들을 알렉스, 벤, 카를로스 그리고 다이애나, 엠마, 피오나라고 부르자. 그들은 모두 서로를 알고 있고, 전부 독신이다. 물론 모두 결혼을 생각하고 있다. 그들이 질문을 받고, 표 6.2에 나열된 대로 선호하는 이성을 말했다고 해보자.

1라운드에서 알렉스는 다이애나에게 청혼을 한다. 다이애나는 현재 짝이 없으므로 그 청혼을 받아들인다. 그런데 벤도 인기 있는 다이애나에게 청혼한다. 다이애나는 원래 약혼자인 알렉스보다 벤을 더 좋아해서, 알렉스를 버리고 벤의 청혼을 받아들인다. 카를로스도 다이애나에게 청혼을 하지만, 거절당한다.

2라운드에서는 알렉스와 카를로스가 여전히 싱글이다. 알렉스는 그의 선호도 리스트 2위인 엠마에게 청혼한다. 엠마는 파트너가 없으므로 알렉스의 청혼을 받아들인다. 카를로스는 피오나에게 청혼하고, 싱글인 피오나는 카를로스의 청혼을 받아들인다.

이제 다 되었다. 이제 6명 모두 약혼한 상태다. 알렉스와 엠마, 벤과 다이애나, 카를로스와 피오나. 모두의 결혼은 안정적이다. 엠마는 벤을 좋아하지만, 벤은 다이애나와 결혼하고 싶어 하기 때문에 벤을 가질 수 없다. 마찬가지로, 알렉스와 카를로스는 다이애나를 짝사랑하지만 다이애나는 자신이 꿈꿔온 남자 벤과 결혼할 예정이다. 피오나는 자신의 1순위인 카를로스와 행복한 관계를 맺었다. 비록 카를로스도 다이애나를 짝사랑하고 있지만 말이다.

게일-섀플리 알고리즘은 잔인하다. 그 안에는 수많은 거절이 있다! 하지만, 본능적으로 파트너를 찾는 사람들이 반드시 게일-섀플리 알고리즘의 절차를 따를지는 의문이다. 현실에서는 노골적인 제안과 단호한 대답 대신 은밀한 미소, 그리워하는 눈길, 친구를 통한 소개, 공손한 거절 등이 있을 수 있다. 알고리즘과 비슷한 점도 있지만, 다른 점도 있는 것이다. 또, 실제로는 좋아하는 감정이 시간이 지나면서 바뀔 수도

선호\이름	알렉스	벤	카를로스	다이애나	엠마	피오나
1위	다이애나	다이애나	다이애나	벤	벤	카를로스
2위	엠마	피오나	피오나	알렉스	알렉스	알렉스
3위	피오나	엠마	엠마	카를로스	카를로스	벤

표 6.2 여섯 친구의 이성에 대한 선호도를 나타낸 표.

있다. 그리고 이별로 마음의 상처를 입게 되면, 우리는 급격한 변화를 꺼리게 된다. 이러한 차이에도 불구하고, 온라인 데이트 회사들은 지금도 게일-섀플리 알고리즘을 사용해 고객들을 매칭한다.

세계에서 가장 큰 매칭 사례 중 하나는 미국의 전국 레지던트 매칭 프로그램National Resident Matching Program, NRMP이 매년 실시하는 행사다. 이 단체는 의과대학 졸업생들을 미국 전역의 병원 인턴십 기회와 이어준다. 현재 NRMP는 매년 4만 2,000명의 의과대학 졸업 지원자들과 3만여 개의 병원 일자리를 매칭하고 있다.

1952년에 설립된 NRMP는 처음에는 과거 어음 교환소에서 사용하던 보스턴 풀Boston Pool이라는 매칭 알고리즘을 채택했다.[5] 그리고 이 알고리즘을 거의 40년 동안 사용해왔는데, 1970년대에 보스턴 풀 알고리즘이 완전히 별개로 개발된 게일-섀플리 알고리즘과 같다는 것이 밝혀졌다.

그러나 그 이후에도 NRMP는 두 저명한 수학자이자 경제학자들이 개발한 알고리즘을 마다하고 잘 알려지지도 않은 보스턴 풀 알고리즘을 10년 이상 고수했다. 물론, 게일-섀플리의 학술논문은 형식 증명for-mal proof(증명 과정에서 나타나는 명제들의 의미는 생각하지 않고, 기호의 정의와 미리 참이라고 가정한 공리, 참으로 증명된 명제들만을 사용해 형식적으로 증명을 진행해나가는 것—옮긴이)을 갖추고 있는 반면, 보스턴 풀 알고리즘에는 임시변통이라는 속성이 있긴 하다.

1990년대, 경제학자이자 수학자인 앨빈 로스Alvin Roth가 NRMP 매칭 알고리즘 개편에 참여했다. 로스는 시대의 흐름에 맞게 의사 부부들이 같은 지역의 일자리를 찾을 수 있는 방법을 도입했다. 악의를 가진 지원자들이 시스템을 자신의 이익을 위해 활용하는 것을 막는 방법도 추가했다. 보스턴 풀과 달리, 로스의 기술은 지원자들의 선호도만 고려되는 한 방향 매칭에 의존한다.

섀플리와 로스는 게임 이론game theory 연구로 2012년에 노벨 경제학상을 공동 수상했다. 게임 이론은 지능적인 의사결정자 간의 경쟁과 협력을 이용하는 수학의 한 분야다. 섀플리는 이 분야에서 로스가 시장 작동에 관해 분석한 실용적 연구의 토대를 구축한 위대한 이론가로 널리 알려져 있다. 그리고 그들의 노벨상 수상 소감에서 가장 눈에 띈 언급이 바로 게일-섀플리 알고리즘이었다. 안타깝게도 게일은 2008년에 사망했기 때문에 수상 대상이 되지 못했다. 섀플리는 2016년에 92세의 나이로 세상을 떠났다. 로스는 스탠퍼드와 하버드대학교에서 연구를 계속하고 있다.

인공 진화

1960년대에 접어들면서 존 홀랜드John Holland(1929~2015, 그림 6.7)가 조합 최적화 문제를 풀기 위한 새로운 접근법을 사용했는데, 알고 보니 놀랍게도 그의 알고리즘은 무려 40억 년이나 된 것이었다!

그림 6.7 최초의 유전자 알고리즘 설계자 존 홀랜드. (산타페연구소 제공)

1929년 미국 인디애나주 포트 웨인Fort Wayne에서 태어난 홀랜드는 데이크스트라처럼 물리학을 공부하다가 컴퓨터 프로그래밍을 접하게 되었다. 그는 MIT의 진공관 컴퓨터 월윈드Whirlwind의 프로그램을 작성했다. 미 해군과 공군의 지원으로 개발된 월윈드는 온스크린 디스플레이 OSD(사용자가 화면을 직접 조정할 수 있는 모니터—옮긴이)를 채택한 최초의 실시간 컴퓨터로, 레이더 데이터를 처리해 아군에게 적군 항공기나 미사일에 대한 조기 경보를 제공하기 위해 설계된 것이었다. 그 후 IBM에서 잠시 프로그래머로 근무한 홀랜드는 미시간대학교로 거처를 옮겨 커뮤니케이션과학Communication Sciences 석사와 박사학위를 잇따라 취득했다. 아직 컴퓨터과학이라는 용어가 나오기도 전이었다.[6] 심지어 그의 박사학위 심사 위원은 1946년에 언론을 상대로 한 에니악 시연을 직접 진행했던 아더 벅스였다.

어느 날, 홀랜드는 대학교 도서관에서 책을 찾다가 영국의 통계학자이자 생물학자 로널드 피셔Ronald Fisher가 쓴 『자연선택의 유전자 이론The Genetical Theory of Natural Selection』[7]이라는 오래된 책을 발견했다. 자연의 진화를 조사하기 위해 수학을 사용한 책이었다. 그는 당시의 심정을 이렇게 회고했다.

> 그때 나는 진화론에서도 수학이 중요하게 사용된다는 사실을 처음 알았지요. 그것은 너무나 큰 충격이었습니다.

이 책에서 영감을 받은 홀랜드는 컴퓨터의 진화를 재개시켜야겠다고 결심했다. 그리고 1960년대와 1970년대 내내 오직 그 생각에 매달렸다. 자신이 중요한 일을 하고 있다고 확신한 홀랜드는 1975년, 마침내 그동안 자신이 발견한 것들을 상세히 설명한 책을 저술했다.[8] 그러나 실망스럽게도 책은 잘 팔리지 않았다. 학계에서 별로 관심을 갖지 않았던 것이다.

그로부터 거의 20년이 지난 후, 홀랜드는 인기 있는 과학 잡지 『사이언티픽 아메리칸Scientific American』에 유전자 알고리즘에 관한 기사를 기고했다. 그해, 그의 책은 재판되었고, 마침내 유전자 알고리즘이 컴퓨터 연구의 주류로 떠올랐다. 오랫동안 누구도 거들떠보지 않았던 홀랜드의 책은 각종 도서와 논문에 무려 6만 회(공식적인 것만) 이상 인용되면서 학술 서적으로는 공전의 히트를 기록했다.

자연 진화는 선택, 유전, 돌연변이라는 세 가지 메커니즘을 통해 종種을 환경에 적응시킨다. 야생에 사는 모든 종은 그 과정을 따른다. 이때 어떤 종의 개체들은 꾸준히 많은 특성을 공유하는 반면, 어떤 종은 바로 다음 세대에서 변이를 일으킨다. 그 특성 중 일부는 생존에 도움이 되지만, 다른 특성들은 해로운 영향을 미친다.

선택이란 유익한 특성을 가진 개체가 자라서 어른이 될 때까지 생존하고 번식할 가능성이 크다는 것을 의미한다. 유전은 새끼들이 부모와 비슷한 신체적 특징을 보이는 경향이다. 따라서, 생존한 후손들은 그들의 부모가 가지고 있었던 것과 같은 유익한 특성을 갖는 경향이 있다. 돌연변이는 유전 물질의 무작위적인 변화가 새끼에게 징후로 나타나는 것을 말한다. 이는 염색체의 어떤 부분이 영향을 받느냐에 따라 개체에게 아무런 영향도 미치지 않을 수도 있고, 제한적인 영향을 미칠 수도 있고, 극단적인 변화를 일으킬 수도 있다. 여러 세대에 걸쳐 한 집단에서 생존과 번식에 유익한 특성을 가진 개체들의 비율이 더 높다는 것은 선택과 유전이 자연 진화의 주를 이룬다는 의미다. 그리고 돌연변이는 무리에서 트럼프 카드의 조커와 같은 위치에 있으며, 대개 집단에 영향을 미치지 않는다. 그러나 가끔은 급진적이고 유익한 변화의 씨앗이 되기도 한다.

자연 진화 연구[9]의 전형적인 예는 후추나방이다. 이 나방의 이름은 얼룩덜룩한 날개가 흰 종이에 검은 후추를 뿌린 것처럼 보인다는 데에서 유래했다. 이 곤충은 위장의 명수로, 나무껍질에 붙어 있으면 포식자인 새들이 거의 발견하지 못한다. 18세기 영국에서 후추나방은 주로 옅은 색깔을 띠었다. 그런데 이상하게도, 19세기 말에 영국의 주요 도시들에서 발견된 후추나방은 진한 색깔을 띠고 있었다. 1세기 만에 영국 후추나방 집단의 색이 바뀐 것이다.

이후, 그 변화가 산업혁명 때문이라는 사실이 밝혀졌다. 많은 공장이 건설되었고, 공장들은 화석연료의 급속한 개발로 엄청난 매연과 그을 음을 내뿜었다. 나무껍질뿐 아니라 건물의 벽, 가로등, 기둥 들도 점차 검게 변했다. 옅은 색깔의 후추나방들은 포식자들의 눈에 더 잘 띄게 되었고, 더 많은 수의 개체가 그들의 먹이가 되었다. 이를 피하기 위해 진한 색깔의 나방들이 번성하면서 자신들의 자연적 위장 특징을 후손들에게 물려주었다. 시간이 지나면서 집단 내 개체 수의 균형은 진한 색깔의 나방에게 유리하게 바뀌었다.

홀랜드는 인공 진화가 조합 최적화 문제를 해결하는 데 적용될 수 있겠다고 생각했다. 그의 아이디어는 집단 내 개체처럼 가능한 솔루션이 나타날 수 있다는 것이었다. 그래서 유전 현상에 착안해 모든 솔루션을 일련의 문자로 표현할 것을 제안했다. 예를 들어, 영업 사원 문제를 풀때 모든 도시의 첫 알파벳을 따 여행을 BFHM_{Berlin-Frankfurt-Hamburg-Munich}로 표시하는 식이다. 그는 이 순서가 살아 있는 유기체의 염색체와 유사하다고 생각했다.

홀랜드의 유전자 알고리즘은 이 같은 인공 염색체 풀에서 작동한다. 선택은 모든 인공 염색체를 평가하고 그중 최악의 염색체를 폐기함으로써 이루어진다. 유전은 문자 순서를 혼합하는 것으로 다음 세대의 염색체를 만드는 방식을 모방한다. 돌연변이는 몇몇 염색체의 문자를 무작위로 바꿈으로써 그것이 나타나는 방식을 복제한다. 그리고 전체 집단 내에서 쓸 만한 솔루션이 발견될 때까지, 다음 세대의 염색체를 생성하는 이 세 과정을 반복한다.

여러 세대에 걸쳐 세 메커니즘이 반복 작동하면 좋은 솔루션의 비율이 증가한다. 계속적인 선택을 통해 보다 나은 솔루션을 찾는 것이다.

6 모래에서 바늘 찾기

유전은 유망한 답들을 예상치 못한 방법으로 혼합해 새로운 후보 솔루션을 만들고, 돌연변이는 개체의 다양성을 증가시켜 새로운 가능성을 열어준다. 홀랜드의 알고리즘은 다음과 같이 요약될 수 있다.

염색체 모집단을 무작위로 생성시키시오.
다음 단계를 반복하시오.
　모든 염색체의 성능을 평가하시오.
　성능이 가장 낮은 염색체를 버리시오.
　살아남은 염색체를 무작위로 짝지으시오.
　모든 쌍을 다시 짝지어 2개의 차세대 염색체를 만드시오.
　차세대 염색체를 모집단에 추가하시오.
　소수의 염색체를 무작위로 바꾸시오.
염색체 생성의 수가 일정값이 되면 반복을 중단하시오.
최고의 성능을 발휘하는 염색체를 출력한다.

영국의 저명한 생물학자 리처드 도킨스Richard Dawkins(1941~)는 그의 한 저서에서 어떤 비밀 메시지를 밝혀내기 위한 방법으로 이 유전자 알고리즘을 사용했다고 보고했다. 그는 비밀 메시지의 추측값으로 염색체를 직접 사용했으며, 모든 염색체를 비밀 메시지와 비교하는 방식으로 선택 과정을 수행했다.

도킨스의 적합성 함수fitness function(특정 솔루션이 원하는 문제의 최적 솔루션과 얼마나 가까운지를 평가하는 솔루션 적합도 결정 함수—옮긴이)는 불분명하지만, 그의 프로그램은 각 염색체에 매겨지는 점수를 최대한의 근사치로 계산한다. 올바른 문자가 올바른 위치에 있으면 +2점, 올바른 문자가 잘못된 위치에 있으면 +1점, 틀린 문자는 0점을 받는 식이다. 점수가 가장 낮은 염색체는 폐기되고, 점수가 가장 높은 염색체는 교차를 통해 '짝짓기'시킨다. 교차는 부모의 염색체 조각들을 교환해 새로운 후손의 염색체를 생성하는 것이다. 이 과정에서 염색체 내의 한 위치가 임의로 선택되는데, 첫 번째 아이의 염색체의 경우 그 교차점까지는 아버지의 염색체를 복제한 것이고, 그 지점 이후부터는 어머니의 염색체를 복제한 것이다. 반대로 두 번째 아이의 염색체는 같은 위치까지 어머니의 염색체의 복제고, 그 이후는 아버지의 염색체의 복제다. 예를 들어 부모의 염색체가 다음과 같다고 해보자.

ABCDEF, LMNOPQ

여기서 교차점은 세 번째 문자(C와 N)고, 아이의 문자 순서는 다음과 같다.

ABCOPQ, LMNDEF

도킨스는 자신의 유전 알고리즘을 컴퓨터로 실행했다. 처음에 염색체는 의미 없이 뒤섞인 문자들에 불과했지만, 10세대가 지나면서 컴퓨터는 집단에서 가장 높은 점수를 받은 염색체가 다음과 같다고 보고했다.

MDLDMNLS ITPSWHRZRE MECS P

20세대가 지난 후에는 다음과 같았다.

MELDINLS ISWPRKE Z WECSEL

30세대가 지난 후에는,

METHINGS IT ISWLIKE B WECSEL

41세대가 지나자 알고리즘은 다음과 같은 비밀 메시지를 발견했다.

METHINKS IT IS LIKE A WEASAL
(나는 그것이 족제비 같다고 생각한다.)

도킨스의 방법은 이례적으로 염색체를 직접 평가해 문자를 비밀 메시지와 비교한다. 실제로 문제를 풀 때는 염색체가 솔루션의 구성을 조절한 다음 평가되는 것이 일반적이다. 예를 들어, 홀랜드는 염색체를 사용해 상품 시장을 시뮬레이션하는 컴퓨터 프로그램의 행동을 조절했다. 물론 처음에는 그렇게 프로그램되지 않았지만, 고객들이 투기 거품과 재정 파탄이 일어나지 않도록 그러한 방향으로 발전시켰다.

미국 항공우주국NASA도 우주 임무를 위한 라디오 안테나를 설계할 때 이 알고리즘을 사용했다. 그들은 염색체들이 안테나의 모양을 조절하게 했고, 안테나의 무선신호 수신 감도를 계산해 염색체의 적합성을 평가했다. 이처럼 진화된 X―밴드(6.2~10.9 기가헤르츠의 주파수대―옮긴이)

안테나는 2006년, 나사의 ST5 Space Technology 5 임무에 사용되었다.

1967년, 홀랜드는 미시간대학교의 컴퓨터과학공학 교수로 임명되었다. 그는 유전자 알고리즘 발명에 이어 복잡도와 혼돈 이론을 정립하는 데에도 큰 공헌을 했다. 게다가 심리학 교수직을 겸할 정도로 다방면에 재능이 있었다.

홀랜드는 2015년에 86세의 나이로 세상을 떠났다. 산타페연구소의 데이비드 크라카우어David Krakauer 소장은 홀랜드에 대해 다음과 같이 회고했다.

> 존 홀랜드가 진화생물학에 착안해 컴퓨터과학 분야의 검색과 최적화를 발전시킨 점은 매우 특별하다. 그는 컴퓨터과학의 문제를 역동적인 진화의 문제로 생각하게 해주었다. 두 학문의 사상을 넘나드는 이런 종류의 교류는 그가 이미 딥마인드적 사고를 가졌음을 보여준다.

유전자 알고리즘은 여전히 인기가 있지만, 특정 최적화 문제를 푸는 가장 효율적인 방법은 아니다. 오히려 좋은 솔루션을 어떻게 조합할지 고민될 때 사용하는 것이 가장 효과적이다. 무작위 순열로 구동되면서 설계 공간을 맹목적으로 검색하기 때문이다. 게다가 프로그래밍하기 쉬워서, 연구원들은 새롭고 빠른 검색 알고리즘을 고안하는 데 귀중한 시간을 소비하기보다는 유전자 알고리즘이 알아서 그 작업을 하도록 맡겨놓는다.

홀랜드가 미시간대학교에서 유전자 알고리즘을 연구하고 있는 동안, 컴퓨팅 혁명의 씨앗은 미 국방부의 한 외딴 부서에 의해 뿌려지고 있었다. 냉전이 한창이던 미국에서 두 선각자가 컴퓨터 네트워크를 연결하기 시작한 것이다. 그들의 생각은 어떻게 하면 아주 먼 거리까지 영향을 미칠 수 있는가였다. 그 과정에서 알고리즘과 전자공학이 융합된, 새로운 연금술이 태동하기 시작했다.

7

인터넷

현대 도서관의 기능을 통합시킬 사고 센터thinking centre를 (……) 구상하는 것은 충분히 타당해 보인다.

이 생각은 광대역 통신 회선으로 서로를 연결하고 전용 서비스로 개별 사용자들을 연결하는 네트워크 센터로 스스로를 쉽게 확장시키는 개념이다. 이런 시스템에서 컴퓨터의 속도는 안정될 것이고, 거대한 기억 장치와 정교한 프로그램 비용은 사용자 수로 나누어질 것이다.

> J. C. R. 릭라이더 J. C. R. Licklider (1915~1990)
> 「인간-컴퓨터의 공생 Man-Computer Symbiosis」 (1960) 중에서

1957년 10월 4일, 소련은 세계 최초로 지구 궤도에 인공위성을 쏘아 올렸다. 그 인공위성, 스푸트니크 1호Sputnik 1는 겨우 60센티미터짜리 금속 구로 싸인 무선 송신기였다. 지상에는 4개의 무선 안테나가 세워졌고, 스푸트니크 1호는 21일 동안 유별나게 들리는 '삐삐삐' 신호를 계속해서 보내왔다. 인공위성이 머리 위를 지나가면, 전 세계의 무선 수신기가 그 신호를 포착할 수 있었다. 스푸트니크 계획은 대사건이었다. 우주는 갑자기 새로운 개척지가 되었고, 이를 개척하는 데 있어 소련이 서방 세계보다 한발 앞서 나간 것이다.

당시 미국 대통령인 드와이트 D. 아이젠하워는 미국이 기술 경쟁에

서 다시는 2위로 내려앉아서는 안 된다는 결의를 표명하고 2개의 정부 기관을 새로 설립했다. 그중 하나인 나사에는 우주 탐사와 평화로운 개발이라는 임무를 부여했고, 나사의 형제격인 고등연구계획국Advanced Research Projects Agency, ARPA에게는 획기적인 군사 기술을 개발하라는 지시를 내렸다. ARPA는 이후 군과 연구기관의 중개자 역할을 하게 된다. 바야흐로 냉전이 막 시작된 시기였다.

아르파넷ARPANET

1962년에는 ARPA에 정보처리기술국IPTO이 설립되었다. IPTO의 소관은 정보기술 분야(컴퓨터와 소프트웨어)의 연구 개발에 자금을 지원하는 것이었고, 첫 국장으로 J. C. R. 릭라이더(그림 7.1)가 취임했다.

1915년생인 릭라이더는 미주리주 세인트루이스 출신으로, 많은 사람이 그를 좋아했고, '릭'이라는 애칭으로 불렀다. 그는 늘 미주리 억양으로 말했고, 대학교에서는 물리학, 수학, 심리학이라는 특이한 조합의 공부를 했다. 그리고 로체스터대학교에서 인간의 소리 인식을 다루는

그림 7.1 컴퓨터 네트워크의 선각자 J. C. R. 릭라이더. (MIT 박물관 제공)

학문인 사이코어쿠스틱스Psychoacoustics 분야의 박사학위를 받았다. 그 후 하버드대학교에서 근무하다가 MIT 부교수로 임명되었는데, 이때 처음으로 컴퓨터에 관심을 갖게 되었다. MIT에서 그는 기술적 문제 해결 재능을 유감없이 발휘하며 천재 소리까지 들었다. 새롭게 찾은 그의 열정은 ARPA에서도 그대로 이어졌다.

릭라이더는 새로운 컴퓨터 기술을 제안하는, 선견지명이 담긴 논문을 연속으로 발표했다. 그는 「인간-컴퓨터의 공생」이라는 제목의 논문에서 컴퓨터가 일괄 출력만 할 것이 아니라 사용자들과 실시간으로 상호 작용을 해야 한다고 주장하고, 원거리에 떨어져 있는 여러 대의 컴퓨터를 통합 작동시키기 위한 '은하 간 컴퓨터 네트워크Intergalactic Computer Network' 창설을 제안했다. 또 「미래의 도서관Libraries of the Future」(1965)이라는 논문에서는 종이책이 장차 정보를 수신하고 표시하고 처리하는 전자 장치로 대체되어야 한다고 주장했다. 1968년에는 네트워크 컴퓨터를 개인 간 통신 장치로 사용하는 것을 구상한 논문을 공동으로 발표하기도 했다. 이처럼 그는 ARPA에서 근무한 10년 동안 창의력을 폭발적으로 발휘하며 개인용 컴퓨터, 인터넷, 전자책, 이메일의 미래를 예측했다. 릭라이더의 상상력은 현실을 훨씬 능가했고, 그의 저술은 다른 사람들에게 원대한 비전을 제시하며 다양한 후속 연구로 이어졌다.

그 첫 단계는 MIT의 프로젝트 MACMultiple Access Computing이었다. 이때까지 컴퓨터는 언제나 1명의 사용자만 사용하는 장치였는데, 프로젝트 MAC은 최대 30명의 사용자가 하나의 메인프레임 컴퓨터를 공유해 동시에 작업을 할 수 있는 시스템을 구축했다. 각 사용자는 키보드와 모니터로 구성된 전용 단말기를 가지고 있고, 컴퓨터는 사용자들 사이에서 계속 교환된다. 비록 중앙 컴퓨터보다 강력하지는 않지만, 자신이 마음대로 사용할 수 있는 단일 기계를 사용자들이 가지고 있는 셈이다.

릭라이더가 ARPA를 떠나고 2년 후, 밥 테일러_{Bob Taylor}(1932~2017)가 IPTO의 국장으로 부임했다. 1932년에 태어난 댈러스 출신의 테일러는 IPTO에 오기 전에 나사에서 근무했고, 릭라이더처럼 대학에서 수학과 심리학을 공부했다. 연구 자금을 지원하는 기관의 고위 간부직으로서는 특이하게도, 그는 박사학위를 갖고 있지 않았다. 릭라이더가 아이디어맨이었다면, 테일러는 혁신적 기술을 효과적으로 구현하는 기발한 능력을 가지고 있었다. 테일러는 이후 30년 동안 릭라이더의 비전을 실현하는 데 혼신의 힘을 쏟았다.

컴퓨터 네트워킹에 대한 테일러의 열정은 사소한 좌절에서 비롯되었다. 펜타곤에 있는 그의 사무실에는 3개의 컴퓨터 단말기가 있었다. 이 단말기들은 모두 각기 다른 원격 컴퓨터에 연결되어 있었는데, 실제 컴퓨터들은 MIT, 샌타모니카 그리고 버클리에 있었다. 그러나 서로 연결되어 있지는 않은 상태였다. 그래서 한 기계에서 다른 기계로 메시지를 전달하려면 각 단말기에 메시지를 따로따로 입력해야 했다. 테일러는 이에 대해 다음과 같이 회고했다.

> 이것은 앞으로 우리가 무엇을 해야 할지 명확하다는 의미다. 3개의 단말기가 있다 하더라도, 한 단말기에 메시지를 입력하면 모두 처리가 되도록 해야 한다는 것이다.

IPTO 프로그램 매니저 래리 로버츠_{Larry Roberts}(1937~2018)는 테일러

의 요청에 따라 컴퓨터 네트워크 구축을 위한 공개 입찰서를 작성했다. 이 새 네트워크는 훗날 아르파넷이라고 불린다. 아르파넷은 처음에 네 곳의 현장을 연결해 35개의 컴퓨터로 확장할 예정이었다. 이 입찰의 최종 낙찰은 매사추세츠주 케임브리지의 볼트, 베라넥 앤 뉴먼 테크놀로지스BBN라는 회사에게 돌아갔다.

1969년 10월 29일, 아폴로 11호가 달에 착륙한 지 3개월이 지났을 즈음, 찰리 클라인Charley Kline이 아르파넷에 첫 메시지를 보냈다. 클라인은 캘리포니아대학교 로스앤젤레스UCLA의 레너드 클라인록Leonard Kleinrock(1934~)[1] 교수 그룹에 속한 학생 프로그래머였다. 그의 목적은 약 643킬로미터 떨어진 스탠퍼드연구소SRI에 있는 컴퓨터에 'LOGIN' 명령을 보내는 것이었다. 그러나 두 번째 문자까지 수신된 후, 시스템 충돌이 일어나면서 뜻을 알 수 없는 'LO'라는 글자만 전송되었다. 약 1시간 후, 시스템이 다시 가동되자 클라인은 다시 전송을 시도했다. 이번에는 'LOGIN'이 모두 전송되고 명령이 수행되었다.

아르파넷은 패킷 교환packet-switching 방식을 채택한 최초의 네트워크 중 하나였다. 이 기술은 폴 배런Paul Baran(1926~2011)과 도널드 데이비스Donald Davies(1924~2000)가 발명했다. 폴란드계 미국인 전기 기술자인 배런은 1964년에 랜드연구소에서 일하면서 이 아이디어를 발표했다. 거의 같은 시기에 튜링의 ACE 프로젝트에 참여했던 베테랑 연구원 데이비스도 런던의 NPL에서 일하면서 비슷한 아이디어를 개발했다. 이때, 그는 자신의 알고리즘을 설명하기 위해 '패킷packet'과 '패킷 교환'이라는 용어를 처음 사용했다. 이후 데이비스는 1966년에 세계 최초의 패킷 교환 네트워크인 소형 마크 I NPL 네트워크Mark I NPL Network를 구축한 팀의 일원으로 활약했다.

패킷 교환은 "어떻게 하면 컴퓨터 네트워크를 통해 메시지를 효율적으로 전송할 수 있는가?"라는 문제를 해결했다. 전자 신호를 전달하는 케이블로 9대의 컴퓨터가 물리적으로 상호 연결되어 네트워크를 이루고 있다고 생각해보자. 인프라 비용을 줄이기 위해 모든 컴퓨터는 몇몇 다른 컴퓨터들과 연결되어 있다. 이렇게 직접 연결된 컴퓨터들은 실제로 거리가 얼마나 멀리 떨어져 있든 '이웃'이라고 부른다. 컴퓨터가 이웃에게 메시지를 보내는 일은 간단하다. 메시지는 일련의 전자 파동electronic pulses으로 부호화되어 케이블을 통해 받는 컴퓨터로 전송된다. 반면 네트워크 반대편에 있는 컴퓨터로 메시지를 보내는 일은 좀 복잡하다. 그 중간에 있는 컴퓨터가 메시지를 중계해야 하기 때문이다. 따라서 네트워크 전체에 통신 서비스를 제공하려면, 네트워크상의 컴퓨터들이 서로 협력해야 한다.

패킷 교환 이전, 통신 네트워크는 서로 간의 종단 연결에 의존해야 했다. 유선 전화 네트워크에서는 이런 접근 방식이 일반적이었다. 예를 들어 컴퓨터 1이 컴퓨터 9와 교신하기를 원한다고 가정해보자(그림 7.2). 기존의 회로 교환 방식에서 네트워크는 컴퓨터 1에서 컴퓨터 3까지, 3에서 7까지, 그리고 7에서 9까지 전용선으로 연결되어 있어야 한다. 그리고 메시지가 교환되는 동안, 이 연결 구간에 있는 다른 모든 컴퓨터는 메시지를 보낼 수 없다. 컴퓨터는 대개 짧은 메시지를 산발적으로 보내기 때문에, 이 같은 전용 종단 연결 방식으로는 네트워크 자원을 제대로 사용할 수 없다. 반면, 패킷 교환은 종단 간 경로를 점유할 필요가 없으므로 연결된 네트워크를 효율적으로 사용할 수 있다.

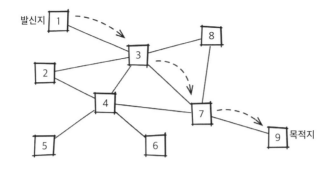

발신지	목적지	패킷 수	페이로드
1	9	1	메시지가
1	9	2	분산된다
1	9	3	3개의 패킷으로

그림 7.2 소규모 네트워크의 패킷 교환.

　패킷 교환에서는 단일 메시지가 여러 개의 세그먼트로 분할되고, 각 세그먼트는 하나의 패킷에 배치된다. 패킷들은 네트워크를 통해 독립적으로 전송되고, 모든 패킷이 목적지에 수신되면 세그먼트들이 합쳐져 원본 메시지가 다시 조립된다. 네트워크는 계속 바운드하면서 발신지에서 목적지로 패킷을 전송한다. 즉, 바운드할 때마다 패킷이 두 컴퓨터 사이에서 한 차례 연결되면서 전송되는 것이다. 이때 패킷은 1번당 하나의 링크만을 차단하기 때문에, 다른 메시지의 패킷들도 한 링크에 차례대로 삽입될 수 있다. 회로 교환 방식처럼 종단 간 연결선 전체를 점유할 필요가 없는 것이다.

　이 방식의 단점은 링크들이 혼잡해질 수 있다는 것이다. 다만, 이 문

　　　　　　　　　　　　　　　　　　　　　　　7 인터넷

제는 링크가 사용 중이어서 예정된 수신 패킷이 지연되어 대기해야 하는 경우에만 발생한다.

패킷 교환 데이터 네트워크는 도로망과 유사하다. 패킷들은 목적지를 향해 가는 자동차들과 같다. 자동차들은 전체 경로를 미리 점유하고 있을 필요가 없다. 도로가 비어 있을 때 그냥 끼어들기만 하면 된다. 또, 이 자동차들은 목적지로 가는 다른 길들을 택할 수도 있다. 각각의 차는 네트워크를 통해 자신이 갈 수 있는 최선의 길을 갈 뿐인 것이다.

패킷은 헤더header, 메시지가 차지하고 있는 부분(페이로드payload. 전송되는 데이터의 양), 트레일러trailer로 구성되어 있는데, 헤더는 다시 시작 패킷 마커, 목적지의 고유 ID, 메시지 ID, 일련번호로 구성된다. 일련번호는 메시지 내의 패킷 수로, 메시지를 받은 컴퓨터가 페이로드를 올바른 순서로 조립하는 데 사용된다. 트레일러에는 오류 검사 정보와 마지막 패킷 마커가 들어 있다.

네트워크상에 있는 컴퓨터는 수신되는 패킷과의 연결을 계속 모니터링한다. 수신된 패킷은 그것을 받은 컴퓨터에 의해 처리되는데, 컴퓨터는 가장 먼저 헤더에서 패킷 목적지의 ID를 읽는다. 자신이 패킷의 최종 목적지가 아닌 경우, 수신 컴퓨터는 목적지로 가는 가장 빠른 경로를 제시하며 링크의 패킷을 다시 전송한다. 이때 사용될 링크는 경로표routing table에 의해 결정된다. 경로 표에는 네트워크에 있는 모든 컴퓨터 또는 컴퓨터 그룹의 ID가 열거되어 있고, 각 목적지로 가는 가장 빠른 길을 제공하는 발신 링크outgoing link가 기록된다. 수신 컴퓨터는 패킷을 이 링크로 보내는데, 수신 컴퓨터가 패킷이 가고자 하는 목적지인 경우, 컴퓨터는 메시지 ID와 일련번호를 확인한다. 단일 메시지를 구성하는 모든 패킷이 도착하면, 컴퓨터는 일련번호에 따라 페이로드를 연결해서 메시지를 복구한다(전체 알고리즘은 부록 참조).

패킷 교환은 분산 알고리즘의 한 사례다. 분산 알고리즘은 독립적이면서도 서로 협력하는 복수의 컴퓨터에서 실행된다. 모든 컴퓨터는 개별적으로 작업을 수행하지만, 그 작업들이 모이면 결과적으로 전체 계획에 기여하게 되는 것이다.

패킷 교환 시스템의 필수 구성 요소는 경로 표를 덧붙이기 위해 사용되는 알고리즘이다. 이 경로 알고리즘은 어떻게 하면 경로 표를 가장 잘 덧붙일 수 있는지와 어떤 패킷이 어디로 가야 하는지를 결정한다.

원래의 아르파넷 경로 알고리즘은 경로 지연 정보의 교환을 토대로 의사결정을 한다. 모든 컴퓨터는 경로 표뿐만 아니라 지연 표delay table도 기록한다(그림 7.3). 지연 표에는 네트워크의 모든 컴퓨터 ID와 컴퓨터별로 해당 시점부터 패킷을 전송하는 데 걸릴 예상 시간이 기록된다. 모든 컴퓨터는 모든 이웃에게 주기적으로 지연 표를 보내는데, 수신 컴퓨터는 이웃의 지연 표를 받으면 그 표에 자신의 다른 이웃에게 패킷을 전달하는 데 걸리는 시간을 더한다. 이런 식으로 업데이트된 표에는 모든 컴퓨터의 ID 목록과 이웃을 통해 패킷을 전달하는 데 걸리는 시간이 담기고, 컴퓨터는 이 시간을 경로 표에 적혀 있는 시간과 비교한다. 새 경로가 더 빠르면, 시간이 업데이트된다. 요약하면 다음과 같다.

모든 이웃 컴퓨터의 경우:
　지연 표를 가져오시오.
　표에 있는 모든 목적지별로

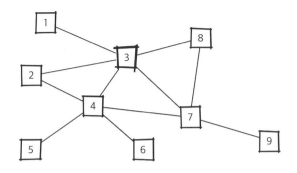

목적지	지연					가장 빠른 경로
	1	2	4	7	8	
5	4	3	②	3	4	4
6	4	3	②	3	4	4
9	4	4	3	②	3	7

그림 7.3 패킷 목적지, 컴퓨터 1, 2, 4, 7, 8을 통한 지연, 컴퓨터 3에서 목적지까지의 최단 경로를 제공하는 이웃 컴퓨터의 ID가 열거된 컴퓨터 3의 경로 표. 지연은 바운드 수로 측정된다.

이 컴퓨터에서 이웃 컴퓨터로 패킷을 보내기까지의 지연 시간 을 더하시오.

새 지연 시간이 경로 표의 지연 시간보다 짧으면

링크 ID와 새 지연 시간을 경로 표에 저장한다.

지연값은 목적지까지의 바운드 수로 측정하거나 경로를 따라 대기 중인 패킷 수로 계산할 수 있다. 후자의 방법이 경로의 혼잡도에 대한 추정치를 제공하므로 대개 더 나은 결과를 산출한다.

패킷 교환 네트워크의 이점 중 하나는 웬만해서는 고장 나지 않는다 는 것이다. 링크가 작동하지 않거나 지나치게 혼잡해지면, 컴퓨터는 패킷 대기열이 증가하는 것을 감지하고 경로 표를 조절해 병목 현상을 방지할 수 있다. 단점은 패킷 전송 시간을 예측할 수 없다는 것이다. 결국 패킷 교환은 '최선의 노력'을 다하는 서비스라고 할 수 있다.

네트워킹의 선구자 릭라이더는 ARPA에서 2년을 보낸 후 IBM에 들어갔다가 다시 MIT로 돌아왔다. 그 후 IPTO 국장을 한 차례 더 역임한 다음, 다시 MIT에서 학생들을 가르치고 연구를 계속하다가 1985년에 은퇴했다.

밥 테일러는 1970년에 제록스Xerox의 팔로 알토 연구센터Palo Alto Research Center, PARC에 컴퓨터과학연구소를 설립했다. 그가 재임하는 동안 PARC는 주목할 만한 실제 프로토타입을 연속해서 만들어냈다. 그중에는 한 건물 안에서 컴퓨터를 상호 연결하는 저비용 패킷 교환 네트워킹 기술도 있었는데, 이더넷Ethernet이라는 이 기술은 오늘날까지 세계에서 가장 널리 쓰이는 유선 컴퓨터 네트워킹의 표준이다. 그리고 마우스를 사용하는 그래픽 사용자 인터페이스GUI도 발명했다. 이것은 훗날 애플의 맥과 마이크로소프트의 윈도 운영 체제에서 널리 사용되었다. 그러나 제록스는 PARC의 기술들을 제대로 이용하는 데 실패했고, 이는 20세기의 가장 큰 착오 중 하나로 평가되고 있다. 테일러는 1983년에 PARC를 떠나 컴퓨터 회사인 디지털 이퀴프먼트Digital Equipment Corporation, DEC에 연구센터를 설립했다. 1996년에 DEC에서 은퇴한 그는 2017년에 세상을 떠났다.

다시 돌아가서, 맨 처음 네 곳의 노드(컴퓨터가 있는 장소) 패킷 교환 방식의 아르파넷은 매우 느렸지만, 꾸준히 매달 평균 하나의 노드를 추가하는 방식으로 확장되었다. 사실 아르파넷은 세계 최초의 컴퓨터 네트워크도, 세계 유일의 컴퓨터 네트워크도 아니었지만, 지상 최대의 컴퓨터 네트워크인 인터넷의 시조인 것만은 분명하다.

인터네트워킹

아르파넷의 첫 공개 시연은 1972년 10월 워싱턴에서 열린 국제 컴퓨터 통신 회의ICCC에서 이루어졌다. BBN의 밥 로버트 칸Bob Robert Kahn(1938~)이 주관한 이 시연회는 40여 대의 컴퓨터가 연결되는 장면을 선보였다. 그동안 회의적인 태도를 보였던 수백 명의 업계 관계자들도 시연회를 보고 감명을 받았고, 결국 패킷 교환 방식이 옳은 생각이었음이 밝혀졌다.

칸은 뉴욕 출신으로 1938년생이다. 그는 BBN에 입사하기 전 프린스턴대학교에서 석사와 박사학위를 받았다. 그리고 ICCC 시연회 직후, 네트워크의 추가 개발을 감독하기 위해 아예 IPTO로 직장을 옮겼다. 칸은 앞으로의 큰 과제는 아르파넷에 더 많은 컴퓨터를 추가하는 것이 아니라 아르파넷을 다른 네트워크에 연결하는 일이라고 보았다. 노드와 링크에서 비슷한 고정 회선 기술을 사용하는 아르파넷만으로는 진정한 네트워크라고 하기에 너무 단조롭다고 생각한 것이다.

칸은 유선, 무선, 위성, 국제, 모바일, 고정, 고속, 저속, 단순하거나 복잡한 회선 등 모든 종류의 장치를 통해 메시지가 네트워크상에서 투명하게 이동하는 초연결 세계를 구상했다. 이것은 확실히 환상적인 개념이었다. 문제는 이를 과연 어떻게 가능하게 하느냐였다. 그는 꽤 괜찮아 보이는 개방형 네트워킹 구조open-architecture networking라는 개념을 고안했지만, 세부적으로는 많은 난관이 있었다.

1973년, 칸은 아르파넷의 연구원인 빈트 서프_{Vint Cerf}(1943~)가 근무하고 있는 SRI를 찾아가 다음과 같이 털어놓았다.

문제가 생겼어요.

빈트 서프는 1943년, 코네티컷주 뉴헤이븐에서 태어났다. 그는 IBM에 들어가기 전에 스탠퍼드대학교에서 수학 학사학위를 받았다. 몇 년후, UCLA 대학원에 등록한 서프는 대학원 공부를 대신해 아르파넷에서 일하다 칸을 만났다. 그리고 칸이 ICCC에서 시연회를 가진 직후, 스탠퍼드대학교 교수로 부임했다.

서프와 칸(그림 7.4)은 1974년에 네트워크 간 문제에 대한 솔루션 개요를 공동으로 발표했는데, 이 연구에서 네트워크로 연결된 모든 컴퓨터에 공통으로 적용될 수 있는 매우 중요한 프로토콜을 제시했다. 연결

그림 7.4 TCP/IP의 발명가 빈트 서프(왼쪽, 2008년)와 밥 로버트 칸(오른쪽, 2013년).
(출처: 왼쪽 — 본인 제공, 오른쪽 — ⓒ위키미디어, 베니 마코프스키 제공)

7 인터넷

된 컴퓨터들이 기술적으로 분리되어 있는 다른 네트워크를 통해 통신할 때 사용되는 일련의 메시지와 관련 행동 들도 정의했다. 프로토콜이란 컴퓨터들이 상호 소통하기 위해 합의한 메시지의 순서를 말한다. 예를 들어, 우리는 "안녕하세요"라는 말로 대화를 시작하고 "안녕히 계세요"라는 말로 대화를 마친다. 그리고 모두 이런 기준이 되는 메시지가 무엇을 의미하며, 그다음에는 무슨 일이 일어나야 하는지 안다.

다른 네트워킹 애호가들의 피드백을 통합하면서, 서프와 칸의 솔루션 개요는 그 분량이 눈덩이처럼 불어나 상세한 기술 규격이 되어버렸다. 이것은 전송 제어 프로토콜/인터넷 프로토콜TCP/IP의 첫 설명서가 되었다. 그들은 TCP/IP가 서로 다른 별개의 컴퓨터 네트워크를 상호 연결하는 문제를 해결하리라고 생각했다.

TCP/IP의 첫 시험은 1976년 8월 27일에 행해졌다. 컴퓨터가 탑재된 '브레드 밴bread van'이라는 애칭이 붙은 SRI의 운반용 트럭을 샌프란시스코 남쪽에 주차해놓고, 서던캘리포니아대학교에 있는 아르파넷 유선 노드와 교신을 시작한 것이다. 이 시연으로 TCP/IP가 무선 네트워크와 유선 네트워크 간 메시지 교환을 가능하게 한다는 것이 입증되었다.

이듬해에는 3개의 네트워크에 걸친 교신 테스트가 진행되었다. 이번에는 노르웨이와 영국에 있는 노드를 대서양을 횡단하는 위성 링크를 통해 미국의 노드와 연결하는 것이었다. 서프에게는 이 3개의 네트워크를 연결하는 테스트가 TCP/IP의 네트워킹 기능을 확인할 수 있는 진정한 테스트였다. 1977년 11월 22일의 이 실험은 인터넷[2]의 시작을 알리는 신호탄이 되었다.

오늘날, TCP/IP는 컴퓨터가 인터넷상에서 메시지를 보내고 받는 기준 프로토콜이 되었다. 사용자에게 있어 TCP/IP의 가장 특별한 요소는 컴퓨터 노드에 대한 글로벌 명명 규칙이다. 컴퓨터의 인터넷 프로토콜IP 주소는 네트워크상에서 자신을 나타내는 고유한 식별명이며, 점으로 구분된 4개의 숫자로 구성된다. 예를 들어, 구글 검색 페이지의 IP 주소는 172.217.11.174다. 편의를 위해 노드에 이름이 붙여졌고, 도메인 이름 시스템DNS은 이 이름을 다시 숫자로 표시한 IP 주소로 변환했다. 즉, 도메인 이름 google.com이 IP 주소 172.217.11.174로 변환되는 것이다.

1983년, 아르파넷의 원래 통신 프로토콜인 NCP가 TCP/IP로 대체되었다. 비슷한 시기에 아르파넷의 경로 알고리즘도 업그레이드되었다. 데이크스트라의 경로 찾기 알고리즘이 패킷라우팅packet-routing에 사용되기 시작한 것이다(6장 참조). 여행의 가장 짧은 경로를 찾기 위해 고안된 이 알고리즘은 이제 인터넷을 횡단하는 데이터 패킷의 가장 빠른 경로를 찾는 데 훨씬 더 자주 사용되고 있다.

1990년, 아르파넷은 공식 해체되었다. 그즈음, 아르파넷의 위치는 이미 전 세계의 수많은 상호 연결된 네트워크 중 하나일 뿐이었다. 오늘날 미국에서 인터넷의 중추 역할을 하는 곳은 미국 과학재단NSF의 NS-FNET이다. 아르파넷이 사라지는 데 관심을 갖는 사람은 거의 없었다. 컴퓨터 네트워킹의 선구자 릭라이더도 같은 해에 세상을 떠났다.

밥 로버트 칸은 1986년에 CNRICorporation for National Research Initiatives를 설립했다. CNRI는 미래지향적인 정보기술 연구를 직접 수행하기도 하고, 관련 연구에 자금을 지원하기도 한다. 칸과 서프는 TCP/IP의 활성화를 촉진하기 위해 1992년에 인터넷 소사이어티Internet Society를 설립했다. 이후로도 서프는 인터넷 연구를 계속했는데, 그가 이름을 올린 기업과 비영리기관 목록을 뽑아보면 한 페이지는 족히 될 것이다. 그리고 아마도 그중 가장 눈길을 끄는 것은 구글의 최고 인터넷 전도사Chief Internet Evangelist일 것이다. 그는 또 나사의 행성 간 인터넷 프로젝트Interplanetary Internet(지구와 인공위성, 우주선, 우주정거장 간의 데이터 교신 등을 연구하는, 이른바 우주 인터넷 프로젝트—옮긴이)에도 고문으로 참여했다. 서프와 칸은 2004년에 ACM 튜링상을 수상했다.

TCP/IP는 서로 다른 컴퓨터 네트워크로 이루어진 글로벌 네트워크의 상호 연결을 가능하게 해주었다. 그래서 인터넷 세계에는 중앙 통제소가 없다. 어느 컴퓨터든 TCP/IP 프로토콜과 명명 규칙을 준수하기만 하면, 아무런 제약 없이 네트워크에 들어갈 수 있다. 2005년부터 2018년까지 조사된 전 세계의 인터넷 사용자는 39억 명으로, 전체 인구의 절반을 넘어섰다. 물론 이 수치는 더 늘어날 것이다. TCP/IP 덕분에 인류는 전에 없이 연결된 세상을 살고 있다.

오류 수정

인터넷 같은 통신 시스템은 발신자가 수신자에게 정확한 메시지를 전송하는 것을 목표로 설계되었다. 이런 목적을 달성하기 위해 패킷 데이터는 전자 신호로 변환되어 전송된다. 그러면 목적지의 수신 장치는 이 신호를 다시 데이터로 변환한다. 그런데 수신 과정에서 신호가 전자 노이즈electronic noise에 의해 오염되는 경우가 많다. 노이즈란 발신자가 의도한 원래의 신호를 손상시키는, 원치 않는 신호를 일컫는다. 노이즈는 자연적으로 발생하기도 하고, 인근 전자 장비의 간섭 때문에 발생할 수도 있다. 그리고 노이즈가 원래 신호보다 월등히 강하면 수신 장치가 신호를 다시 데이터로 변환하는 과정에서 오류가 생긴다.

확실히 오류는 좋은 게 아니다. 말실수는 용인될 수 있지만, 은행 잔고가 내가 알고 있는 것과 다르다면 용납할 수 있겠는가? 생각보다 적다면 더욱 그럴 것이다! 바로 이런 이유로 통신 시스템에는 오류 감지와 수정 알고리즘이 반드시 필요하다.

오류를 확인하고 이를 수정하는 가장 간단한 방법은 반복이다. 중요한 데이터 부분을 3번 연속 전송해보는 것이다. 수신 장치가 3건의 메시지를 각각 비교했을 때 모두 일치한다면, 오류가 발생하지 않았다고 가정할 수 있다. 그러나 2건만 일치한다면, 홀수 차례의 발신 메시지가 오류라고 가정할 수 있다. 이 경우 일치하는 2건의 메시지가 올바른 것으로 간주된다. 3건이 모두 일치하지 않는 경우, 메시지의 진짜 내용이 무엇인지 알 수 없으므로 수신 장치는 재전송을 요청한다.

예를 들어, 다음과 같은 3건의 수신 메시지에 모두 오류가 발생했다고 가정해보자.

HELNO, HFLLO, HELLP

첫 글자는 3건 모두 H이므로 H가 맞고, 두 번째 글자는 2건이 E고 1건이 F이므로 E가 맞다고 간주하고, 세 번째 글자는 3건 모두 L이므로 L이 맞고, 네 번째 글자는 2건이 L이고 1건이 N이므로 L이 맞다고 간주하고, 다섯 번째 글자 역시 2건이 O고 1건이 P이므로 O가 맞다고 본다면, 원래 메시지는 'HELLO'일 가능성이 크다.

다만, 반복 검사는 작동은 잘 되지만 매우 비효율적이다. 모든 패킷을 3번씩 보내야 한다면 초당 전송될 수 있는 패킷의 수가 3분의 1로 줄어들 테니 말이다.

그래서 나온 것이 체크섬checksums 방식이다. 이 방식은 모든 문자(글자, 숫자, 문장부호 등)를 숫자로 변환해, 이 숫자들을 모두 더한 합계값을 메시지와 함께 전송한다. 수신 컴퓨터는 패킷을 수신하면 메시지의 합계값을 다시 계산하고, 그 결과를 패킷에 있는 합계값과 비교한다. 계산된 합계값과 수신된 합계값이 일치하면 수신된 패킷에는 오류가 없을 가능성이 크다. 물론 두 합계값은 일치하지만 메시지 내용이 다르거나, 계산값과 데이터 수신값이 공교롭게도 모두 틀릴 수도 있긴 하지만, 그런 우연이 일어날 가능성은 극히 낮다. 따라서 대부분 합계값의 불일치는 전송 오류가 발생했음을 나타낸다.

예를 들어, 'HELLO'를 정수로 변환하면 다음과 같다.

8　5　12　12　15

이 값을 모두 더하면 52다. 따라서 패킷은 다음과 같이 전송된다.

8　5　12　12　15 — 52

전송에 오류가 없다면, 수신 컴퓨터는 메시지를 받아서 다시 합계값을 계산해 52라는 값을 구한다. 계산한 값이 패킷의 합계값과 일치하므로, 메시지는 제대로 전송되었다.

만일 첫 번째 문자가 F로 잘못 수신되었다면 어떻게 될까?

6 5 12 12 15 — 52

계산된 합계값(50)이 패킷의 마지막에 표시된 합계값(52)과 일치하지 않으므로, 수신 컴퓨터는 오류가 발생했음을 인식한다.

체크섬 방식은 지금도 널리 사용되고 있다. 예를 들어 이 책의 뒤표지에도 적혀 있는 국제표준도서번호ISBN에도 합계값이 들어 있다. 1970년 이후에 인쇄된 모든 책은 그 책의 제목을 고유하게 나타내는 ISBN을 가지고 있다. 현재 ISBN은 13자리 숫자로, 마지막 자릿수가 검사 숫자다. 컴퓨터는 이 검사 숫자를 인식해 ISBN이 올바르게 입력 또는 스캔되었는지 확인한다.[3]

그러나 기본 체크섬 방식은 오류를 탐지하기만 할 뿐, 어떤 숫자가 틀렸는지는 알아낼 수 없다. 또, 합계값 자체에 오류가 있을 수도 있다.

그림 7.5 체크섬의 오류 수정 코드를 발명한 리처드 해밍. 1938년.
(출처: 일리노이대학교 기록보관소)

7 인터넷

이 경우, 아이러니하게도 메시지 자체는 정확할 수 있다. 따라서 기본 체크섬 방식에서는 오류를 수정하기 위해 메시지를 재전송해야 한다.

리처드 해밍Richard Hamming(1915~1998, 그림 7.5)은 오류를 발견하는 데 그치지 않고 수정할 수도 있도록 체크섬을 업그레이드하는 방법을 연구했다. 1915년 시카고에서 태어난 해밍은 일리노이대학교에서 수학을 공부하고 박사학위까지 받았다. 그리고 제2차 세계대전이 끝난 후 로스앨러모스의 맨해튼 프로젝트에 합류했다. 그는 그곳에서 프로그래밍이 가능한 IBM 컴퓨터로 핵물리학자들을 위한 계산 업무를 수행했다. 해밍은 그 일을 '컴퓨터 노동자'라고 비하하곤 했는데, 결국 일에 환멸을 느끼고 뉴저지에 있는 벨연구소Bell Telephone Laboratories로 직장을 옮겼다. 벨연구소는 전화기를 발명한 알렉산더 그레이엄 벨Alexander Graham Bell이 설립한 벨 전화 회사Bell Telephone Company의 연구 부서다. 벨연구소는 1940년대 후반과 1950년대에 걸쳐 통신업계의 뛰어난 인재들을 많이 채용했다. 해밍도 그런 인재 중 한 사람이었다. 미국 전기전자학회IEEE가 발간한 『컴퓨터 역사 연보Annals of the History of Computing』의 '리처드 해밍 편'에 그는 다음과 같이 언급되어 있다.

> 우리는 일등 문제아였다. 우리는 파격적인 방식으로 파격적인 일을 하면서도 가치 있는 성과를 창출했다. 결국 경영진도 우리의 그런 방식과 태도를 수용해야 했고, 실제로 우리에게 (우리가 어떤 성과를 내기까지) 많은 시간을 허락해주었다.

그러나 농담을 심하게 하는 버릇 때문에 모든 사람이 해밍의 일하는 방식을 높이 평가하지는 않았다. 『컴퓨터 역사 연보』에는 해밍에 대한 다음과 같은 평가도 언급되어 있다.

그는 다른 사람의 말을 경청하지 않으면서 자기 할 말만 잔뜩 하는, 함께 일하기 어려운 타입이다.

해밍이 오류 수정에 관심을 갖게 된 것은 신뢰할 수 없는 릴레이 회로 컴퓨터를 다루면서 많은 좌절을 겪었기 때문이다. 주말 내내 실행한 프로그램이 컴퓨터 오류로 실패했다는 사실을 월요일 아침에야 알게 되는 것에 격분한 해밍은, 기계가 스스로 오류를 찾을 수 있는 프로그램을 만들 수 없을까 궁리하기 시작했다.

체크섬의 가장 간단한 형태는 패리티 비트parity bit다. 현대 컴퓨터는 정보를 2진수로 처리한다. 10진수와 달리, 2진수는 0과 1 두 숫자만 사용한다. 또 10진수에서는 어느 자릿수가 오른쪽 수의 10배에 해당하지만, 2진수에서는 2배에 해당한다. 따라서 2진법에서는 오른쪽에서 왼쪽으로 갈 때마다 숫자의 크기가 1, 2, 4, 8, 16배 늘어난다.

예를 들어, 2진수 1011을 10진수로 바꿔보자.

$$(1 \times 8) + (0 \times 4) + (1 \times 2) + (1 \times 1) = 11$$

그러면 10진수 11이 된다.

이런 식으로, 10진수 0부터 15까지를 2진수로 쓰면 다음과 같다.

0, 1, 10, 11, 100, 101, 110, 111, 1000, 1001, 1010, 1011, 1100, 1101, 1110, 1111

이처럼, 10진수 0에서 15까지는 2진수에서 네 자리(비트)로 표시될 수 있다.

패리티 비트는 2진법에서 오류 탐지를 위해 마지막으로 덧붙이는 비트다. 패리티 비트의 값(0 또는 1)은 패리티 비트를 포함해 비트 1의 개수가 짝수가 되도록 한다. 예를 들어 데이터 워드data word(컴퓨터의 회로에 의해 정보의 기본 단위로 저장되고 전송되는 이미 조절된 순서로 배열된 문자의 집합—옮긴이) 0 1 0 0 0 1은 패리티 비트에 0을 덧붙여 다음과 같이 마무리한다.

0 1 0 0 0 1 - 0

즉, 비트 1의 개수를 짝수(2개)로 유지하는 것이다.

체크섬과 마찬가지로, 패리티 비트도 데이터 워드와 함께 전송된다. 수신 컴퓨터는 비트 1의 개수를 세어보기만 하면 오류를 확인할 수 있다. 즉, 비트 1의 개수가 짝수면 오류가 발생하지 않았다고 가정할 수 있다. 만일 비트 1의 개수가 홀수면, 십중팔구 비트 중 하나에 오류가 발생한 것이다. 0이 실수로 1로 뒤집혔거나, 그 반대이거나 둘 중 하나다. 예를 들어 두 번째 비트에 오류가 생겼다면, 다음과 같이 수신될 것이다.

0 |0| 0 0 0 1 - 0

그러면 비트 1의 개수가 홀수가 되기 때문에 오류가 발생했음을 알수 있다.

이런 식으로 한 자릿수 패리티 비트로 하나의 오류를 감지할 수 있다. 그러나 만일 2개의 비트가 오류라면, 패킷은 유효한 것처럼 보인다.

|1| |0| 0 0 0 1 - 0

예를 들어 위처럼 잘못 수신되었다면, 비트 1의 개수가 짝수이므로 맞다고 판단할 수도 있다. 따라서 오류율이 높으면 패리티 비트 자릿수도 늘어나야 한다.

해밍은 1개의 비트 오류를 감지하고 수정하기 위해 복수의 패리티 비트를 사용하는 영리한 방법을 고안했다. 이 방법을 사용하면 모든 패리티 비트가 단어를 구성하는 비트의 절반을 보호할 수 있다. 핵심은 어떤 복수의 패리티 비트도 같은 데이터 비트를 보호하지 않는다는 데 있다. 이러한 방식으로 모든 데이터 비트가 패리티 비트의 고유 조합에 의해 보호되는 것이다. 따라서 오류가 발생하면, 어느 패리티 비트가 영향을 받았는지 찾아 오류 위치를 확인할 수 있다. 오류가 나타난 패리티 비트에 의해 보호되는 데이터 비트는 하나밖에 없기 때문이다.

다음과 같이 11개의 데이터 비트로 구성된 데이터 워드를 전송한다고 가정해보자.

1 0 1 0 1 0 1 0 1 0 1

해밍의 체계에서 11개의 데이터 비트에는 4개의 패리티 비트가 필요하다. 짝수인지 홀수인지 값이 결정되어야 할 패리티 비트가 2의 제곱(1, 2, 4, 8배)이 있는 위치로 데이터 워드에 삽입된다. 따라서, 보호되는 단어는 다음과 같다.

? ? 1 ? 0 1 0 ? 1 0 1 0 1 0 1

여기서 물음표는 패리티 비트의 미래 위치를 나타낸다. 이제 첫 번째 패리티 비트가 홀수 번호 위치(1, 3, 5 등)에 있는 비트를 대상으로 계산된다. 이전과 마찬가지로 패리티 비트의 값이 선택되고, 수신 컴퓨터는 해당 그룹 내에 1이 짝수 개만큼 있는지 확인한다. 확인 결과, 첫 번째 패리티 비트는 1로 설정된다.

① ? ① ? ⓪ 1 ⓪ ? ① 0 ① 0 ① 0 ①

동그라미는 패리티 그룹의 비트를 나타낸다. 그리고 두 번째 패리티 비트는 2진수로 기록될 때 ×2자릿수(2, 3, 6, 7 등) 위치에 1이 있는 비트를 대상으로 계산된다.

1 ⓪① ? 0 ①⓪ ? 1 ⓪① 0 1 ⓪①

세 번째 패리티 비트는 ×4자릿수(4, 5, 6, 7, 12 등) 위치에 1이 있는 비트를 대상으로 계산된다.

1 0 1 ①⓪①⓪ ? 1 0 1 ⓪①⓪①

네 번째 패리티 비트는 ×8자릿수(8, 9, 10, 11 등) 위치에 1이 있는 비트를 대상으로 계산된다.

1 0 1 1 0 1 0 ⓪①⓪①⓪①⓪①

전송 준비가 된 최종 데이터 워드가 완성되었다. 이제 보호된 데이터 워드의 비트 위치 3에서 오류가 발생한다고 가정해보자.

1 0 ⓪ 1 0 1 0 0 1 0 1 0 1 0 1 0 1

수신 컴퓨터는 다음 4개의 패리티 그룹에 1이 몇 개 있는지 세어서 단어를 검사한다.

① 0 ⓪ 1 ⓪ 1 ⓪ 0 ① 0 ① 0 ① 0 ① = 1이 5개
1 ⓪⓪ 1 0 ①⓪ 0 1 ⓪① 0 1 ⓪① = 1이 3개
1 0 0 ①⓪①⓪ 0 1 0 1 ⓪①⓪① = 1이 4개
1 0 0 1 0 1 0 ⓪①⓪①⓪①⓪① = 1이 4개

컴퓨터는 첫 번째 패리티 그룹과 두 번째 패리티 그룹 모두 오류라고 표시한다(1이 홀수 개이기 때문이다). 반면 세 번째와 네 번째 그룹은 오류가 없다고 표시한다(1이 짝수 개다). 첫 번째 그룹과 두 번째 그룹에는 있으면서 세 번째 그룹과 네 번째 그룹에는 없는 유일한 데이터 비트는 비트 위치 3이다. 따라서 오류는 비트 3에 있는 것이 확실하다. 그 값을 0에서 1로 뒤집으면, 오류는 쉽게 수정된다.

해밍의 알고리즘 덕분에, 송신하는 총 비트의 수를 크게 늘리지 않고도 컴퓨터가 단일 오류를 감지하고 수정할 수 있게 되었다. 앞 예시에서는 패리티 비트 4개가 11개의 데이터 비트를 보호한다. 즉, 비트의 수는 36퍼센트 증가했을 뿐이다(11비트에서 15비트로). 또, 이 코드는 만들고 검사하기가 아주 간단해 컴퓨터 네트워크, 메모리 및 스토리지 시스템에 요구되는 고속 처리에 사용하기에 매우 이상적이다. 현대의 통신 네트워크에서는 완벽한 데이터 전송을 위해 해밍 코드와 기본 체크섬 방식에 더 새롭고 더 복잡한 오류 수정 코드를 가미해 사용하고 있다. 그러니 우리의 은행 잔고가 잘못 기록되어 있을 가능성은 극히 희박하다.

해밍은 벨연구소에서 15년간 근무한 후 다시 교단에 복귀해, 캘리포니아주 몬테레이에 있는 미 해군대학원Naval Postgraduate School에 자리를 잡았다. 그는 1968년에 자신이 개발한 코드와 수치 분석에 대한 다른 연구에 대한 공로로 튜링상을 받았다. 그리고 1998년, 은퇴한 지 한 달 만에 몬테레이에서 세상을 떠났다.

인터넷의 큰 결점 중 하나는 설계에서 보안을 염두에 두지 않았다는 것이다. 인터넷이 출현한 이후 보안을 강화하기 위해 많은 노력이 집중되었지만, 결과는 엇갈렸다. 보안이 문제가 되는 이유 중 하나는 도청자들이 간단한 전자 장치를 사용해 패킷의 경로를 쉽게 읽을 수 있다는 것이다. 오늘날에는 이러한 도청을 피하고자 원하는 수신자만이 원래 텍스트를 복구할 수 있도록 메시지를 변경하는 암호화 기술이 사용되고 있다. 물론 도청자가 변경된 텍스트를 가로챌 수도 있지만, 이미 변환된 메시지는 해독할 수 없다.

20세기 말까지의 암호화 알고리즘은 대화가 시작되기 전에 암호화 방식이 절대적 비밀에 부쳐진다는 시나리오를 전제로 한 것이었다. 사람들은 여왕이 비밀리에 첩자를 만나 일급비밀 암호책을 은밀히 건네는 것을 상상했다. 그러나 그러한 접근 방식은 컴퓨터 네트워크에는 통하지 않는다. 모든 데이터가 취약한 공개 네트워크를 통해 전송되는 상황에서 컴퓨터들이 어떻게 비밀리에 암호책을 교환할 수 있겠는가? 컴퓨터 네트워크라는 무모하고 새로운 세계에서, 암호화는 결코 실현될 것 같지 않았다.

비밀 메시지

암호화는 고대 메소포타미아, 이집트, 그리스, 인도에서도 사용되었다. 대부분의 동기는 군사적 또는 정치적 비밀을 안전하게 전송하는 것이었다. 율리우스 카이사르 또한 중요한 개인 서신을 암호화했는데, 그의 암호는 원본 텍스트의 모든 문자를 대체 문자로 바꾸는 방식이었다. 대체 문자란 원래 알파벳을 일정한 수만큼 위치를 이동시켜 그 자리에 있는 알파벳을 대신 적는 방식의 문자다. 패턴을 더 알아보기 어렵게 만들기 위해, 카이사르는 띄어쓰기를 없애고 모든 글자를 대문자로 바꾸었다. 예를 들어, 'Hail Caesar'에 들어 있는 모든 알파벳의 위치를 한 자리씩 오른쪽으로 이동시킨 후 띄어쓰기를 삭제하고 알파벳을 전부 대문자로 바꾸면, 다음과 같은 암호가 만들어진다.

Hail Caesar
→ IBJMDBFTBR

이때 한 자리 이동은 알파벳이 끝나면 다시 처음으로 되돌아오므로, 마지막 알파벳인 Z는 A가 된다.

이처럼 암호화된 메시지, 즉 암호문이 수신자에게 보내지면, 수신자는 모든 문자를 알파벳순으로 한 자리씩 왼쪽으로 이동시켜 원래 메시지, 즉 평문 텍스트로 복구한다. B를 A로, F를 E로 복원해 'IBJMDBFT-BR'를 'HAILCAESAR'라는 메시지로 다시 바꾸는 것이다. 자연어의 패턴 덕분에 생략된 띄어쓰기도 쉽게 추론할 수 있다.

카이사르의 암호문 같은 전통적인 암호화 방법은 알고리즘과 키에 의존한다. 여기서 키는 암호화와 해독을 성공적으로 하기 위한 필수적인 정보를 말한다. 카이사르의 암호문에서 키는 한 자리 이동이다. 알고리즘과 키는 발신자와 수신자 모두가 알고 있어야 하며, 이 경우 보안은 키를 비밀로 유지하느냐에 달려 있다.

그러나 어떤 암호화 방식도 완벽하지 않다. 충분한 시간만 주어진다면 영리한 공격으로 대부분의 암호를 풀 수 있다. 카이사르의 암호문은 빈도 해석frequency analysis을 통해 풀 수 있다. 공격자attacker(암호를 풀려는 자)는 암호 텍스트에서 각 알파벳 문자가 발생하는 횟수를 센다. 영어에서는 E가 가장 흔한 문자이므로, 가장 흔하게 나오는 알파벳은 모음 E의 대체 문자일 가능성이 크다. 이후 한 자리 이동이라는 키를 파악하면 전체 메시지를 쉽게 해독할 수 있다.

이처럼 거의 모든 코드는 취약성을 가지고 있다. 따라서 관건은 암호를 해독하는 데 시간이 얼마나 걸리느냐다. 만일 해독에 허용할 수 없을 만큼 오랜 시간이 걸린다면, 그 암호문은 실질적으로 안전하게 보호되었다고 말할 수 있다.

그러나 컴퓨터 네트워크에서 키를 배포하는 일은 쉽지 않다. 키를 전달하는 유일하게 편리한 방법은 네트워크를 통하는 것인데, 네트워크 자체가 도청으로부터 안전하지 않기 때문이다. 그러니 인터넷을 통해 비밀 키를 보내는 것은 비밀 키를 공개하는 것과 다르지 않다. 송신자와 수신자가 주고받는 모든 것이 공개되는데 어떻게 보안 키에 대해 동의할 수 있단 말인가? 바로 이 문제가 '키 배포 문제Key Distribution Problem'라는 이름으로 대두되기 시작했다. 이에 대한 해결책의 첫 번째 희미한 빛은 1970년대 초, 스탠퍼드대학교의 한 연구 그룹에서 나왔다.

마틴 헬먼Martin Hellman(1945~)은 1945년 뉴욕에서 태어났다. 그는 뉴욕대학교에서 전기공학을 공부한 후 스탠퍼드대학교에서 이학석사와 박사학위를 받았다. 그리고 졸업 후 IBM과 MIT를 거쳐 1971년, 모교인 스탠퍼드대학교의 조교수가 되었다. 동료들의 조언에도 불구하고, 헬먼은 키 배포 문제를 연구하기 시작했다. 사람들은 인력 자원이 풍부한 미국 국가안보국NSA도 찾지 못한 새로운 답을 찾는 것은 무모한 짓이라며 만류했다. 그러나 다른 사람들과 다르게 행동하고 싶었던 그는 동요하지 않았다. 1974년, 헬먼은 위트필드 디피Whitfield Diffie(1944~)가 주도한 해결책 찾기 프로젝트에 합류했다.

7 인터넷

1944년에 워싱턴 D. C.에서 태어난 디피는 MIT에서 수학 학위를 받았고, 졸업 후에는 비영리기관인 마이터 코퍼레이션MITRE Corporation과 모교에서 프로그래머 일을 했다. 하지만 그의 머릿속에는 암호학 생각밖에 없었다. 마침내 그는 키 배포 문제에 관한 독자적인 연구에 나섰다. 그리고 뉴욕 북부에 있는 IBM의 토마스 J. 왓슨연구소Thomas J. Watson Laboratory를 방문했을 때, 스탠퍼드에서 헬먼이라는 사람이 자신과 비슷한 연구를 하고 있다는 얘기를 들었다. 디피는 자신과 같은 열정을 가진 남자를 만나기 위해 미대륙을 가로질렀다. 약 8,000킬로미터를 직접 운전해서 간 것이다. 30분 정도로 예상했던 만남은 밤까지 길게 이어졌고, 둘 사이에는 유대감이 형성되었다.

이 2인조에 박사과정 학생인 랄프 머클Ralph Merkle(1952~)이 합류했다. 1952년생인 머클은 캘리포니아대학교 버클리 학부생 시절부터 키 배포 문제에 대한 혁신적인 접근 방법을 생각해낸 비상한 사람이었다.

마침내 1976년, 디피와 헬먼은 공개 키 교환을 위한 최초의 실용적인 알고리즘을 설명하는 논문을 발표했다.[4] 이 논문은 암호학에 혁명을 일으켰다. 모든 키는 비공개여야 한다는 그동안의 신화를 깨뜨리는 내용이 담겨 있었기 때문이다. '공개 키 암호화'라는, 완전히 새로운 형태의 코딩이 탄생한 것이다.

디피-헬먼-머클의 키 교환 방식은 송신자와 수신자가 공개 메시지를 통해 비밀 키를 설정할 수 있음을 보여주었다. 하지만 약간의 문제가 있었다. 이 방법을 사용하려면 사전에 여러 차례 메시지를 교환하고 처리해야 했다. 그래서 네트워크에서 사용하기에는 적합하지 않은 것처럼 보였다. 그러나 그들은 논문에 대안을 함께 제시했다.

기존 암호화 알고리즘은 대칭 키를 사용하는데, 이것은 암호화와 암호 해독에 같은 키가 사용된다는 의미다. 대칭 암호화의 단점은 항상 키에 대한 비밀이 지켜져야 한다는 것이다. 사실, 이는 키 배포 문제가 발생하는 근본적인 이유이기도 하다.

공개 키 암호화는 암호화와 해독에 각기 다른 두 가지 비대칭 키를 사용한다. 이때, 두 키가 쌍을 이루려면 두 가지 요구사항을 충족해야 한다. 첫째, 두 키는 암호화와 해독이라는 서로의 쌍으로서 성공적으로 작동해야 한다. 즉, 한 키로 암호화를 하면, 다른 키로 해독을 하고 원래 메시지를 복원할 수 있어야 한다. 둘째, 암호화 키 쪽에서 해독 키를 알 수 없어야 한다. 여기에 공개 키 암호화의 묘미가 있다. 암호화 키 쪽에서 해독 키를 알 수 없다면, 암호화 키를 공개해도 아무런 문제가 되지

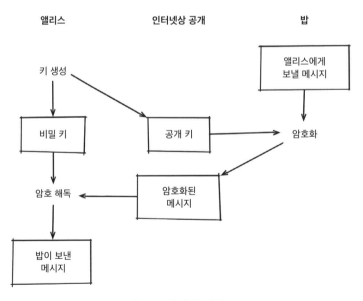

그림 7.6 공개 키 암호화 과정.

않는다. 해독 키만 비밀로 유지하면 되니 말이다. 그러므로 누구나 공개 암호화 키를 사용해 개인 키 홀더로 비밀 메시지를 보낼 수 있다. 해독 키를 가진 수신자만 메시지를 해독하고 읽을 수 있기 때문이다.

예를 들어 앨리스[5]가 암호화된 메시지를 수신하고 싶어 한다고 가정해보자(그림 7.6). 먼저 앨리스는 키 생성 알고리즘으로 비대칭 키 쌍을 만든다. 그가 만든 해독 키는 오직 그만 가지고 있다. 이제 앨리스는 암호화 키를 인터넷상에 공개한다. 밥이 앨리스에게 비밀 메시지를 보내려고 할 경우, 그는 앨리스의 인터넷 게시물에서 앨리스가 만든 암호화 키를 볼 수 있다. 밥은 이 암호화 키를 사용해 메시지를 암호화하고, 생성한 암호문을 앨리스에게 보낸다. 그러면 앨리스는 그 메시지를 수신한 후, 자신만 알고 있는 해독 키를 사용해 암호문을 해독한다. 이를 정리하면 다음과 같다.

앨리스는 암호화 키와 암호 해독 키 쌍을 생성시킨다.
암호 해독 키는 앨리스만 알고 있다.
앨리스는 암호화 키를 공개한다.
밥은 앨리스의 공개 암호화 키를 사용해 메시지를 암호화한다.
밥은 앨리스에게 암호화된 메시지를 보낸다.
앨리스는 자신만 알고 있는 비밀 암호 해독 키를 사용해 암호화된 메시지를 해독한다.

이 방식은 한 가지 조건만 충족하면 멋지게 작동한다. 바로 공개 암호화 키에서 암호 해독 키를 확인할 수 없어야 한다는 것이다. 여기에 어려움이 있다. 암호화 키에서 암호 해독 키를 알아낼 수 없게 하려면 그 비대칭 키를 생성하는 방법을 아는 사람이 아무도 없어야 한다. 이를 위해서는 출력으로부터 입력을 쉽게 추론할 수 없는 연산인 일방 함수one-way function가 필요하다. 그래야만 그 출력이 공개 암호화 키의 기초가 될 수 있고, 입력은 개인 해독 키의 기초가 될 수 있다. 계산을 되돌릴 방법은 없다. 공격자도 암호 해독 키를 찾을 수 없는 것이다.

디피와 헬먼의 논문은 공개 키 암호화에 대해 설명했지만, 일방 함수에 대해서는 설명하지 못했다. 즉 그들은 새로운 개념을 제시했으나 그것을 작동시킬 방법까지는 찾지 못했다.

MIT의 컴퓨터과학연구소에서 일하던 로널드 라이베스트Ronald Rivest(1947~)는 디피와 헬먼의 논문을 읽고 매우 흥분했다. 그리고 곧바로 이에 적용할 수 있는 일방 함수, 즉 공개 키 암호화를 풀 수 있는 함수를 찾는 작업에 착수했다. 라이베스트는 친구 아디 샤미르Adi Shamir(1952~)와 동료 레오나르드 애들먼Leonard Adleman(1945~)에게 도움을 청했다. 세 사람 모두 수학 학사에 컴퓨터과학 박사학위를 받은 인재들이었다. 1947년생인 라이베스트는 뉴욕주 출신이었고, 1952년생 아디 샤미르는 이스라엘 텔아비브 출신이었고, 애들먼은 1945년에 태어나 샌프란시스코에서 자랐다. 즉석에서 조성된 이 팀은 일방 함수에 대한 아이디어를 찾느라 1년을 보냈지만, 애써 생각해낸 아이디어마다 '진정한 일방'이 아니어서 폐기해야 했다. 일방 함수란 존재하지 않는 것 같았다.

1977년의 유월절Passover(이스라엘 민족의 출애굽을 기념하는 유대교 축제일―옮긴이)을 3인조 중 한 친구의 집에서 보내고 돌아온 라이베스트는 잠을 이루지 못했다. 일방 함수 생각이 머릿속을 떠나지 않았기 때문이다. 그는 몸을 뒤척이다가 작동할 것 같은 새로운 함수에 대한 생각이 문득 떠올랐고, 날이 밝기 전에 모든 것을 적었다. 다음 날, 라이베스트는 늘 그래왔듯이 애들먼에게 자신이 생각한 함수에 결함이 있는지 확인해달라고 부탁했다. 그런데 신기하게도, 애들먼은 결함을 찾아낼 수 없었다. 이번 방법은 어떤 공격에도 뚫리지 않을 것 같았다. 마침내 일방 함수를 발견한 것이다. 그해 말, 라이베스트·샤미르·애들먼의 키 생성 알고리즘이 발표되었다. 이 알고리즘은 이들의 이름 첫 자를 딴 'RSA 알고리즘'이라는 이름으로 빠르게 알려졌다. 오늘날, RSA 알고리즘은 인터넷상에서의 암호화의 초석으로 불리고 있다.

RSA 암호화 및 해독 체계는 매우 간단하다. 암호화 키는 계수와 암호화 지수라는 2개의 숫자로 구성된다. 해독 키도 2개의 숫자(소수)로 구성되는데, 하나는 암호화 키에 사용된 계수와 같은 수지만 다른 하나는 암호화 지수와는 다른, 해독에만 사용되는 지수다.

원래 텍스트 메시지가 우선 일련의 숫자로 변환되고, 그 숫자들에 다음과 같이 암호화가 적용된다.

입력한 수의 암호화 지수 제곱근의 값을 계산하시오.
이 숫자를 계수로 나눈 후의 나머짓값을 계산하시오.
나머짓값을 출력한다.

해독 방법:
받은 숫자의 해독 지수 제곱근의 값을 계산하시오.
이 숫자를 계수로 나눈 후의 나머짓값을 계산하시오.

나머짓값을 출력한다.

예를 들어 암호화 키가 (33,7)이고, 메시지가 4, 암호 해독 키가 (33, 3)이라고 가정하자. 4의 7제곱근을 계산하면 16,384가 된다. 16,384를 33으로 나눴을 때의 나머짓값은 16이다. 이것이 바로 암호문이다.

16이라는 암호문을 해독하려면 먼저 16의 3제곱근을 계산해 4,096이라는 값을 도출한다. 이 숫자를 33으로 나눈 후의 나머짓값은 4다. 이렇게 출력된 4가 원본 메시지인 것이다.

도대체 이 체계가 어떻게 작동하는 것일까? 그 과정은 시계 산수clock arithmetic로 풀이된다. 여러분도 마치 자처럼 숫자를 일렬로 표시한 가상의 선인 수직선에 대해 들어보았을 것이다. 수직선은 0에서 시작해 무한대까지 이어진다. 이 선에 33개의 숫자(0에서 32까지)만 있다고 생각해보자. 선을 둥글게 감으면, 0에서 32까지의 숫자가 표시된 구식 벽시계와 비슷하게 보일 것이다.

이제 0부터 시계 방향으로 숫자를 세어나간다고 생각해보자. 32에 도달하면 다시 0, 1, 2로 돌아간다. 계속 시계 방향으로 도는 것이다.

시계 산수는 나머지 연산의 실행값을 잘 보여준다. 34를 33으로 나누면 나머지가 1이 된다. 이것은 시계 방향으로 한 바퀴 돌고 나서 한 걸음 더 가는 것과 같다.

이 예시에서 암호화는 시곗바늘을 시계 방향으로 16,384바퀴 돌리는 것이다. 그러면 시곗바늘은 16을 가리키고, 이것이 암호문이 된다. 암호 해독은 0에서 시작해 시곗바늘을 시계 방향으로 4,096바퀴 돌리는 것이고, 시계는 4를 가리키며, 이것이 원래 메시지가 된다.

암호화와 암호 해독 키는 상호 보완적이다. 키의 쌍을 이루는 숫자는 한 지수가 다른 지수의 실행값을 원상태로 돌릴 수 있는 것으로 선택된다. 시곗바늘이 몇 바퀴 도는지는 중요하지 않다. 중요한 것은 최종적으로 바늘이 가리키는 숫자다.

키의 쌍을 이루는 숫자는 RSA 키 생성 알고리즘을 통해 생성된다. 이것이 RSA 암호화의 핵심이다. 첫 두 단계에 일방 함수가 들어 있다.

값이 비슷한 2개의 큰 소수를 선택하시오.

두 수를 곱해 계수를 구하시오.

두 소수에서 각각 1을 빼시오.

1을 뺀 두 수를 곱해 토션트값[6]을 구하시오.

1과 토션트값 사이의 소수를 암호화 지수로 선택하시오.

다음 단계를 반복하시오.

　상숫값을 선택하시오.

　상숫값에 토션트값을 곱한 값에 1을 더한 값을 구하시오.

　이 숫자를 암호화 지수로 나눈 값을 구하시오.

결과가 정수이면 반복을 멈추시오.

암호 해독 지수를 그 정수와 같게 하시오.

암호화 키(계수와 암호화 지수)를 출력한다.

암호 해독 키(계수와 암호 해독 지수)를 출력한다.

이 알고리즘은 복잡하니, 예를 들어 설명해보겠다. 2개의 소수를 3과 11이라고 가정해보자. 공격으로부터 안전하기에는 너무 작은 수들이지만, 당분간은 괜찮을 것이다. 두 수를 곱한 계수는 $3 \times 11 = 33$이다. 두 소수에서 1을 뺀 값을 곱한 토션트$_{totient}$(1과 n 사이에서 n과 서로소인 수의 개수—옮긴이)값은 $(3-1) \times (11-1) = 20$이다. 1과 토션트값 사이의 소수는 7이므로, 암호화 지수로 7을 선택한다. 상숫값을 1이라고 하면, $1+1 \times 20 = 21$이 나온다. 21을 암호화 지수 7로 나누어 구한 값 3이 암호 해독 지수가 된다. 따라서 암호화 키는 (33,7)이 되고, 암호 해독 키는 (33,3)이 된다.

이 키의 쌍을 공격하려면 계수를 구하기 위해 서로 곱한 처음 2개의 소수를 찾아야 하는데, 이 숫자들은 여러 차례의 곱셈을 통해 위장되었다. 예시에서는 이해를 돕기 위해 작은 수를 사용했지만, 큰 숫자를 사용하면 계수를 구하기 위해 서로 곱할 수 있는 소수의 쌍이 매우 많아진다. 공격자가 코드를 해독하려면 엄청나게 많은 소수를 테스트해야 할 것이다. 따라서 계수가 크면, 무차별 억지 검색으로 처음의 소수를 찾는 데 엄청난 시간이 소요된다.

키 생성 알고리즘에서 암호화와 암호 해독이 상호 보완이 되도록 하는 것은 다른 단계에서 이루어진다. 즉, 0과 계수 사이의 모든 값에서 암호 해독 키가 암호화 키를 원상태로 복구시킨다.

『사이언티픽 아메리칸』은 1977년에 RSA 알고리즘을 일반 독자들에게 소개하며, 암호화 키가 주어진 상태에서 RSA 암호문을 해독하는 문제를 내고 100달러의 상금을 내걸었다. 계수는 129자리나 되는 엄청나게 큰 숫자였다. 이 암호를 푸는 데는 17년이 걸렸다. 우승 팀은 여가 시간에 컴퓨터를 즐기는 전 세계 자원봉사자 600명으로 구성된 팀이었다. 그러나 17년 만에 밝혀진 원본 메시지는 전혀 감동적이지 않은 문장인 것으로 드러났다.

마법의 주문은 까탈스러운 수염수리입니다.

수염수리는 수염을 기른 독수리다. 100달러의 상금은 1인당 고작 16센트씩 돌아갔다. 하지만 이 암호를 푸는 과정에서 한 가지 중요한 사실이 입증되었다. RSA가 '거의 완벽한' 암호화 기술이라는 것이다.

오늘날 공개 키 암호는 월드 와이드 웹World Wide Web의 보안소켓계 층Secure Socket Layer, SLL에 내장되어 있다. 웹사이트 주소 앞에 'https:'가 있으면 컴퓨터가 SLL을 사용하고 있고, RSA 알고리즘이 원격 서버와 통신하고 있는 것이다. 최근 집계에 따르면, 웹사이트 트래픽의 70퍼센트가 SSL을 사용하고 있는 것으로 나타났다. 그러나 최근 몇 년간은 최신 슈퍼컴퓨터에 의해 암호문이 뚫리는 것을 막기 위해 키의 길이를 더 늘려야만 했다. 오늘날 일반적으로 사용되는 키는 2,048비트(617자리) 이상이다.

또, 학자들은 RSA 알고리즘을 부정하는 자들이 틀렸다는 것을 증명했다. 미국의 사이버 정보기관은 자신들이 벌인 게임에서 패배할지도 모르는 상황에 처했다. 적어도 그때까지는 그랬다. 그런데 RSA에 대한 인식이 확산되는 상황에서, 미국 국가안보국의 수장이 정보 업계에서는 공개 키 암호화에 대해 이미 훨씬 전부터 알고 있었다고 공언했다. 그의 발언은 많은 사람이 눈썹을 찌푸리게 만들었다. 이 주장은 사실일까, 허세일까? 아니면 그냥 단순한 거짓말일까?

국가안보국장의 발언은 디피의 호기심을 자극했다. 그는 자체 조사에 착수했고, 마침내 그런 주장의 근원으로 보이는, 대서양 건너 영국의 전자 정보 및 보안기관인 정보통신본부GCHQ까지 조사하기에 이르렀다. GCHQ는 제2차 세계대전 때 블레츨리파크에서 암호 해독 작업을 감독한 바로 그 기관이다.

디피는 수소문 끝에 클리포드 콕스Clifford Cocks(1950~)와 제임스 엘리스James Ellis(1924~1997)라는 이름을 알아냈다. 1982년, 그는 영국 서부 도시 첼트넘Cheltenham의 술집에서 엘리스와 만나기로 했다. 마지막 순간까지 GCHQ의 충복이었던 엘리스가 남긴 유일한 힌트는 다음의 암호 같은 말뿐이었다.

그 일에 관해 당신은 우리보다 훨씬 더 많은 일을 했소.

1997년, 마침내 진실이 밝혀졌다. GCHQ의 콕스와 엘리스 그리고 또 한 사람, 말콤 윌리엄슨Malcolm Williamson이 일련의 서류들을 공개했는데, 그 서류 중에는 엘리스가 GCHQ에서 발생한 사건들의 역사를 쓴 문서도 포함되어 있었다. 그 문서에서 엘리스는 디피-헬먼-머클의 공개 키 암호화의 '재발견'이라는 표현을 쓰고 있었다.

1970년대 초, 전문 엔지니어인 제임스 엘리스도 공개 키 암호화에 대한 아이디어를 생각했다. 그는 자신이 생각한 기술을 '비기밀 암호화non-secret encryption'라고 불렀다. 하지만 그는 만족할 만한 일방 함수를 찾지 못했다.

마침, 클리포드 콕스가 동료 닉 패터슨Nick Patterson과 차를 마시다가 우연히 엘리스의 연구에 대해 듣게 되었다. 옥스퍼드와 케임브리지에서 수학을 공부한 콕스는 그날 저녁, 빈둥거리고 있는 자신을 발견하고는 일방 암호화 문제를 연구하기로 결심했다. 그리고 놀랍게도, 그날 저녁에 그 문제의 실마리를 찾았다. RSA 팀과 마찬가지로 콕스도 2개의 큰 소수를 곱한다는 점에 착안했다. 이때만 해도 라이베스트, 샤미르, 애들먼 3인조보다 4년이나 앞선 시점이었다. 콕스는 내부 문서의 형태로 그 아이디어를 GCHQ 내에서 회람시켰다. 말콤 윌리엄슨이 그 회람을 보았고, 몇 달 후 키 교환에서 누락된 부분을 추가했다.

GCHQ의 내로라하는 암호 해독가들도 엘리스, 콕스, 윌리엄슨이 발견한 획기적 방법에서 오류를 찾을 수 없었다. 그러나 조직 고위층에서는 여전히 이를 확신하지 못했다. 결국 이들의 비기밀 암호화는 GCHQ의 사무실 서랍 속에 파묻혀버렸다. 이들은 공무상 비밀 엄수법에 재갈이 물린 나머지 함부로 말을 꺼낼 수도 없었다. 그들은 스탠퍼드팀과 MIT팀들이 개가를 올리는 것을 지켜볼 수밖에 없었다. 엘리스는 결국 대중의 인정이라는 소원을 성취하지 못했다. 그는 자신의 문서에 대한 언급 금지령이 해제되기 몇 주 전에 세상을 떠났다.

라이베스트, 샤미르 그리고 애들먼은 2002년에 ACM 튜링상을 수상했다. 디피와 헬먼은 한참 뒤인 2015년에 수상의 영예를 안았다. 그동안에도 인터넷은 성장하고 또 성장했다. 1985년 무렵까지만 해도 인터넷에는 고작 2,000개의 호스트가 있었다. 심지어 대부분은 학계 소유였다. 데이터 전송 자체에는 별문제가 없었지만, 1980년대의 네트워킹 프로그램은 아직 그다지 매력적이지 못했다. 사용자 인터페이스는 텍스트 위주에 흑백이었고, 사용하기도 번거로웠다. 더 많은 애호가에게 다가가기 위해서는 컴퓨팅의 변신이 필요했다.

8

구글 검색

메멕스Memex는 개인이 모든 책, 기록, 통신을 저장하는 장치로, 엄청난 속도와 유연성으로 정보를 찾을 수 있는 완전 기계화의 개념이다.
메멕스의 본질적 특징으로 즉시 다른 항목을 선택하기 위한 원인을 제공하는 조항이 될 수 있다는 새로운 인덱싱 개념(하이퍼텍스트)이다.[1]

바네바 부시 Vannevar Bush
『디 애틀랜틱 The Atlantic』(1945)에서

1970년대가 되자 비로소 과학연구소, 대학, 대기업에 소위 '소형 컴퓨터minicomputer'가 보급되기 시작했다. 소형이라고는 하지만, 이 컴퓨터들은 높이와 몸체 둘레가 전형적인 미국식 냉장고만 한 크기였으며, 이전의 중앙 컴퓨터보다는 훨씬 저렴했지만 그래도 쉽게 구매할 수 있는 가격은 아니었다. 또한 대규모 데이터 처리에는 효과적이었지만, 여전히 사용자 친화적인 기계라고는 할 수 없었다. 사용자 단말기는 흑백 모니터와 두툼한 키보드로 구성되었다. 검은 바탕 위에 고정된 격자 형태의 빛으로 녹색 글자와 숫자가 표시되었다. 그리고 불가사의한 명령어를 입력해야만 작동했다.

1976년, 스티브 잡스Steve Jobs와 (1955~2011) 스티브 워즈니악(1950~) Steve Wozniak이라는 두 캘리포니아 젊은이가 조립되어 있는 마이크로 컴퓨터 '애플 I'을 최초로 선보였다. 상업용 컴퓨터가 비로소 '책상 위에 올려놓을 수 있을 정도desktop'로 충분히 작아진 것이다. 더 좋은 소식은 이 애플 I이라는 컴퓨터가 큰 조직이 아닌 개인 차원에서 구입하고 사용할 수 있을 만큼 충분히 저렴했다는 것이다. 비록 시장은 무관심했지만 말이다. 애플은 이듬해에 업그레이드된 제품(애플 II)도 내놓았다. 그러나 작은 하드웨어에도 불구하고, 비지캘크VisiCalc가 나오기 전까지 애플 컴퓨터의 판매는 저조했다.

비지캘크는 세계 최초의 상업용 스프레드시트 프로그램이다. 사람들은 이 프로그램 덕분에 텍스트, 숫자, 공식 등을 화면상의 표에 입력할 수 있게 되었다. 그 비결은 스프레드시트에 숫자를 입력할 때 비지캘크가 해당 공식에서 지정한 계산을 자동으로 수행한다는 데 있었다. 따라서 사용자는 여러 가지 계산을 하기 위해 프로그램을 따로 작성할 필요가 없었다. 기업 사용자들은 IT 부서에 의존하지 않고도 자신들의 판매 실적을 활용할 수 있게 되었다. 비지캘크의 장점을 깨달은 사람들은 비지캘크를 사용할 수 있다는 이유만으로 애플 II를 구매했다. 데스크톱 컴퓨터 시장은 급성장하기 시작했다.

IBM이 뒤늦게 이 혁신에 동참했다. IBM은 DEC와 함께 이미 소형 컴퓨터를 판매하고 있었는데, 결국 1981년에 자체 모델인 '개인용 컴퓨터Personal Computer'를 출시한 것이다. IBM PC는 회사가 보유하고 있는 방대한 판매망을 통해 상업적으로 큰 성공을 거두었다.

3년 후, 애플은 다시 한번 IBM을 앞서나갔다. 저렴한 데스크톱 컴퓨터용 GUI를 최초로 출시한 것이다. 매력적인 디자인으로도 유명한 애플의 매킨토시 컴퓨터는 고해상도 화면의 제품에 키보드와 당시로써는 혁신적이었던 마우스까지 세트로 공급했다. 복잡하고 어려운 명령어 대신 마우스로 아이콘과 메뉴를 클릭해 컴퓨터를 제어할 수 있게 한 것이다. 덕분에 조절 창adjustable windows을 통해 여러 개의 프로그램을 동시에 실행할 수 있게 되었다. 마우스는 대히트했다. 이제 텍스트 입력 방식의 명령은 컴퓨터광에게나 필요한 것이 되었다.

애플이 마우스와 GUI를 상용화했지만, 정작 이 기술은 다른 곳에서 발명되었다. 마우스는 SRI의 더글라스 엥겔바트Douglas Engelbart(1925~2013)가 만든 것이고, GUI는 밥 테일러가 재직 중이었던 제록스 PARC에서 만들어졌다. 스티브 잡스는 PARC에서 우연히 GUI 시연회를 보았고, 그것을 자신의 제품에 가져왔다.

매킨토시는 애플을 경쟁의 소용돌이로 밀어넣었다. IBM에 소프트웨어를 공급하던 마이크로소프트MS도 새로 출시한 운영체제인 마이크로소프트 윈도에 GUI를 급히 추가했다. 게다가 IBM PC도 저가 복제품 제조업체들로부터 경쟁 압박을 받기 시작했다. IBM과 애플은 가격 면에서 그들과 경쟁할 수 없었다. 때문에 MS의 윈도를 탑재한 저가 PC 복제품들이 모든 기업의 책상 위를 차지하게 되었다.

GUI 덕분에 데스크톱 컴퓨터로 작업하는 일이 훨씬 더 쉬워지긴 했지만, 네트워크를 통해 데이터에 접근하는 것은 여전히 수고로운 일이었다. 인터넷이 전문가들이 일하는 컴퓨터센터 간 글로벌 연결을 구축했지만, 네트워킹 프로그램에서는 여전히 텍스트 명령을 사용해야 했다. 게다가 모든 원격 접속 시스템(게시판, 라이브러리 카탈로그, 원격 로그인

등)들은 저마다 고유한 명령어들을 가지고 있었다. 그래서 인터넷을 사용하는 것도 결코 쉬운 일이 아니었다. 컴퓨터 간 데이터를 공유할 수 있고 사용하기 쉬운 소프트웨어가 절실히 필요했다. 놀랍게도, 그 해결책은 컴퓨터 산업이 아닌 다른 곳에서 나왔다. 바로 유럽의 입자물리학 실험실이었다.

월드 와이드 웹

팀 버너스리Tim Berners-Lee(1955~)는 1955년 런던에서 태어나 옥스퍼드대학교 물리학과를 졸업했다. 영국의 전기장비회사 페란티Ferranti가 개발한 세계 최초의 상업용 컴퓨터 페란티 마크 I의 프로그래머로 일했던 부모의 뒤를 따라, 버너스리도 전문 소프트웨어 개발자가 되었다. 그는 1980년 CERN에서 6개월 동안 계약직으로 일했는데, 4년 후에 CERN의 컴퓨터 네트워크 설계 작업을 위해 복귀했다.

CERN은 스위스 제네바에 본거지를 두고 있는 유럽 원자력 연구기관이다. 1984년, 버너스리는 느슨하게 연결된 다양한 프로젝트에 종사하는, 1만여 명에 달하는 CERN의 직원, 학생, 방문 연구원 중 한 사람이었다. 당시의 CERN은 수직적인 조직 구조, 기득권층, 온갖 문화와 언어가 혼재된 곳이었다. 그런 환경에서 조정과 의사소통은 거의 불가능했다. 버너스리는 컴퓨터가 네트워크로 연결되어 있다면 매일같이 정보를 공유해야 하는 일에 도움이 될 것이라고 생각했다.

버너스리는 사용자의 데스크톱 컴퓨터에서 다른 서버나 컴퓨터에 저장된 전자 페이지를 원격으로 다운로드하고 볼 수 있도록 한다는 계획을 제안했다. 저장된 전자 페이지들을 데이터 파일로 만들어 인터넷을 통해 전송한다는 아이디어였다. 데이터 파일에는 페이지가 표시되는 방법을 지정하는 텍스트와 특별한 형식 태그가 포함되어 있고, 사용자의 컴퓨터에서 브라우저라는 소프트웨어를 실행하면 소프트웨어가 서버에 있는 원격 페이지를 불러와 화면에 표시한다. 모든 페이지는 파일 이름이 붙은 서버 ID로 구성된 고유의 이름으로 식별되는데, 나중에 여기에 어느 프로토콜을 사용할 것인지를 나타내는 접두사가 추가되었다. 오늘날에는 이 전체 식별자를 페이지의 '표준위치정보확인자uniform resource locator, URL'라고 부른다.

버너스리가 한 제안의 핵심 특징은 페이지에 하이퍼링크가 포함되어 있다는 것이었다. 하이퍼링크는 다른 웹 페이지를 참조할 수 있는 태그가 붙은 텍스트나 이미지를 말한다. 사용자가 이 링크를 선택하면, 브라우저에 자동으로 참조 페이지가 표시된다. 클릭하기만 하면 관련 페이지가 바로 나타나는 것이다. 하이퍼링크는 페이지 간 탐색을 크게 간소화시켰다.

이것은 엄청나게 현대적인 것으로 보였지만, 사실 완전히 새로운 것은 아니었다. 하이퍼링크는 바네바 부시가 1945년에 발표한 '미래의 비전'이라는 기사에서 처음 제안되었다. 네트워크로 연결된 컴퓨터와 소프트웨어가 출현하면서 부시의 추론이 현실화된 것이다.

버너스리와 그의 동료 로베르 카이오Robert Cailliau(1947~)는 그들이 제안하는 시스템을 설명하는 상세한 문서를 발표했다. 둘은 인터넷이 전 세계를 연결한다는 것과 하이퍼링크로 페이지가 연결될 수 있다는 사실을 강조하면서, 이 시스템을 '월드와이드웹'이라고 명명했다(나중에 더 쉽게 읽을 수 있도록 띄어쓰기를 해서 '월드 와이드 웹'이 되었다). 이 문서는 웹 페이지의 파일 형식(허용된 콘텐츠)에 대한 공식적인 정의, 그리고 브라우저와 서버 소프트웨어가 통신하기 위해 사용해야 하는 메시지와 행동 들을 지정하는 프로토콜이라는 두 가지 요소에 대해서도 설명하고 있다.

버너스리는 이 프로젝트의 승인을 받은 지 1년도 채 안 돼 첫 WWW 브라우저와 서버에 사용할 소프트웨어를 완성했다. 1991년 8월 6일, 세계 최초의 웹사이트가 마침내 출범한 것이다. 당시의 원본 페이지는 다음 사이트(info.cern.ch/hypertext/WWW/TheProject.html)에서 지금도 볼 수 있다.

버너스리의 주장에 따라, CERN은 WWW 규격과 소프트웨어를 모두 무료로 공개했다. 그러나 WWW에 대한 세상의 이해는 생각보다 느렸다.

1993년, 일리노이대학교 어바나샴페인 캠퍼스의 마크 앤드리슨Marc Andreessen이 이끄는 팀이 새로운 웹 브라우저를 발표했다. 모자이크Mosaic[2]라는 이름의 브라우저는 버너스리의 서버 소프트웨어와 호환되었지만, 결정적으로 마이크로소프트 윈도에서 실행된다는 장점이 있었다. 당시 윈도 기반 PC는 버너스리가 CERN에서 프로그래밍한 이름 없는 워크스테이션보다 세상에 훨씬 더 많이 알려진 기기였다.

그해 말 무렵, 약 500개의 웹 서버가 온라인으로 연결되었다. 입자물리학과 컴퓨팅 분야만 연결되어 있던 세상에 금융 뉴스, 웹 만화, 영화 데이터베이스, 지도, 웹캠, 잡지, 회사 브로슈어, 레스토랑 광고, 포르노 페이지 들이 참여하기 시작했다.

WWW가 인기를 끌자, 버너스리는 이듬해 CERN을 떠나 월드 와

이드 웹 컨소시엄w3c을 설립했다. W3C는 업계 파트너들과 협력해 WWW를 발전시키고 홍보하는 비영리 단체다. 이 컨소시엄은 지금도 월드 와이드 웹 표준의 수호자 역할을 하고 있다. 버너스리의 이상에 충실하기 위해 WWW 표준 규격은 여전히 무료로 공개되고 있으며, 누구나 이용할 수 있다. 호환되는 웹 브라우저나 서버를 구축하는 데 허가를 구하거나, 로열티를 지불할 필요가 없다.

WWW는 정보를 공유하기 위한 강력하고 사용하기 쉬운 저비용 플랫폼을 전 세계에 제공했다. 그것을 가지고 무엇을 할지 찾아내는 것은 전적으로 웹사이트 개발자들의 몫이다.

아마존의 추천

버너스리가 CERN을 떠난 그해, 월가의 한 투자은행 직원이 놀라운 통계치를 발견했다. 모자이크 브라우저의 인기에 힘입어 웹 사용량이 전년 대비 2,300퍼센트 증가했다는 내용이었다. 말도 안 되는 숫자 같았다. 두 자릿수 증가도 달성하기 어려운데 네 자릿수라니. 그는 웹에서 많은 정보를 찾아보았지만 무엇을 판다는 내용의 정보는 거의 없었다. 확실히, 이곳은 미개척 시장이었다. 문제는 "무엇을 팔 것인가?"였다.

당시의 인터넷은 음악이나 비디오를 스트리밍하기에는 너무 느렸고, 제품 배송은 미국 우체국이나 할 수 있는 일이었다. 온라인 상점은 통신판매 사업과 비슷해 보이지만, 훨씬 더 좋을 것 같았다. 웹을 통해 최신 제품 카탈로그를 보고 고객들이 주문을 하면 되니 말이다. 은행원은 통신판매 상위 20개 업체의 목록을 조사했다. 그리고 웹을 통한 판매 사업으로 책 소매업이 완벽하게 적합하다는 결론을 내렸다. 그는 그렇게 우연히 평생 계속될 기회를 찾았다.

은행원, 제프 베이조스Jeff Bezos(1964~)는 30세의 나이에 DE 쇼 앤 컴퍼니DE Shaw & Company라는 투자은행의 최연소 수석 부사장이 되었다. 그는 뉴멕시코주 앨버커키에서 태어났지만 자란 곳은 텍사스와 플로리다였다. 프린스턴대학교에서 컴퓨터과학과 전기 공학을 공부한 후, 컴퓨터 및 금융 관련 분야에서 일하면서 짧은 시간에 수석 부사장 자리에 오른 것이다.

베이조스는 딜레마에 빠졌다. 웹에서 책을 팔기 위해 몇십만 달러의 연봉을 받는 뉴욕의 일자리를 정리할 것인가? 삶을 변화시킬 의사결정을 하는 데 그가 사용한 알고리즘은 이러했다.

> 나는 80세가 될 때까지 나 자신을 계속 발전시키고 싶었습니다. "그때 가서 내 인생을 되돌아볼 때 후회할 일을 최소화하고 싶다"라고 생각했지요.
> 나는 내가 80살이 되어도 이 일을 시도한 것을 후회하지 않을 것이라고 확신했습니다. 오히려 이 일을 시도하지 않는 것이야말로 내가 가장 후회할 일이 되리라고 생각했지요. 그리고 만약 정말 그랬다면, 그 때문에 매일 괴로워했을 것입니다.

결국 베이조스는 잘나가는 월스트리트의 직장을 그만두고, 실제로 존재하지도 않는 공간(온라인)에 서점을 만드는 일에 착수했다.

인터넷 서점을 시작하려면 두 가지가 필요했다. 컴퓨터 기술을 가진 직원들과 팔아야 할 책이었다. 미국 북서부의 해안 도시 시애틀에는 그 두 가지가 다 있었다. 그 도시에는 마이크로소프트라는 당대 최고의 소프트웨어 회사가 있었고, 동시에 미국에서 가장 큰 서적 유통 업자들의 본거지이기도 했다. 그는 당시 아내 매켄지 베이조스MacKenzie Bezos(1970~)와 함께 텍사스행 비행기에 올랐다. 텍사스에서 아버지에게 차를 빌려 시애틀까지는 자동차로 이동했다. 아내가 핸들을 잡는 동안, 베이조스는 노트북에 사업계획을 기록하고 있었다.

베이조스는 부모님의 노후 대비 저축을 종잣돈 삼아 마련한 시애틀의 방 2개짜리 작은 집에 회사를 차렸다. 그리고 1995년 7월 16일, 마침내 amazon.com이라는 웹사이트가 탄생했다.

매출은 양호했다. 그래서 아마존은 2번가로 진출했다. 그러나 사무실에 공간이 없어서 신입 사원 중 한 명인 그레그 린덴Greg Linden(그림 8.1)은 주방에서 일해야 할 정도였다.

린덴은 워싱턴대학교 휴학 중이었다. 그는 스타트업의 분위기를 좋아했지만, 컴퓨터과학 박사학위를 취득하기 위해 대학으로 돌아갈 작

그림 8.1 아마존의 추천 시스템을 설계한 그레그 린덴. 2000년. (본인 제공)

정이었다. 그러나 한편으로는 아마존이 더 많은 책을 팔 수 있도록 제품 추천 시스템이라는 아이디어를 생각했다. 그는 이 시스템이 아마존 홈페이지를 보는 사람들을 구매자로 전환하는 데 도움이 될 것이라고 확신했다.

제품 추천 시스템은 고객의 구매 결정 패턴을 분석해 고객이 살 가능성이 높은 다른 제품을 추천하는 시스템이다. 예를 들어, 이전에 범죄소설을 구입한 독자들에게 셜록 홈즈 특별판이나 레이먼드 챈들러Raymond Chandler(1888~1959, 미국의 추리 소설가—옮긴이)의 소설을 살 것을 권유하며 유혹하는 식이다.

추천은 본질적으로 광고와 다르지 않지만, 광고보다 훨씬 개인화되어 있다. 즉, 고객 개인의 관심사에 알맞은 것을 권유한다. 린덴은 그런 맞춤형 추천이 기존의 일률적인 광고에 비해 홈페이지 뷰당 판매 건수를 증가시킬 수 있으리라고 생각했다. 사실 추천 엔진은 이미 온라인상의 몇 곳에서 실험적으로 운영되고 있었다. 그러나 그는 아마존이라는 상업적인 환경이 그런 군소 실험적 시도보다 큰 규모의 효과를 낼 것이라고 봤다. 린덴은 자신의 아이디어를 경영진에게 피력했고, 마침내 추천 시스템을 구축하라는 경영진의 승인을 받아냈다.

린덴의 알고리즘은 간단한 직관을 기반으로 한다. 짝을 이루는 제품들이 대개 함께 구매되는 경향이 있다면, 한 제품을 이미 소유하고 있는 고객이 나머지 하나도 구매할 가능성이 클 것이라는 생각 말이다. 물론 그 물건은 원래 쌍으로 구매해야 하는 제품은 아니다. 중요한 것은 고객들이 대개 두 물건을 모두 구입한다는 것이다. 그 이유가 어떤 것이든 상관없다. 같은 저자의 책일 수도 있고, 같은 장르의 책일 수도 있다. 어쩌면 같은 주에서 주관하는 시험 문제집일 수도 있다.

린덴의 알고리즘은 개인이 아마존 웹사이트에서 구매한 모든 내역을 기록한다. 구매자가 결제를 할 때, 알고리즘은 고객의 고유 ID와 구매한 책 제목을 모두 기록에 남긴다. 그리고 나중에 그 고객이 다시 찾아오면 그 고객이 이전에 구입한 모든 목록을 다시 불러내, 그 목록과 새로 나온 책들을 쌍으로 구성한다. 거듭 말하지만, 쌍이 되는 이유는 중요하지 않다.

예를 들어 메리가 『샬롯의 거미줄』을 샀는데, 그가 이전에 『어린 왕자』와 『피노키오』를 구매한 적이 있다고 해보자. 그러면 알고리즘은 다음과 같은 2개의 새로운 쌍을 만들어낸다.

『샬롯의 거미줄』 & 『어린 왕자』
『샬롯의 거미줄』 & 『피노키오』

이 정보는 제품 간 유사성 표를 업데이트하는 데 사용된다. 이 표에는 아마존 웹사이트에 있는 모든 책의 제목이 행과 열에 나열되어 있고, 고객에 의해 쌍(행과 열)으로 구입된 횟수가 기록된다. 이 숫자가 책들이 쌍으로 이루어질 가능성, 즉 유사성 점수similarity score가 된다.

메리가 『샬롯의 거미줄』을 구입하면 2개의 새로운 쌍이 생성된다. 그 결과, 『샬롯의 거미줄』과 『어린 왕자』 간의 유사성 점수와 『샬롯의 거미줄』과 『피노키오』 간의 유사성 점수는 1점씩 늘어난다(표 8.1).

고객이 아마존 웹사이트에 들어오면, 알고리즘은 유사성 표를 사용해 그 고객에게 추천할 목록을 생성한다. 방법은 고객의 구매 내역을 검

	『샬롯의 거미줄』	『어린 왕자』	『피노키오』
『샬롯의 거미줄』	–	4	1
『어린 왕자』	4	–	1
『피노키오』	1	1	–

표 8.1 세 도서 간의 유사성 표. 각 칸의 숫자는 고객들이 책을 구입한 횟수다.

색하는 것으로 시작된다. 먼저 유사성 표에서 그 고객이 과거에 구입한 모든 책의 행과 열을 통해 유사성 점수를 확인한다. 입력 칸이 0이 아닌 모든 행과 열을 검색하고, 점수가 매겨진 입력 칸 열과 행 맨 위에 있는 책 제목을 찾는다. 책 제목과 유사성 점수에 대한 검색이 완료되면, 고객이 이미 구입한 중복 항목(책)은 제거되고 나머지 항목은 유사성 점수 순으로 정렬되어, 점수가 가장 높은 책순으로 고객에게 추천 목록으로 제시된다.

요약하면, 추천 알고리즘은 다음과 같이 작동한다.

유사성 표와 고객의 구매 내역을 입력으로 인식하시오.

빈 목록empty list을 생성하시오.

구매 내역의 모든 항목에 대해 반복하시오.

유사성 표에서 일치하는 행을 찾으시오.

해당 행의 모든 열에 대해 반복하시오.

유사성 점수가 0보다 크면

그러면(then) 일치하는 제목과 점수를 목록에 추가하시오.

행의 끝에서 반복을 멈추시오.

구매 내역의 끝에서 반복을 멈추시오.

목록에서 중복 항목을 제거하시오.

고객이 이미 구입한 책을 제거하시오.

유사성 점수순으로 목록을 정렬하시오.

유사성 점수가 가장 높은 제목을 출력한다.

다른 4명의 고객도『샬롯의 거미줄』과『어린 왕자』를 모두 구매했고, 또 1명의 고객이『샬롯의 거미줄』과『피노키오』를 구매했고, 또 다른 고객 1명이『어린 왕자』와『피노키오』를 구매했다고 가정해보자(표 8.1). 이제 니콜라가 아마존 사이트를 서핑하고 있다. 추천 알고리즘은 그의 구매 내역을 호출해 니콜라가 지금까지『어린 왕자』만 구입했음을 알아낸다. 그다음 유사성 표의『어린 왕자』행을 스캔해 0이 아닌 두 항목, 즉 4와 1을 찾는다. 해당 열의 맨 위에 있는 헤더를 보고, 알고리즘은『샬롯의 거미줄』과『피노키오』가『어린 왕자』와 짝을 이루고 있다는 것을 발견한다.『샬롯의 거미줄』이 유사성 점수(4점)가 더 높으므로, 이 책은 니콜라에게 최고의 추천으로 제시된다. 따라서 니콜라는『피노키오』보다『샬롯의 거미줄』을 살 가능성이 더 크다. 과거에『어린 왕자』와『피노키오』를 모두 구매한 고객보다『어린 왕자』와『샬롯의 거미줄』을 모두 구매한 고객이 더 많았기 때문이다.

추천의 정확도는 데이터 세트의 크기에 따라 크게 향상된다. 제품 유사성 표의 데이터가 많아지고 사용자의 구매 내역이 확장될수록 정확도가 높아지는 것이다. 특히 데이터가 많아지면 편차는 줄어들고, 실제 트렌드가 그 모습을 드러낸다. 충분한 데이터가 축적되면 추천 알고리즘은 놀라울 정도로 정확해진다. 컨설팅 회사 맥켄지의 최근 보고서에 따르면, 아마존 매출의 35퍼센트가 제품 추천에서 나오는 것으로 밝혀졌다.

아마존이 출범한 1995년, WWW에는 4,400만 명의 사용자와 2,300개의 웹사이트가 있었지만, 그다음 해에 사용자는 2배 증가했고, 웹사이트의 수는 10배나 증가했다. 월드 와이드 웹 열풍이 불기 시작한 것이다.

그런데 문제가 생기기 시작했다. 사용자들은 자신이 원하는 정보를 찾기 위해 모든 링크를 일일이 클릭하며 정신없이 웹을 헤매야 했다. 웹페이지의 수가 엄청나게 많아졌기 때문에, 이런 식으로는 원하는 것을 찾기가 쉽지 않았다. 주제별로 WWW의 목록을 만드는 수동 정리 방식의 웹사이트 디렉토리로는 사용자의 요구를 감당할 수 없었다. 온라인에서 자료를 찾는 데 걸리는 시간은 점점 더 늘어났고, 사람들은 좌절감을 느꼈다. 그리고 마법처럼 정확하게 원하는 링크를 찾아내주는 웹사이트를 간절히 원했다.

구글 검색

1995년 봄, 세르게이 브린Sergey Brin(1973~)은 오리엔테이션에서 한 대학원 신입생에게 스탠퍼드대학교를 안내해주라는 요청을 받았다. 21살의 브린은 대학원생 2년 차였다. 모스크바 태생인 브린의 부모는 그가 6살 때 미국으로 이주했다. 브린은 19세에 이미 메릴랜드대학교에서 컴퓨터과학과 수학 학위를 취득했고, 장학금을 받고 스탠퍼드대학원에 입학했다. 그가 안내를 맡은 신입생은 22살의 래리 페이지Larry Page(1973~)

로, 미시간대학교 컴퓨터과학과를 갓 졸업한 학생이었다. 미국 중서부 출신인 페이지는 스탠퍼드의 분위기에 압도당한 나머지, 자신이 대학원에서 퇴짜를 맞지 않을까 걱정했다.

브린과 페이지는 만나자마자 서로를 비호감이라고 생각했다.

> 페이지: 나는 브린이 꽤 불쾌한 사람이라고 생각했어요. 그는 매사에 고집을 부렸는데, 사실은 나 역시 그렇거든요.
> 브린: 우리는 둘 다 서로를 불쾌하게 생각했습니다.

그럼에도 불구하고, 두 사람은 둘 모두 지적 논쟁을 좋아한다는 공통점을 발견했다.

> 우리는 서로 논쟁하며 점점 가까워졌습니다.

덕분에 페이지는 다음 버스로 귀가 조치 당하지 않고 스탠퍼드에서 박사학위 과정을 시작할 수 있었다. 그는 브린과도 잘 어울렸다. 곧 두 사람은 서로 관심 있는 프로젝트에 협력하기 시작했다.

컴퓨터과학 업계 사람들은 모두 WWW가 뜨거운 시장이 되리라는 것을 알았다. 그래서 모자이크를 기반으로 하는 브라우저 넷스케이프Netscape는 이익이 전혀 없었음에도 불구하고, 주식 시장에서 30억 달러 가치로 상장되었다. 이 회사의 유일한 제품은 웹 브라우저였는데, 그들은 그 브라우저를 무료로 배포했다. 넷스케이프의 상장은 월가 닷컴 버블의 전조가 되었다. 회사 웹사이트에 할당되는 URL 확장자에서 이름을 딴 이른바 '닷컴 기업'들이 속속들이 생겨났다. 이 웹 스타트업들은 주식 시장을 열광의 도가니로 몰아넣었다.

페이지는 웹 검색 문제에 꽂혀 있었다. 당시의 웹사이트 디렉토리는 분명히 편리하지 않았다. 먼저 범주를 찾고, 주제, 하부 주제를 알파벳 순에 따라 드릴다운drill down(더 많은 정보를 찾기 위해 관련 텍스트나 아이콘 등을 클릭하여 마치 뚫고 들어가듯이 검색하는 것―옮긴이)하는 작업은 시간이 너무 많이 걸렸다. 그는 그보다는 직접 조회 방식queries이 더 적합하다고 생각했다. 찾고 있는 것을 직접 입력하면, 가장 관련성이 높은 링크가 나타나게 하는 것이다.

문제는 조회하는 단어가 웹사이트 제목과 전혀 일치하지 않는다는 것이었다. 특정 단어를 조회하면 대부분 그것과 관련이 없거나, 질이 떨어지거나, 두 가지에 모두 해당되는 링크가 나왔다. 사용자들은 자신이 찾고자 하는 것을 발견하려고 수많은 쓰레기를 뒤져야만 했다. 페이지는 조회하는 단어와 콘텐츠의 중요성 그리고 관련성이 높은 순서대로 웹 링크를 정렬시키는 것이 이 문제의 핵심임을 깨달았다. 관련성이 높은 순서대로 정확하게 정렬되는 시스템을 만들면, 목록 맨 위에 가장 유용한 링크가 올라오게 될 것이다. 그럼 어떻게 하면 웹사이트의 관련성 순위를 정확히 매길 수 있을까?

래리 페이지는 학술논문의 순위를 매기는 기존의 학술 연구 논문 기반 시스템을 잘 알고 있었다. 연구 논문은 일반적으로 다른 출판물에서 참조 및 인용된 횟수에 따라 순위가 매겨진다. 논문이 자주 언급되거나 인용될수록 그만큼 더 중요한 논문이라는 생각 때문이다. 그는 인터넷의 하이퍼링크가 이와 매우 비슷하다는 것을 깨달았다. 한 페이지와 다른 페이지를 이어주는 하이퍼링크는, 하이퍼링크를 만드는 사람이 링크 페이지가 어떤 면에서 중요하거나 관련이 있다고 생각하고 있음을 나타내는 것이라고 볼 수 있기 때문이다. 그러니 링크 페이지에 연결되는 링크 수를 세는 것이 해당 페이지의 중요도를 평가하는 좋은 방법이 될 수 있다. 이러한 통찰을 바탕으로, 래리 페이지는 웹 페이지의 중요도에 순위를 매기는 알고리즘을 개발했다. 그리고 자신의 이름을 따 그 알고리즘에 페이지랭크PageRank라는 이름을 붙였다.

하지만 페이지랭크는 단순히 연결된 링크 수를 세는 것 이상의 역할을 한다. 이 알고리즘은 연결되는 페이지의 중요도까지 고려하기 때문에, 웹 마스터가 겉으로만 그럴싸한 엉터리 페이지를 만들어 순위를 인위적으로 높이는 것을 막을 수 있다. 순위를 높일 만큼 영향을 미치려면 링크 페이지 자체가 실제로 중요한 것이어야 한다. 그래서 해당 웹사이트 개발자들의 집단 지성을 기반으로 웹 페이지 순위를 매긴다.

페이지랭크는 모든 웹 페이지에 페이지랭크 점수를 부여하는데, 점수가 높을수록 페이지의 중요도가 높다는 뜻이다. 각 페이지에 부여되는 점수는 그 페이지에 링크를 거는(발신) 페이지에 대한 페이지랭크의 가중 점수에 댐핑 항댐핑 項, damping term을 합한 수치다.

링크를 받는(수신) 페이지에 부여되는 페이지랭크의 점수는 다음 세 가지 방법으로 가중된다. 첫째, 링크를 거는 페이지가 점수를 받는 페이지에 링크를 보내는 횟수를 곱한다. 둘째, 이것을 다시 표준화normalized한다. 링크를 거는 페이지가 가진 링크의 수로 나누는 것이다. 많은 링크를 가진 페이지의 하이퍼링크가 적은 링크를 가진 페이지의 하이퍼링크보다 가치가 더 낮기 때문이다. 셋째, 페이지랭크 점수에 댐핑 계수damping factor를 곱한다. 댐핑 계수는 사용자가 링크를 따르지 않고 임의의 페이지로 이동할 수 있다는 사실을 반영한 상숫값(일반적으로 0.85)이다. 이렇게 산출한 댐핑 항은 그 합계에 1댐핑 계수(일반적으로 0.15)를 더함으로써 사용자의 이탈을 보충한다.

페이지랭크는 무작위로 링크를 선택하는 웹 사용자web surfer가 자신이 찾고자 하는 특정 페이지에 도착할 확률로 간주될 수 있다. 이는 어느 페이지에 대한 링크 수가 많아지면, 사용자가 그 페이지에 도착할 가능성이 더 커진다는 것을 의미한다. 그런 링크 페이지에 대한 하이퍼링크가 많아진다는 것 또한 사용자가 해당 페이지에 도착할 가능성이 커진다는 것을 뜻한다. 따라서 페이지랭크의 점수는 해당 페이지에 대한 링크의 수뿐만 아니라, 링크를 거는 페이지의 페이지랭크 점수에도 큰 영향을 받는다. 그러므로 최종 링크 페이지에 대한 페이지랭크 점수는 그 페이지에 링크를 거는 페이지가 얼마나 많으냐에 따라 달라진다. 이런 깔때기 효과funneling effect는 그 체인에 있는 다른 링크들에도 적용된다. 이 복잡한 의존관계 때문에 페이지랭크의 점수를 계산하는 것은 매우 까다롭다. 만약 모든 페이지랭크가 다른 모든 페이지랭크에 상호 종속된다면, 점수 계산을 어떻게 시작할 수 있단 말인가?

페이지랭크 점수를 계산하는 알고리즘은 반복적이다. 맨 처음 페이지랭크 점수는 어느 특정 페이지에 직접 수신되는 링크 수를 수신 링크의 평균값으로 나눈 숫자다. 다음에는 수신 페이지의 페이지랭크 점수 가중치의 합에 댐핑 항을 더한 숫자로 재계산된다. 이렇게 해서 새로운 세트의 페이지랭크가 생성되고, 이 값을 사용해 페이지랭크 점수가 다시 계산되는 것이다. 이 과정이 반복되면서 페이지랭크는 점점 안정된

값에 근접하고, 페이지랭크 점수가 변하지 않으면 반복은 중단된다.

단 5페이지로 구성된 작은 WWW 사이트가 있다고 가정해보자(그림 8.2). 언뜻 보기에는 어느 페이지가 가장 중요한지 판단하기 어렵다. 2개의 페이지(B와 E)에는 3개의 링크가 수신되고 있다. 또 다른 한 페이지(A)에는 2개의 링크가 수신되어 있다. 나머지 두 페이지(C와 D)는 인기가 없어 1개의 링크만 수신되고 있다.

페이지랭크 점수 계산은 페이지 간 링크 수를 보여주는 표를 만드는 것으로 시작된다(표 8.2). 모든 열과 행은 하나의 페이지를 나타낸다. 표의 각 칸에는 행의 페이지가 열의 페이지에 링크한 수가 기록된다. 따라서 행을 가로질러 읽으면 특정 페이지에 대한 발신 링크 수를 알 수 있고, 아래로 내려가며 열을 살펴보면 특정 페이지에 대한 수신 링크 수를 파악할 수 있다.

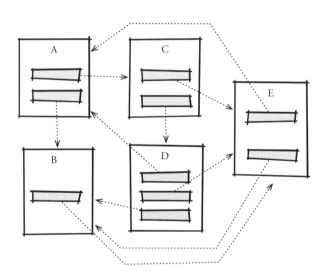

그림 8.2 상호 연결된 5페이지짜리 웹 페이지.

이제 알고리즘은 모든 페이지에 대한 페이지랭크의 점수를 나열하는 두 번째 표를 작성한다(표 8.3). 먼저 페이지랭크의 대략적인 추정치로 표를 채운다. 이 수치는 해당 페이지에 들어오는(수신) 링크 수를 평균 수신 링크 수로 나눈 값이다.

그런 다음 알고리즘은 페이지별로, 즉 페이지랭크 표의 열별로 페이지랭크 점수를 재계산한다. 그리고 링크 표의 각 열별로 페이지랭크 가중 수신 점수를 계산해 각 페이지를 처리한다. 수신 링크의 페이지랭크 점수는 해당 페이지에 대한 현재의 페이지랭크 점수를 조회해서 구한다. 이 값에 페이지로부터 수신되는 링크 수를 곱하고, 그 값을 페이지의 총 발신 링크 수로 나눈다. 그다음 댐핑 계수(0.85)를 곱해 페이지랭

	A에게 발신	B에게 발신	C에게 발신	D에게 발신	E에게 발신	총 발신
A로부터 수신	–	1	1	0	0	2
B로부터 수신	0	–	0	0	1	1
C로부터 수신	0	0	–	1	1	2
D로부터 수신	1	1	0	–	1	3
E로부터 수신	1	1	0	0	–	2
총 수신	2	3	1	1	3	

표 8.2 그림 8.2의 페이지 간 링크 수 표. 총 링크 수도 포함되어 있다.
각 페이지는 자기 자신에게는 연결할 수 없다.

반복	A	B	C	D	E
1	1.00	1.50	0.50	0.50	1.50
5	0.97	1.38	0.56	0.40	1.69

표 8.3 그림 8.2의 최종 페이지랭크 점수 표.

크 가중 점수를 구한다. 이 과정을 수신되는 모든 링크에 대해 수행하는 것이다. 이렇게 산출된 페이지랭크 수신 가중 점수를 모두 합산하고, 거기에 댐핑 항(0.15)을 더한다. 이제 해당 페이지에 대한 새 페이지랭크 점수가 계산되었다. 이 값이 페이지랭크 표에 첨부되는 것이다.

모든 페이지에 대해 페이지랭크 계산이 반복된다. 계산이 끝나면 새 페이지랭크 점수를 이전 점수와 비교하고, 차이가 적으면 계산 과정을 수렴하고 결과를 출력한다. 차이가 크면, 계산을 다시 반복한다(전체 알고리즘은 부록 참조).

예를 들어, 페이지 A의 페이지랭크 점수 계산에서 두 번째 반복을 수행한다고 가정해보자. 페이지 A의 페이지랭크 점수는 수신 링크가 있는 페이지들, 즉 페이지 D와 E의 페이지랭크 가중 점수의 합계다. 페이지 D의 처음 페이지랭크 점수는 0.5다. D에서 A로 발신되는 링크 수는 1이고, D의 전체 발신 링크 수는 3이다. 따라서, A에 대한 D의 페이지랭크 가중 점수는 $0.5 \times 1 \div 3 = 0.167$이다. 마찬가지로, A에 대한 E의 페이지랭크 가중 점수는 $1.5 \times 1 \div 2 = 0.75$다. 여기에 댐핑 항을 더하면, A의 새 페이지랭크 점수는 $0.167 + 0.75 + 0.15 = 1.067$이 된다.

이런 반복 절차를 통해, 알고리즘은 페이지랭크 점수에 모든 웹 페이지의 상호 연결이 반영되도록 점수값을 조절해나간다. 값이 계속 커지면 상호 연결된 페이지가 늘어나고, 값이 작아지면 상호 연결된 페이지가 줄어드는 것이다. 결국, 페이지랭크 점수가 안정된 상태에 머물면서 흐름의 균형을 이룬다고 볼 수 있다.

그림 8.2 사례에서 페이지랭크 점수는 약 5회 반복한 후 수렴되었다. 결과적으로, 페이지 E의 페이지랭크 점수가 가장 높았다. 페이지 E는

페이지 B와 동일한 수의 수신 링크를 가지고 있지만, B보다 점수가 높다. 페이지 B는 발신 링크가 E 하나뿐이기 때문이다. 반면 페이지 E는 발신 링크가 2개다. 그러므로 정상화 과정에서 페이지 B의 페이지랭크 점수가 줄어들었다.

래리 페이지는 자신이 만든 알고리즘을 시험해보기 위해 브린과 스탠퍼드대학교 교수인 라지브 모트와니Rajeev Motwani(1962~2009)와 함께 프로토타입 검색 엔진을 만들었다. 그들은 웹 크롤러web crawler(웹을 자동으로 탐색해 자료를 수집하는 컴퓨터 프로그램—옮긴이)를 사용해 WWW의 전체 요약을 다운로드했다. 웹 크롤러는 마치 서퍼처럼 모든 링크를 따라 WWW를 탐색한다. 그 과정에서 자신이 발견한 모든 웹 페이지의 스냅숏을 보관하며, 수동으로 정리된 몇 개의 URL로 시작해 WWW의 상세 요약을 빠르게 생성한다. 여기에 페이지랭크 알고리즘을 적용해 데이터 세트 결과의 중요도에 따라 점수를 부여한다. 사용자가 검색어를 조회하면, 래리 페이지의 팀이 개발한 '백럽BackRub'이라는 검색 엔진이 상세 요약에서 일치하는 페이지의 제목을 검색하고, 작성된 페이지 목록이 페이지랭크 점수순으로 정렬되어 사용자에게 표시되는 것이다.

처음에 백럽은 스탠퍼드대학교 내에서만 사용되었지만 성능이 굉장히 뛰어나서, 페이지와 브린은 서비스를 확장하기로 결정했다. 그들은 WWW의 더 많은 부분에 색인을 달고 더 많은 수의 동시 검색 조회를 처리하기 위해 컴퓨터를 더 많이 구입했다. 그 후 돌이켜 생각해보니, 백럽이라는 이름이 마음에 들지 않았다. WWW의 미래 규모에 걸맞은 다른 이름이 필요했다. 둘은 10의 100제곱, 즉 1 다음에 0이 100개인 숫자를 의미하는 구골Googol이라는 단어를 생각했다. 그런데 도메인 이름

신청서에 구글을 '구글_{Google}'로 잘못 기재하는 실수를 저질렀다. 그러나 래리 페이지는 구글이라는 단어가 마음에 들었다. '구글'이라는 이름이 탄생하는 순간이었다. 브린은 새 사이트를 상징하는 다색 로고를 만들었다. 1998년 7월 즈음, 구글 검색 엔진은 2,400만 개의 페이지에 색인을 달았다. 이제 구글의 검색 결과는 경쟁사의 추종을 불허할 정도가 되었다. 업계의 신참내기는 대성공을 거둘 준비가 되어 있었다.

같은 해 8월, 브린과 페이지는 앤디 벡톨샤임_{Andy Bechtolsheim}(1955~)을 소개받았다. 둘과 대학교 동문인 벡톨샤임은 이미 성공적인 기술 스타트업을 2개나 공동 설립한 인물이었다. 브린과 페이지는 그에게 구글에 대해 설명했다. 그는 두 청년의 이야기가 마음에 들었고, 바로 그 자리에서 10만 달러짜리 수표를 써서 그들에게 건넸다. 어떤 협상도, 조건도, 평가도 없었다. 단지 자신도 구글의 일부가 되기를 원했을 뿐이었다. 다만, 속으로는 자신의 사업 초창기에 후원자가 자신에게 베푼 은혜를 갚는 것이라고 생각했다. 수표를 움켜쥔 브린과 페이지는 구글이 아직 존재하지 않는다는 사실을 까맣게 잊고 있었다.

다음 해 2월,『PC 매거진』은 신생 구글 검색 엔진에 대해 다음과 같이 보도했다.

매우 관련성 높은 결과를 검색해주는 묘한 재주가 있다.

1년 후, 구글은 벤처캐피털 회사 세쿼이아 캐피털_{Sequoia Capital}과 클라이너 퍼킨스_{Kleiner Perkins}로부터 2,500만 달러의 자금을 지원받았다. 세쿼이아 캐피털과 클라이너 퍼킨스는 예나 지금이나 실리콘밸리의 특별한 존재다. 투자자 명부에 그들의 이름이 올라 있다는 것만으로도 투자한 돈 이상의 가치가 있었다.

이듬해 구글은 애드워즈AdWords(구글이 검색 결과에 특정 웹사이트를 노출하고 광고료를 받는 방식—옮긴이)를 출시했다. 광고주들은 애드워즈를 통해 자신들의 링크가 높은 페이지랭크 점수로 구글 검색 페이지에 뜨게 만들 수 있었다. 연결이 높아진 링크는 페이지랭크 점수가 높아진 결과이므로, 사용자들은 그 결과와 광고를 연계할 수 있게 되었다. 시간이 지날수록 애드워즈가 전통적인 광고 방식보다 훨씬 더 효과적이라는 것이 입증되었다. 애드워즈는 고객들이 적극적으로 찾고 있던 제품을 제공했으므로, 이것은 당연한 결과였다. 기업들은 이 새로운 광고 플랫폼에 몰려들었다. 애드워즈는 무료 웹 검색 사이트를 금광으로 만들었다.

페이지와 브린은 스탠퍼드대학교 명의로 페이지랭크 알고리즘의 특허를 받았다. 구글은 나중에 스탠퍼드대학교에 회사 주식 180만 주를 주고 검색 엔진을 독점적으로 사용할 수 있는 권리를 되찾았다. 스탠퍼드대학교는 구글 주식을 2005년에 3억 3,600만 달러에 팔았다. 이 거래는 아마도 페이지랭크를 역사상 가장 비싼 알고리즘으로 만든 거래가 될 것이다.

닷컴 버블

1995년에 넷스케이프가 상장 시장을 뜨겁게 달군 이후, 웹 스타트업에 대한 투자는 만선을 이뤘다. 당시 투자자들에게 이런 기업들이 얼마나 이익을 내느냐는 중요하지 않았다. 그들의 평가 기준은 오직 그 사이트가 얼마나 많은 사용자를 끌어들이고 있느냐 하는 것뿐이었다. 웹 기업 투자는 마치 다단계 사기 수법 같았다. 결국, 기술주 중심의 나스닥 지수는 1995년에서 2000년 사이에 5배나 뛰었다. 그리고 2000년 3월 10일에 5,048로 정점을 찍더니, 곤두박질치기 시작했다. 2002년 10월 4일, 나스닥 지수는 1995년 시작 수준인 1,139로 떨어지며 기존 가치의 4분의 3 이상을 잃었다. 닷컴 기업들의 몰락은 기술 산업에 큰 타격을 주었다. 수많은 웹 스타트업이 막다른 벽에 부딪혔다. 나스닥이 2000년 의 정점을 회복하기까지는 이후 15년이라는 긴 시간이 걸렸다.

그러나 투기가 판쳤던 닷컴 버블 시기에도 인터넷 사용자는 꾸준히 늘어났다. 살아남은 웹 기업들은 급속히 증가하는 사용자를 기반으로 빠르게 성장했다.

린덴의 제품 추천 알고리즘은 수많은 회사가 따라 할 만큼 인기를 끌었지만, 개발한 장본인인 린덴은 2002년에 아마존을 떠났다. 그는 두 곳의 스타트업과 구글을 거쳐 현재는 마이크로소프트에서 일하고 있다 (2018년 3월에 은퇴했다—옮긴이). 그리고 오늘날, 아마존은 'A부터 Z까지', 즉 모든 것을 판매한다. 2019년에 월마트를 제치고 세계 최대 유통업체 로 올라서기도 했다. 『포브스』에 따르면, 아마존의 설립자이자 CEO인 제프 베이조스는 2018년부터 세계 최고의 부자 자리를 지켜오고 있다. 그의 순 자산은 1,560억 달러로 추산된다.

구글은 2004년에 상장하면서 230억 달러의 회사로 평가받았다. 회 사가 세워진 지 불과 6년밖에 되지 않은 때였다. 2016년, 구글의 모회 사 알파벳Alphabet의 기업 가치는 5,000억 달러에 달했다. 『포브스』에 따 르면 현재 브린과 페이지는 미국 10대 부자에 이름이 올라 있고, 각자 354억 달러의 재산을 보유하고 있다(2020년 기준 페이지가 67억 5,000만 달러로 8위, 브린이 65억 7,000만 달러로 9위—옮긴이).

한편, 팀 버너스리는 그의 업적을 인정받아 2004년에 영국 여왕으로부터 기사 작위를 수여받았다. 2016년에는 ACM 튜링상을 수상하기도 했다. 세계의 부자들을 소개하는 웹사이트 'The Richest'에 따르면, 그의 순자산은 5,000만 달러로 추정된다. 다른 웹 억만장자들의 부에 비하면 적은 재산이다.

2002년 닷컴 버블이 터졌을 때, 전 세계의 인터넷 사용자는 약 5억 명이었다. 웹은 정보, 온라인 쇼핑, 엔터테인먼트 등에 대한 전례 없는 접근을 제공해주었다. 그러나 대학 기숙사에서 학창 생활을 보내고 있던 19살의 한 청년은, 사람들이 정말로 원하는 것은 인터넷을 통한 '수다'라고 생각했다. 이 청년 또한 자신이 가진 통찰력에 많은 노력을 더해 훗날 억만장자가 된다.

9

페이스북과 친구들

이 모든 데이터를 사용하면 반드시 정당한 추론을 이끌어낼 수 있을 거요.

셜록 홈즈가 왓슨 박사에게
『네 개의 서명』(아서 코난 도일, 넥서스, 2005) 중에서

마크 저커버그Mark Zuckerberg(1984~, 그림 9.1)는 1984년, 뉴욕주 화이트 플레인스White Plains에서 태어났다. 그의 아버지는 그가 중학생일 때부터 그에게 프로그래밍을 가르치다, 나중에는 전문 프로그래머까지 고용해 배우게 했다. 고등학생 때 이미 천재로 불리던 저커버그는 항상 아이비리그를 목표로 삼았고, 마침내 하버드대학교에 진학해 컴퓨터과학과 심리학을 복수 전공했다.

저커버그는 코딩에 대한 애정뿐 아니라, 사람들의 행동 방식에도 관심을 가졌다. 그는 사람들 대부분이 다른 사람이 하는 일에 관심이 많다는 사실을 일찌감치 깨달았다. 실제로 그런 사소한 행동들이 일상적인

그림 9.1 페이스북 공동 창업자 마크 저커버그. 2012년.
(출처: https://commons.wiki-media.org/w/index.php?curid=72122211, JD 라시카 제공)

잡담, 영향력 있는 사람의 일대기, 연예인 문화, 리얼리티 TV 쇼의 단골 소재가 되었기 때문이다. 그는 하버드대학교에서 다른 사람들과 연결되고 그들과 상호 작용하려는 인간의 기본 욕구를 채워줄 수 있는 소프트웨어를 실험하기 시작했다.

저커버그는 웹사이트를 만들고 '페이스매시Facemash'라는 이름을 붙였다. 페이스매시는 'Hot Or Not'이라는 기존의 사이트를 모델로 한 것으로, 두 사이트 모두 남학생 2명 또는 여학생 2명의 이미지를 나란히 보여주며 사용자에게 둘 중 더 매력적인 사람을 고르라고 제안했다. 페이스매시의 경우, 이 투표를 집계해 순위를 매겨 '가장 인기 있는' 학생 목록을 사이트에 게시했다.

사실 페이스매시는 하버드대학교 웹사이트에서 다운로드한 학생들의 사진을 무단으로 사용해 많은 논란을 일으켰다. 일부 학생들에게는 인기가 있었지만, 다른 수많은 학생을 화나게 한 것이다. 교내 소식지에 따르면, 저커버그는 이 사이트 때문에 징계위원회에 회부되기도 했다.

페이스매시 사건 이후, 저커버그는 새로운 소셜 네트워킹 웹사이트를 만드는 것으로 방향을 선회했다. 사실 그런 종류의 사이트는 이미 몇 개 있었는데, 사용자들은 보통 그곳에 자신에 대한 정보를 공유했다. 이런 사이트들은 대부분 데이트를 하려는 사람들을 겨냥한 것이었다. 그러나 저커버그는 하버드 학생들의 의사소통을 돕는 소셜 네트워크를 하고 싶었다. 그는 사용자들이 자신의 프로필을 올리고 뉴스를 게시하게 하고 싶었다. 물론 신문 헤드라인을 장식할 만한 종류가 아니라, 학생들이 좋아하는 잡담 수준의 뉴스 말이다. 학교의 규제를 피하려면 사용자가 자기 데이터를 사이트에 직접 업로드해야 했다. 그렇게, 2004년 2월에 thefacebook.com이라는 새 사이트가 개설되었다. 저커버그의 나이 19살이었다.

페이스북의 뉴스피드

페이스북에 대한 소문은 교내에 빠르게 퍼졌다. 사이트 개설 나흘 만에 450명이 사용자 등록을 했다. 학생들은 파티 계획, 스터디 그룹 구성, 데이트 신청까지 모든 종류의 소식을 페이스북에 올렸다. 저커버그는 이 소셜 네트워크를 다른 대학교 학생들에게도 차례로 개방했다. 같은 해 6월에 1,000만 달러의 투자 제안을 받았지만, 그는 그런 것에는 별로 관심이 없었다. 그러나 사용자가 계속 증가하자 투자를 받아들였고,

9 페이스북과 친구들

사이트를 운영할 직원을 고용해야 했다. 그래서 결국 학교를 중퇴했다.

초기에는 페이스북에서 새로운 게시물을 찾는 유일한 방법이 사용자의 프로필 페이지에 가서 업데이트가 있는지 확인하는 것뿐이었다. 그러나 수많은 프로필 페이지를 확인하는 일은 시간 낭비였다. 게다가 특별히 볼 만한 새로운 게시물도 많지 않았다. 저커버그는 등록한 친구들이 최근 게시물을 올렸는지 요약해주는 페이지가 있다면, 사용자들에게 도움이 될 것이라고 생각했다.

8개월 후, 페이스북 뉴스피드News Feed 알고리즘이 탄생했다. 이 알고리즘은 페이스북이 직면한 가장 큰 기술적 도전이었다. 뉴스피드는 사이트에 그저 새로운 기능 하나를 추가하는 차원이 아니었다. 오히려 '페이스북의 재창조'라고 할 만했다.

뉴스피드는 모든 사용자가 자신만의 뉴스 페이지를 만들 수 있게 하겠다는 생각을 기반으로 만들어졌다. 뉴스 페이지에 특정 사용자에게 가장 관련성 있는 게시물들이 게재된다면, 모든 사용자의 뉴스피드 페이지는 시스템에 의해 차별화, 즉, 사용자마다 개인화될 수 있었다.

2006년 9월 5일 화요일, 페이스북은 뉴스피드를 사이트에 본격적으로 반영했다. 사용자들의 반응은 만장일치였다. 모든 사람이 싫어한 것이다. 사람들은 그것이 너무 스토커 같다고 생각했다. 사실, 이전에는 페이스북에서 다른 사람의 일상생활을 볼 수 없었다. 그러나 뉴스피드가 생기면서 다른 사람들의 삶에서 무슨 일이 일어나고 있는지 속속들이, 쉽게 볼 수 있게 된 것이다. 저커버그는 데이터 프라이버시에 대한 사람들의 인식 변화를 제대로 판단하지 못한 듯했다.

페이스북에는 뉴스피드를 반대하는 그룹들이 속속 등장했다. 그러나 아이러니하게도, 학생들은 그들이 반대하는 바로 그 기능을 사용해 뉴스피드 반대 운동을 하고 있었다. 저커버그에게는 그것이 뉴스피드가 효과가 있다는 증거로 보였다. 수치가 그 사실을 뒷받침했다. 사용자들은 그 어느 때보다도 더 많은 시간을 페이스북에서 보내고 있었다. 페이스북은 사이트에 사과문을 게시하고 개인 정보 보호 조치를 추가하며 소동이 가라앉기를 기다렸다.

뉴스피드의 기술적 핵심은 사용자에게 최고의 뉴스 항목을 선택해주는 알고리즘을 만드는 데 있었다. 문제는 컴퓨터 알고리즘이 인간 사용자가 가장 관심 있는 것이 무엇인지를 어떻게 알아내느냐였다. 페이스북 뉴스피드 알고리즘의 자세한 내용은 계속 비밀에 부쳐져 있다가, 2008년에 일부 정보가 공개되었다.

뉴스피드 알고리즘의 원래 이름은 에지랭크EdgeRank로, 구글의 페이지랭크 알고리즘에서 착안한 것으로 보인다. 사용자 게시물, 상태 업데이트, 댓글, 좋아요, 그룹 가입, 공유 기능 등이 비슷하기 때문이다. 페이스북에서의 모든 행동은 '에지edge'라고 부른다. 그리고 모든 사용자와 에지에 에지랭크 점수가 부여되는데, 이 점수는 다음 세 가지 요소를 곱해 계산된다.

에지랭크=선호도×가중치×시간 경과에 따른 선호도 감소율time decay

선호도는 에지에 대한 사용자의 연결 수준을 나타내는 척도다. 즉, 사용자가 그 에지를 만든 사람과 얼마나 가까운지를 나타낸다. 페이스북상의 '친구'는 친구가 아닌 사람들보다 더 가깝게 여겨진다. 겹치는

9 페이스북과 친구들

친구가 많을수록 호감도도 커진다. 사용자들 간의 상호 작용 수도 선호도 점수에 영향을 준다. 예를 들어 두 사용자가 서로의 게시물에 자주 댓글을 다는 경우, 서로에 대한 선호도가 높아진다. 반대로 사용자들이 상호 작용을 멈춘다면, 시간이 지날수록 선호도는 낮아진다.

가중치는 에지의 유형에 따라 달라진다. 생성에 더 많은 노력을 필요로 하는 에지는 더 높은 가중치 값을 갖는다. 예를 들어, 댓글은 단순한 '좋아요'보다 가중치가 더 높다.

다른 모든 것이 동일하다면, 에지는 시간이 지남에 따라 에지랭크 점수가 감소한다. 이 규칙에 따라 알고리즘은 예전 게시물보다는 최신 게시물을 우선시한다.

모든 사용자와 게시물은 15분 간격으로 에지랭크가 재계산된다. 사용자의 뉴스피드는 에지랭크 점수의 내림차순으로 게시물을 정렬해 보여주는데, 시간이 지나면 에지랭크 점수도 변한다. 게시물들은 시간이 지날수록 순위가 떨어진다. 다른 게시물들이 많은 좋아요를 받으면서 순위가 오르기 때문이다. 이러한 역동성이 새로운 것을 보기 원하는 사용자들의 욕구를 자극해, 그들로 하여금 계속 뉴스피드를 확인하도록 장려하는 것이다.

뉴스피드는 널리 전파될 수 있는 바이럴 메시지와 같다. 단, 사용자들은 페이스북에서 메시지를 일부러 널리 퍼트릴 수는 없다. 그들은 단지 이 소셜 네트워크에 자신의 글이 널리 전파되기를 바라며 메시지를 올린다. 메시지가 좋아요나 댓글로 많은 관심을 받으면 에지랭크 점수가 높아지고, 점수가 높아진 메시지는 사용자 피드의 넓은 원 안에 전달된다. 바이러스의 확산처럼, 인기 있는 메시지가 사용자 커뮤니티 내에서 확산 교차되는 것이다.

페이스북은 사용자 게시물 사이에 후원 광고를 연계 배치시켜 뉴스 피드 뷰를 수익 시스템으로 바꾸어놓았다. 마침내 페이스북은 2012년에 1,040억 달러가 넘는 가치를 인정받으며 주식 거래소에 상장되었다. 현재, 전 세계적으로 매달 약 24억 명의 사용자가 페이스북 웹사이트와 앱을 사용하고 있다. 최근에는 봇(실제 인간 사용자가 아닌, 사용자를 흉내 내는 프로그램) 사용자까지 등장해 상당수 활동하고 있는 것으로 알려졌다. 저커버그는 현재까지 페이스북의 CEO로 활약하고 있다. 『포브스』에 따르면, 저커버그의 순 자산은 약 600억 달러로 추정된다(2021년 5월 기준 약 1,147억 달러—옮긴이).

페이스북의 뉴스피드는 많은 웹 기업이 사용자 개인에게 맞춤형 뉴스 콘텐츠를 제공하게 만들었다. 린덴의 아마존 추천 알고리즘이 등장하기 전부터 웹에는 개인 맞춤형 알고리즘이 존재했지만, 이 기술을 한 단계 더 끌어올린 것은 넷플릭스의 알고리즘이었다. 넷플릭스 알고리즘은 머신러닝 기술을 적용해 대량의 사용자 데이터에서 새로운 잠재적 패턴을 파악하고 이를 활용했다. 머신러닝이 빅데이터와 결합해 기업과 과학을 혁신하는 시대가 도래한 것이다.

넷플릭스 프라이즈 Netflix Prize

넷플릭스는 리드 헤이스팅스 Reed Hastings(1960~)와 마크 랜돌프 Marc Randolph(1958~)가 1997년에 설립했다. 원래 미국 동부 토박이였던 헤이스팅스와 랜돌프는 실리콘밸리에 마음이 끌렸다. 두 사람 모두 기술 산업의 인수 합병 격랑을 헤쳐나가며 연쇄 창업자 serial entrepreneurs 가 되어서 그

랬던 듯하다. 그들은 헤이스팅스의 회사가 랜돌프가 일하던 소프트웨어 스타트업을 인수하면서 처음 만났다. 가까운 곳에 살았던 두 사람은 카풀로 함께 출퇴근하면서 새로운 사업을 위한 계획을 세웠다.

그들의 새 사업 제안은 간단했다. 바로 온라인 영화 대여 사업이었다. 구독자들이 회사의 웹사이트에서 원하는 영화를 선택하면 회사는 고객이 선택한 영화를 DVD로 발송하고, 고객은 영화를 다 보고 나면 우편으로 DVD를 반송하는 방식이었다.

이 서비스는 인기가 있었다. 구독자들은 거대한 영화 도서관에 접근할 수 있게 된 것을 좋아했고, 문 앞까지 DVD를 배달해주는 편리함을 즐겼다. 성공의 열쇠는 고객들이 우편으로 영화를 받아 집에서 즐길 수 있게 되었다는 것이었다. 게다가 넷플릭스는 아마존을 따라 회사 홈페이지에 추천 엔진을 장착했다. 넷플릭스의 추천 알고리즘 '시네매치$_{Cine-match}$'는 아주 효과가 있었다.

그럼에도 불구하고, 넷플릭스는 더 나은 방법을 찾고 있었다. 그리고 회사 내에서 또 다른 알고리즘을 개발하기보다, 공개경쟁 방식으로 새로운 알고리즘을 얻는다는 색다른 시도를 했다. 시네매치보다 10퍼센트 더 정확하게 추천을 해줄 수 있는 시스템을 공모하며 100만 달러의 상금을 건 것이다.

넷플릭스는 경쟁에 불을 붙이기 위해 약 50만 명의 고객이 1만 8,000여 편의 영화에 대해 평점을 매긴 1억 개에 달하는 훈련용 데이터 세트를 제공했다. 모든 데이터는 영화 제목, 사용자(고객) 이름, 별점(별 1~5개), 평가 기록일 등으로 구성되어 있었다. 영화 제목과 평점은 진짜였지만, 사용자 이름은 익명으로 되어 있어서 실제 신분을 알 수 없었다.

며칠 후, 넷플릭스는 한정qualifying 데이터 세트를 추가로 배포했다. 별점을 숨겼다는 점을 제외하면, 첫 번째 데이터 세트와 비슷했다. 다만 280만 개로 첫 번째 데이터 세트보다 양이 훨씬 적었다.

공모의 목표는 한정 데이터 세트에서 삭제된 평점을 정확하게 예측할 수 있는 추천 시스템을 구축하는 것이었다. 넷플릭스는 공모 참가자들이 제출한 추정치와 회사가 감춰놓은 실제 평점을 비교했다. 공모 참가자의 추정치는 예측 오차, 즉 공모 참가자의 예측치와 실제 평점의 평균 차이를 측정해 평가되었다.

넷플릭스가 내건 100만 달러의 상금은 아마추어들뿐만 아니라 연구자들에게도 큰 관심의 대상이 되었다. 학계 입장에서 이 공모는 매우 좋은 기회였다. 이 정도 규모의 실제 데이터 세트를 구하는 것은 아주 어려운 일이었기 때문이다. 처음에 연구자들은 알고리즘의 정확도를 10퍼센트 정도 향상시키는 것은 그다지 어렵지 않으리라고 생각했다. 시네매치의 효과를 과소평가했던 것이다.

평점 예측은 여러 방법으로 이루어질 수 있다. 넷플릭스가 연 공모의 응모자들이 사용한 가장 효과적인 기술은 얼마나 많은 예측을 조합할 수 있느냐였다. 예측 변수 측면에서 보면, 예측에 대한 보조 도구로 사용될 수 있는 모든 정보는 최종 추정에서 반드시 고려되어야 하는 요소들이기 때문이다.

그중 가장 간단한 요소는 훈련용 데이터 세트에 포함되었던 각 영화에 대한 평균 평점 등급이다. 이것은 특정 영화를 본 모든 사용자가 매긴 평균 평점이다.

또 다른 고려 요소는 평점 예측에 참여한 사용자들(이하 참여 사용자)

의 관용도generosity다. 사용자의 관용도는 동일한 영화에 대한 참여 사용자들의 평균 평점에서 전체 사용자의 평균 평점을 뺀 값이다. 예측 대상이 되는 영화의 평균 평점에는 최종 관용도 변경자modifier가 더해질 수 있다.

또 하나의 고려 요소는 의심스러운 사용자들과 비슷한 방식으로 점수를 주는 사용자들이 예측 대상 영화에 어떤 등급을 매겼느냐다. 먼저 그런 사용자들을 찾기 위해 훈련용 데이터 세트를 검색한 다음, 그 영화에 대한 그들의 평점 평균값을 예측한다.

마지막 요소는 사용자들이 특정 영화와 비슷한 영화에 매긴 평점이다. 이를 위해 훈련용 데이터 세트를 다시 한번 검색한다. 이번에는 해당 영화와 비슷한 평점이 부여된 영화들이 식별된다. 그 후 그 영화들에 대한 사용자들의 평점 평균값을 계산한다.

이러한 요소들과 그 외 다른 요소들을 서로 더하거나 요소들에 가중치를 곱하는 방법이 사용된다. 여기서 가중치는 각 요소의 상대적 중요도를 나타낸다. 가중치가 크다는 것은 예측을 최종적으로 결정하는 데 있어 해당 요소가 상대적으로 더 중요하다는 의미다. 가중치가 작다는 것은 해당 요소의 중요도가 낮다는 의미다. 이렇게 가중치가 감안된 요소들을 합산해 최종 예측을 도출한다.

요약하면, 예측 알고리즘은 다음과 같다.

훈련용 데이터 세트와 한정 데이터 세트를 입력으로 인식하시오.
한정 데이터 세트에 있는 모든 사용자-영화 조합에 대해 반복하시오.
　모든 요소에 대해 반복하시오.

해당 요소를 사용해 사용자의 영화를 예측하시오.

모든 요소가 평가되면 반복을 멈추시오.

요소 예측에 가중치를 곱하고 이를 모두 합산하시오.

해당 사용자와 영화에 대한 최종 예측을 출력하시오.

모든 사용자-영화 조합이 예측되면 반복을 멈춘다.

이 알고리즘이 영화 〈토이 스토리〉에 대한 사용자 질의 평점을 예측하려고 한다고 가정해보자. 첫 번째 요소는 훈련용 데이터 세트의 〈토이 스토리〉 평균 평점이다(표 9.1). 평균 평점은 별 3.7개다. 두 번째 요소인 질의 관용도는 질의 평균 평점을 계산하고, 여기에서 훈련용 데이터의 이 영화에 대한 평균 평점을 빼서 구한다. 질의 평균 평점은 별 4개이고 훈련용 데이터에서 〈토이 스토리〉의 평균 평점은 별 3.1개이므로, 질의 관용도는 +0.9다. 이 값을 세계 평균에 더하면 별 4.6개가 나온다. 그다음, 이전 평점 평가에서 질과 유사한 점수를 주었던 사용자들을 데이터 세트에서 검색한다. 검색 결과 이안과 루시가 검색되었다. 그들은 〈토이 스토리〉에 별 5개를 주었다. 이것은 또 다른 요인이 된다.

	〈토이 스토리〉	〈니모를 찾아서〉	〈인크레더블〉	〈겨울왕국〉
이안	5	4	4	2
질	?	4	5	3
켄	1	2	1	4
루시	5	4	5	2

표 9.1 영화 평점 데이터 세트.

9 페이스북과 친구들

네 번째 요소는 질이 〈토이 스토리〉와 비슷한 평점을 준 영화다. 검색 결과 〈니모를 찾아서〉와 〈인크레더블〉이 나왔다. 질은 이 두 영화에 평균 평점 별 4.5개를 매겼다. 이것 또한 또 다른 요인이 된다. 마침내 알고리즘은 질의 〈토이 스토리〉 평점에 대해 4개의 추정치[1]를 갖게 되었다. 훈련용 데이터의 평균 평점 3.7, 질의 관용도를 세계 평균에 더한 값 4.6, 질과 유사한 점수를 준 이안과 루시의 평점 5 그리고 질이 유사한 평점을 준 다른 영화들의 평균 평점 4.5가 바로 그것이다.

일반적으로 마지막 두 요소가 신뢰성이 가장 높으므로, 네 요소에 가중치 0.1, 0.1, 0.4, 0.4를 부여한다. 그런 다음 각 요소에 가중치를 곱하고 이를 모두 합산하면, 최종 예측치는 별 4.6개다. 질은 〈토이 스토리〉를 거의 확실히 볼 것이다!

공모에 참여한 팀들은 대개 이와 같은 접근 방식을 사용했지만, 구체적인 기능은 매우 다양했다. 다만 그들이 사용한 60개 이상의 기능은 그다지 특별하지 않았다. 공모 참여자들은 광범위한 유사성 매트릭스와 예측을 결합하는 방법도 실험했다. 대부분의 시스템에서 예측의 세부 사항은 수치값에 의해 제어되었고, 이 수치값, 즉 매개변수들은 예측 결과가 개선되도록 조정되었다. 예를 들어, 가중치 매개변수는 각 요소의 상대적 중요도를 조정하기 위해 수정된다. 이 과정을 통해 요소들이 식별되면, 정확한 평점 예측은 최적의 매개변숫값을 찾을 수 있느냐에 따라 달라진다.

최적의 매개변숫값을 결정하기 위해 공모 참여자들은 머신러닝 기법을 사용했다(5장 참조). 먼저 검증을 위해 훈련용 데이터의 일부를 따로 떼어놓은 다음, 매개변숫값을 추측한다. 그다음, 검증 데이터 세트의 평점 예측값을 구하기 위해 예측 알고리즘을 실행하고, 이 추정치에 대한 예측 오차를 측정한다. 그리고 예측 오차를 줄이기 위해 매개변수를 살짝 조정한다. 이 예측, 평가, 매개변수 조정 단계를 수차례 반복하면서 매개변숫값과 예측 오차 사이의 관계를 모니터링한다. 이 관계를 바탕으로 오차가 최소화되도록 매개변수는 계속 조정되고, 오차가 더 줄어들지 않으면 훈련이 종료되어 매개변숫값이 확정된다. 이렇게 구한 최종 매개변숫값을 사용해 한정 데이터 세트에 밝혀지지 않은 평점을 예측하고, 그 결과를 넷플릭스에 제출해 비교해보는 것이다.

훈련용 알고리즘은 다음과 같이 작동한다.

훈련용 및 검증 데이터 세트를 입력으로 인식하시오.
최상의 매개변숫값을 추측하시오.
다음을 반복하시오.
  검증 데이터 세트의 모든 항목에 예측 알고리즘을 실행하시오.
  예측 평점을 실제 평점과 비교하시오.
  매개변수를 조정하여 오차를 줄이시오.
오차가 줄어들지 않으면 반복을 멈추시오.
최소 예측 오차를 제공하는 매개변수를 출력한다.

머신러닝 접근 방식의 장점은 컴퓨터가 인간보다 훨씬 더 많은 매개변수 조합을 실험할 수 있다는 것이다. 그래서 처음에는 응모 참여자들의 진도가 매우 빨랐다. 선두권 알고리즘들은 얼마 되지 않아 시네매치보다 정확도가 6~8퍼센트 개선된 결과를 만들어냈다.

하지만 거기까지였다. 참가자들은 무엇이 잘못됐는지 찾으려고 검증 결과를 전부 쏟아냈다. 여기서 결정적 장애물이 발견되었는데, 훗날 이를 '나폴레옹 다이너마이트 문제Napoleon Dynamite problem'라고 부르게 된다.

영화 〈나폴레옹 다이너마이트〉는 평점을 예측하기 가장 어려운 영화였다. 대부분의 평점은 데이터 세트에 비슷한 점들이 있어서 꽤 쉽게 예측할 수 있었다. 〈나폴레옹 다이너마이트〉의 문제는 이 같은 유사성이 전혀 없다는 것이었다. 이 영화는 적어도 특정 계층에서는 나름 인기를 끈, 독특한 독립 코미디 영화다. 사람들의 호불호가 명확하게 엇갈려, 친구들과 모여서 본다면 몇 시간이고 계속 논쟁할 수 있을 만한 종류의 영화였다.

문제는 그뿐만이 아니었다. 평점을 예측하기 어렵게 만드는 문제들이 더 많이 발견되면서 진도가 멈춰버렸다. 결국 일부 참가자들은 정확도 10퍼센트 개선이 과연 가능하기나 한 것인지 의문을 품기 시작했다.

공모가 시작된 지 2년이 지나서야, 극히 일부의 참가자들이 앞으로 나아갈 길이 있음을 깨닫고 비로소 맞춤형 알고리즘을 설계하기 시작했다. 그들의 알고리즘에는 저마다 강점과 약점이 있었다. 그리고 대부분의 강점과 약점은 상호 보완적이었다. 참가자들은 여러 알고리즘의 추정치를 조합하면 정확도를 높일 수 있다는 사실을 알아챘다. 이때부터 다양한 예측을 결합하는 최선의 방법을 결정하기 위해 다시 머신러닝 기술이 사용되었다.

정확도가 다시 높아지기 시작했다. 더 많은 알고리즘이 조합될수록 결과치가 개선되는 것처럼 보였다. 참여자들은 자신들의 알고리즘을 다른 고성능 솔루션과 합쳤다. 팀들 간 합병과 흡수가 활발히 이루어지면서 경쟁은 최고조에 달했다.

2009년 9월 21일, 마침내 '벨 코어의 프래그매틱 카오스BellKor's Pragmatic Chaos'라는 팀이 넷플릭스 상을 수상했다. 이 팀은 시네마치의 정확도를 10.06퍼센트 개선했다. 이 팀은 미국 AT&T연구소의 '코어벨KorBell' 팀과 오스트리아의 '빅 카오스Big Chaos' 팀 그리고 캐나다의 '프랙티컬 시어리Practical Theory' 팀이 합쳐진 팀이었다. 전 세계에 흩어져 있는 7명의 멤버들은 이메일을 통해 의사소통했다. 물론 1백만 달러의 상금은 7분할되어야 했지만, 그래도 멋진 보상이었다. 장장 3년에 걸친 경쟁에서 2위 팀은 불과 10분 차이로 안타깝게 우승을 놓쳤다.

이 이야기의 반전은, 넷플릭스가 우승 팀의 알고리즘을 사용하지 않기로 결정했다는 것이다. 넷플릭스는 이미 초기 단계에 앞서 나가던 팀의 알고리즘으로 시네매치를 대체했다. 그 알고리즘은 정확도를 8.43퍼센트 개선했는데, 그 정도면 충분하다고 생각한 것이다.

어쨌든 공모는 대성공이었다. 총 186개국에서 4만 1,305개 팀, 총 5만 1,051명이 참가했다.

공모가 진행되는 동안, 넷플릭스는 DVD 대여 방식에서 인터넷을 통한 온라인 스트리밍 방식으로 사업 방식을 전환하겠다고 발표했다. 그리고 DVD 대여 서비스를 전면 중단했다.

오늘날 넷플릭스는 1억 3,700만 명 이상의 가입자를 보유한 세계 최대의 인터넷 텔레비전 네트워크가 되었다(2020년 말 기준, 넷플릭스의 전 세계 구독자 수는 2억 명을 돌파했다—옮긴이). 창업자 마크 랜돌프는 2002년에 넷플릭스를 떠났다. 그는 현재 몇몇 기술 회사의 이사로 일하고 있다. 랜돌프와 투자자로 만나 공동 창업자가 된 리드 헤이스팅스는 지금까지 넷플릭스 CEO직을 맡고 있다. 페이스북의 이사회 멤버이기도 한 그는 2019년 기준으로 포브스 억만장자 리스트 504위에 올라 있다.

최근, 컨설팅 회사 맥켄지는 넷플릭스 시청자의 무려 75퍼센트가 시스템 추천을 기반으로 영상을 고른다고 보고했다. 넷플릭스는 맞춤형 영상 추천 서비스를 통해 고객 유지를 강화함으로써 매년 10억 달러의 비용이 절감되고 있다고 추정한다.

2009년, 넷플릭스는 머신러닝의 도움을 받아 빅데이터로 거의 모든 것을 예측할 수 있을 것처럼 보였다.

구글 독감 트렌드 Google Flu Trends

그해, 과학 학술지 『네이처Nature』에 눈길을 끄는 논문이 게재되었다. 그 논문은 구글 웹 검색어에 적용된 데이터 분석으로 독감 같은 질병의 미 전역 확산을 추적할 수 있다고 주장했다. 이는 직관적으로 사람들의 관심을 끌었다. 몸에 불편한 느낌이 드는 사람들은 보통 구글 웹 검색을 이용해 자신들의 증상을 찾아본다. 따라서 독감에 걸렸다고 의심되는 사용자들의 독감 관련 검색어 검색량이 급등하면, 그것이 곧 그 지역에서 독감이 발생했음을 나타낸다고 볼 수 있다는 것이다.

이 발표는 중요한 의미를 가지고 있었다. 계절성 독감은 사람들의 관심이 높은 건강 문제다. 전 세계적으로 매년 수천만 명의 환자가 발생하며 수십만 명이 사망한다. 게다가 새로운 증상이 나타나기도 하고, 더 강해지면서 진화하는 경향이 있다. 실제로 1917~1918년에 독감이 대유행하면서 전 세계적으로 2,000만 명에서 4,000만 명에 달하는 사람들이 목숨을 잃었다. 이는 제1차 세계대전 사망자보다 더 많은 수치다.

논문의 저자들은 구글 검색어와 실제 독감 발생 통계 간의 관계를 판단하기 위해 머신러닝을 활용했다. 독감 발생 통계는 미국 질병통제예방센터CDC가 제공했다. CDC는 미국 전역의 병원과 의료 센터에 방문하는 외래환자를 모니터링하고 있었다. 논문을 쓴 연구원들은 알고리즘을 이용해 독감으로 인한 내과 방문 환자 비율과 같은 기간 동안 같은 지역에서 발생한 독감 관련 구글 검색량을 비교했다. 5,000만 건의 검색 조회를 대상으로 각 조회의 증상 패턴과 관찰된 독감 통계를 비교한 것이다. 그리고 45가지의 증상 패턴이 독감 발생과 거의 일치한다는 사실을 발견했다. 이후 연구 팀은 독감 발생을 예측하기 위해 이 증상 패턴들을 검색어로 사용했다.

연구 팀은 다른 기간에 기록된 독감 관련 내과 방문자의 비율을 예측해 이 알고리즘을 평가했는데, 이 평가에서 알고리즘이 1~2주 전에 CDC 데이터를 일관되고 정확하게 예측하고 있음을 알아냈다. 연구는 성공적이라고 간주되었고, 이제 구글 검색량으로 독감을 예측할 수 있을 것으로 보였다. 마침내 구글이 의료기관을 돕기 위해 독감 환자 수를 실시간으로 추정하는 웹사이트 '구글 독감 트렌드'를 출시했다.

이 계획은 널리 호평받았다. 빅데이터와 머신러닝이 전국 규모의 실시간 의료 정보를 사람들에게 무료로 제공하게 된 것이다. 그러나 일부 연구원들은 이 연구에 회의적이었다. 연구의 양상에 대한 우려가 있었기 때문이다. 알고리즘은 계절성 독감 데이터로 훈련되었다. 그런데 45가지의 검색어가 독감 자체보다 계절과 더 관련이 있다면? 논문은 '고등학교 농구'라는 검색어도 CDC 독감 데이터와 밀접한 관련이 있다고 보고했다. 하지만 미국 고등학교의 농구 시즌은 겨울 독감 발생 시기와는 일치하지만, 그 자체가 실제로 독감에 걸린 사람이 있음을 나타내지는 않는다. 이후, 논문을 쓴 연구원들은 농구 관련 검색어를 시스템에서 제외했다. 하지만 만약 다른 계절적 상관관계가 데이터에 숨겨져 있다면 어떻게 할 것인가?

독감 바이러스 A(H1N1)가 계절과 상관없이 발생하면서 논문의 내용과 반대되는 주장을 확인해본 첫 번째 기회가 찾아왔다. 독감 바이러스 A 유행은 겨울이 아닌 여름에 시작되었고, 2차례에 걸쳐 유행했다. 이번에는 알고리즘의 예측이 CDC 데이터와 일치하지 않았다. 이에 따라 연구 팀은 훈련 데이터를 수정해 계절성 독감과 비계절성 독감 증상을 모두 포함시켰다. 공통성이 다소 적은 검색어도 허용했다. 수정된 알고리즘은 2차례의 H1N1 유행을 모두 정확하게 예측했다.

2013년 2월, 『네이처』에 새 논문이 실리기 전까지는 모든 것이 괜찮아 보였다. 그해 겨울, 계절성 독감은 2003년 이후 가장 이르게 발생했고, 증세도 평소보다 더 심해 노인층 사망자가 특히 많았다. 구글 독감 트렌드는 CDC 데이터의 최고치보다 50퍼센트 이상 과대평가를 했는데, 이는 너무 큰 오차였다. 그리고 더 많은 오차가 보고되기까지는 그리 많은 시간이 걸리지 않았다. 한 연구 팀이 구글 독감 트렌드의 예측이 2주 전의 CDC 데이터를 근거로 하는 독감 예측 방식보다 덜 정확하다는 사실을 입증했다. 이런 소동을 겪은 후, 결국 구글 독감 트렌드 서비스는 중지되었다.

무엇이 잘못되었을까? 처음 연구에서 CDC 데이터가 알고리즘 훈련에 너무 적게 사용되었다는 것이 첫 번째 문제였다. 반면 검색량은 너무 많았기 때문에, 몇 가지 검색어가 데이터와 일치할 수밖에 없었다. 이 매칭의 대부분은 무작위였다. 통계가 일치하는 것으로 나타났지만, 검색 질문들은 실제로 독감에 걸린 사람의 것도 아니었다. 다시 말하자면, 검색 질문과 독감 데이터는 상관관계는 있었을지 몰라도 인과관계가 입증되지는 않았다.

두 번째 문제는 훈련 데이터에 독감의 변동성이 너무 적게 반영되었다는 것이다. 독감은 연중 거의 같은 시기에 발생하고, 비슷한 방식으로 퍼진다. 그래서 알고리즘은 비전형적인 발병에 대해서는 아무것도 배우지 못했다. 때문에 표준에서 벗어난 독감이 유행하자 허둥댈 수밖에 없었다.

세 번째 문제는 2013년의 독감 사망자와 관련된 언론의 과대 보도다. 언론에 휩쓸린 일반 대중의 우려가 커지면서 독감에 대한 검색량이 폭발적으로 증가했고, 이로 인해 알고리즘의 정확성이 과대평가되었다.

결론적으로, 머신러닝 알고리즘은 그 알고리즘에 제공된 훈련 데이터 이상으로는 좋아질 수 없었다.

이른바 나우캐스팅nowcasting(현재의 추세 분석을 바탕으로 한 단기적 예측─옮긴이) 과학은 구글 독감 트렌드 이후 크게 발전했다. 네트워크로 연결된 데이터 수집 장치와 분석 알고리즘을 통해 실질적인 미래를 대량 저비용으로 판단할 수 있는 시대가 된 것이다. X(트위터) 게시물에 표현된 감정 분석으로 영화 흥행 수치와 선거 결과를 예측하고, 도로 통행 요금소의 수입은 실시간 경제 활동을 추정하는 데 사용된다. 스마트폰의 모션 센서를 모니터링해 지진을 감지할 수도 있다. 구글이 실패한 유행병 예측 또한, 보다 신뢰할 수 있는 건강 센서들의 도움으로 머지않은 미래에 다시 우리 앞에 나타날 것이다.

한편, 넷플릭스 프라이즈가 등장하기 1년 전인 2005년, IBM 경영 진들은 새롭고 놀라운 컴퓨팅 기능을 찾아 나섰다. 1997년, IBM의 슈 피컴퓨터 딥 블루Deep Blue는 세계 체스 챔피언 게리 카스파로프Garry Kasparov(1963~)를 격파함으로써 전 세계를 놀라게 했다. 그러나 승리의 초점 은 새로운 알고리즘보다는 컴퓨터 칩 설계에 맞춰져 있었다. 물론 그럼 에도 불구하고, 딥 블루의 승리는 컴퓨터 역사상 획기적인 사건이었지 만 말이다. 이제 IBM은 새천년을 위한 후속 사건을 원했다. 무엇에 도 전할지 잘 선택해야 했다. 불가능한 업적을 달성해 일반 대중의 관심을 단숨에 끌 수 있어야 했기 때문이다. 정말로 놀라운 것이 필요했다.

10

미국의 유명 퀴즈 쇼

우리의 새로운 컴퓨터 군주를 환영합니다.

> 켄 제닝스Ken Jennings(1974~),
> 왓슨Watson에게 패한 퀴즈 우승 최장 기록 보유자
> 2011년, 미국 TV 퀴즈 쇼 <제퍼디!Jeopardy!>에서

IBM의 T. J. 왓슨리서치센터T. J. Watson Research Center는 뉴욕주 요크타운 하이츠Yorktown Heights의 초현대식 빌딩에 자리 잡고 있다. 건물은 낮은 반원형 모습을 하고 있고, 3층까지 뒤덮여 있는 검은 유리창은 숲이 우거진 공원 쪽으로 나 있다. 이 센터는 전자와 컴퓨팅 분야의 역사적인 혁신이 잇따라 이루어진 곳으로 유명하다. 2011년 초, 눈이 내리는 가운데 이곳에서 〈제퍼디!〉 쇼가 열렸다.

〈제퍼디!〉는 미국의 유명 TV 퀴즈 쇼다. 이 쇼는 1964년부터 거의 중단 없이 방영되어 왔다. 3명의 참가자가 상금을 타기 위해 버저를 눌러가며 경쟁하는 이 프로그램의 특징은 사회자가 '답'을 주면 참가자들

이 '질문'을 던진다는 것이다. 사실, 사회자의 답은 수수께끼 같은 단서들뿐이다. 그리고 참가자들은 오직 질문 형식으로만 응답할 수 있다. 예를 들어, 사회자가 다음과 같은 단서를 제시한다고 해보자.

전설에 따르면, 이것은 호수의 요정이 주었고, 아서왕이 죽을 때 호수에 다시 던져졌다고 한다.

그러면 참가자는 다음과 같이 응답해야 한다.

엑스칼리버Excalibur가 무엇입니까?

2011년, IBM은 인공지능 컴퓨터 '왓슨'을 개발한, 인공지능 분야에서 가장 큰 영향력을 발휘하던 회사였다. 왓슨은 〈제퍼디!〉에서 가장 뛰어난 실력을 선보인 두 선수, 켄 제닝스와 브래드 루터Brad Rutter (1978~)와 맞붙었다. 그 대결에 걸린 상금은 100만 달러였다.

켄 제닝스는 74경기 연속 우승이라는 최다 연승 기록을 보유하고 있었다. 그동안 그가 받은 상금만도 250만 달러에 달했다. 당시 36세였던 제닝스는 〈제퍼디!〉로 성공하기 전에는 컴퓨터 프로그래머로 일했다.

325만 달러의 상금을 받아 〈제퍼디!〉 사상 최대의 우승 상금 기록 보유자가 된 브래드 루터는 제닝스보다 4살 연하로, 쇼에 출연하기 전에는 레코드 가게에서 일했다.

IBM의 〈제퍼디!〉 도전 프로젝트의 씨앗은 그보다 6년 전에 뿌려졌다. 당시 IBM 경영진은 세상을 놀라게 할 만한 컴퓨터 이벤트를 구상하고 있었다. 그들은 대중의 상상력을 사로잡는 동시에 IBM이 만든 최신 기계들의 뛰어난 성능을 보여줄 수 있는 무언가를 원했다.

늘 이런 생각을 머리에 달고 살던 폴 혼Paul Horn (1946~) IBM연구소장은 어느 날 동네 식당에서 팀 회식을 가졌다. 그런데 식사 도중에 다른 손님들이 한꺼번에 자리에서 일어나 바 테이블로 몰려들었다. 그는 동료들에게 "무슨 일이지?"라고 물었고, "다들 〈제퍼디!〉를 보고 있다"라는 대답을 들었다. TV에서는 켄 제닝스가 자신의 기록을 깨며 연승 행진을 하고 있었다. 미국 전체가 그가 계속 연승을 할지 보고 싶어 하는 것 같았다. 그 순간, 혼은 컴퓨터가 〈제퍼디!〉에 나가 퀴즈 대결을 벌이면 어떨까 하는 생각을 했다.

제자리로 돌아온 혼은 팀원들에게 그의 아이디어를 이야기했다. 하지만 그들은 그 생각을 좋아하지 않았다. 팀원(연구원)들은 대부분 컴퓨터가 〈제퍼디!〉에서 이길 가능성이 없다고 생각했다. 퀴즈 주제가 광범위했기 때문이다. 사회자의 질문도 너무 수수께끼 같았다. 말장난, 농담이 섞여 있고 뜻도 애매모호했다. 이런 것들은 컴퓨터가 잘 처리하지 못한다. 하지만 몇몇 직원들은 한번 시도해보기로 결심했다.

여기에 자원한 사람 중 데이비드 페루치David Ferrucci는 나중에 이 프로젝트의 수석 연구원이 되었다. 뉴욕의 렌슬리어폴리테크닉대학교Rensselaer Polytechnic Institute를 졸업한 페루치는 컴퓨터과학 박사학위를 받은 후 곧바로 IBM연구소에 합류했다. 그의 전문 분야는 지식 표현knowledge representation과 추론이었다. 그는 줄곧 자신의 전문 지식을 발휘할 때가 올 것이라고 생각했다. 그리고 이 프로젝트는 컴퓨터에게 가장 어려운 과제인 자연어 처리와 추론을 발전시키는 도전이 될 것임이 분명했다.

IBM의 첫 시제품은 이 팀의 최신 연구를 기반으로 개발되었다. 그러나 그 기계의 지능 수준은 5살짜리 아이 정도였다. 이 도전은 결코 쉽지 않은 과제였기에, 이후 4년 동안 25명의 IBM연구소 과학자가 왓슨 개발 프로젝트에 참여했다.[1]

2009년, 마침내 IBM은 〈제퍼디!〉 제작자들에게 전화를 걸어 왓슨을 시험해볼 것을 자신만만하게 제안했다. 그러자 쇼 제작진은 먼저 인간 선수 2명과의 대결을 주선했다. 하지만 왓슨은 전혀 실력을 발휘하지 못했다. 그의 응답은 실수투성이였다. 정답을 맞히기도 했지만, 우스꽝스러운 답을 말할 때도 많았다. 왓슨은 순식간에 사회자의 농담거리로 전락했다. 그곳에서 컴퓨터는 완전히 바보 취급을 받았고, 전혀 준비되어 있지 않았다.

1년 후, IBM은 다시 도전했다. 이번에는 제작진으로부터 쇼에 참가해도 좋다는 승인을 얻어냈다. 본게임이 시작된 것이다.

쇼는 왓슨센터에서 녹화되었고, 3일 연속(2011년 2월 14~16일) 방송되었다. 〈제퍼디!〉 단골 사회자인 알렉스 트레벡Alex Trebek (1940~2020)이 사회를 맡았다. 회색 정장, 분홍색 셔츠, 빨간색 넥타이, 가는 테 안경으로 멋지게 차려입은 트레벡은 차분한 세련미의 전형을 보여주었다. 그의 백발은 단정하게 정리되어 있었고, 갈색 눈은 날카롭고 기민했다. 곧 트레벡의 부드러운 목소리가 시청자들의 시선을 끌었다. 화려한 보라색과 파란색이 어우러진 무대 세트의 왼쪽에 자리한 거대한 스크린은 게임 보드를 비추고 있었다. 무대 오른쪽에는 참가 선수들이 자신의 이름과 상금 총액이 새겨진 시상대 뒤에 서 있었다.

제닝스와 루터는 애니메이션 그래픽이 펼쳐지고 있는 컴퓨터 모니터 양쪽에 나란히 앉아 있었다. 지구가 느낌표 모양의 왕관을 쓰고 있는 푸른색 그래픽은 왓슨을 가시적으로 표현한 컴퓨터 아바타였다. 기계의 로봇 엄지손가락이 버저 위에 놓여 있는 모습이 불길해 보이기도 했다. 제닝스는 노란색 넥타이, 라일락색 셔츠, 진한 컬러의 재킷을 입고 있었고, 갈색 머리는 가르마를 중심으로 양쪽으로 잘 정리한 채였다. 루터는 세련된 사각 포켓으로 장식된 검정 재킷을 입고 셔츠의 목 쪽 단추를 풀었다. 그의 머리는 짙은 갈색이고, 수염은 깎지 않아 텁수룩했다. 방청석은 IBM의 고위 경영진들, 연구원들, 엔지니어들로 가득 차 있었다. 편파적인 군중들은 흥분한 상태여서 시끄럽고 열광적이었다. 이번 쇼는 단연 왓슨의 홈 게임이었다.

　루터가 문제의 카테고리를 고르자, 트레벅이 첫 번째 단서를 읽었다. 동시에 같은 텍스트 파일이 왓슨에게도 주어졌다. 첫 단서는 다음과 같았다.

　　유리한 위치나 신념을 나타내는 네 글자 단어.

　루터가 먼저 버저를 눌렀다.

　　관점$_{view}$이란 무엇인가?

　정답이었다. 루터에게 200달러가 돌아갔다. 다시 트레벅이 두 번째 단서를 언급했다.

말발굽에 붙이는 쇠나 카지노에서 카드 패를 돌리는 상자를 뜻하는 네 글자 단어.

이번엔 왓슨이 먼저 나섰다.

슈shoe란 무엇인가?

정답이었다. 왓슨에게 400달러가 돌아갔다. 카메라가 방청석에서 페루치의 웃는 얼굴을 포착했다. 이후 단서의 답은 비틀즈부터 올림픽까지 다양했다. 첫 번째 게임이 끝날 때쯤, 셋의 점수는 매우 비슷했다. 제닝스가 2,000달러로 뒤처져 있는 가운데, 왓슨과 루터는 각각 5,000달러로 동률을 이루고 있었다.

두 번째 게임에서 왓슨은 초반에는 잘하다가 몇몇 응답에서 확실한 이상 반응을 보였다. 다음 단서에 왓슨이 보인 반응을 보자.

미국 도시 중 하나. 이 도시의 가장 큰 공항은 제2차 세계대전 영웅의 이름을 따서 지어졌고, 두 번째로 큰 공항은 제2차 세계대전 전투의 이름을 따 지어졌다.

왓슨은 이렇게 대답했다.

토론토가 뭐야?

정답은 시카고다. 토론토는 미국에 있는 도시가 아니다. 그럼에도 불구하고 왓슨은 두 번째 게임에서 이겼다. 두 번째 게임의 최종 점수는 왓슨 3만 5,734달러, 루터 1만 400달러, 제닝스 4,800달러였다. 세 번째 게임에서도 세 선수 모두 최선을 다했다. 초반에는 제닝스와 왓슨이 막상막하로 루터를 앞섰다. 왓슨은 단서를 잘 이해했고, 2연승을 거두었다. 페루치가 기뻐서 주먹으로 허공을 내리쳤다. 제닝스는 당황한 모습이 역력했다. 나중에 그는 이렇게 말했다.

내가 이미 끝났다는 것을 알게 된 순간이었죠.

최종 누적 점수는 왓슨 7만 7,147달러, 제닝스 2만 4,000달러, 루터 2만 1,600달러였다. IBM 왓슨의 완벽한 승리였다. IBM은 1등 상금을 자선단체에 기부했다.

경기가 끝난 후, 루터는 자신의 심경을 다음과 같이 밝혔다.

이런 기술은 앞으로 몇 년 후에나 나올 줄 알았습니다.

제대로 된 대화를 할 수 있는 인공지능이 눈앞에 나타난 것은 이때가 처음이었다. 제닝스의 말을 들어보자.

오늘 우리는 아주 중요한 걸 본 것 같아요.

왓슨의 처리 능력과 엄청난 기억력은 컴퓨터가 한 단계 더 발전했음을 확실하게 보여주었다. 왓슨은 어떻게 이 불가능해 보이는 것들을 실현해냈을까?

왓슨의 하드웨어는 완전 최신형이었다. 이 기계는 총 15테라바이트의 메모리를 갖춘 IBM Power 750 서버 100대와 2,880개의 프로세서 코어 네트워크로 구성되어 있으며, 최대로 가동했을 때 초당 80조 번의 계산을 수행할 수 있다.

또, 왓슨은 방대한 데이터를 보유하고 있었다. 쇼의 규칙에 따라 게임이 진행되는 동안에는 인터넷에 연결할 수 없었기 때문에, 연구 팀은 개발 과정에서 100만 권의 책을 다운로드했다. 교과서, 백과사전, 종교 서적, 희곡, 소설, 영화 대본 등 각종 문서가 왓슨의 메모리 속에 차곡차곡 채워졌다.

그러나 이처럼 엄청난 양의 데이터를 저장했음에도 불구하고, 왓슨의 진정한 성공 비결은 알고리즘에 있었다.

왓슨의 비밀 레시피

왓슨의 소프트웨어는 수백 개의 협력 알고리즘이 합쳐진 결과물이다. 우선, 구문 분석$_{paser}$ 알고리즘이 사회자가 제시하는 단서를 구성 문법 요소로 분석해, 단서에 있는 모든 단어가 어법의 어느 부분에 속하는지 판단한다. 이 작업은 사전의 모든 단어를 찾아봄으로써 이루어진다.

예를 들어, 다음과 같은 단서가 주어진다고 해보자.

> 시인: 그는 캐나다 유콘의 은행원 출신으로, 1907년에 시집 『개척자의 노래』를 출간했다.

(Poets: He was a bank clerk in the Yukon before he published 『Songs of a Sour-
    dough』 in 1907.)

그러면 왓슨은 먼저 'he'는 대명사, 'was'는 동사, 'clerk'은 복합명사
임을 인식한다. 인식한 문장 구조를 바탕으로 구문 분석 알고리즘이 단
어들의 관계를 추출한다. 예를 들어, 왓슨은 'he'와 'bank clerk' 간에는
'was'라는 관계가 있으며, 'he'와 'Songs of a Sourdough' 간에는 'pub-
lished'라는 관계가 있음을 파악한다. 또 'he'와 'Yukon' 간에는 'in'이라
는 관계가 있다는 것도 간파한다.

단어 간의 명확한 관계를 찾은 다음, 왓슨은 그 단어에 내포되어 있
는 연관성을 찾아낸다. 백과사전에서 원래 용어의 의미를 찾고 유의어
를 검색한다. 이 과정에서 단서의 의미에 대해 더 깊은 통찰력을 얻는
다. 예를 들어 'publish'가 '저자'라는 단어와 연관성이 있음을 인식하는
식이다.

관계가 추출되면 왓슨은 단서의 요소들을 식별하는데, 이때 구문 분
석 결과물에 적용된 if-then-else 규칙을 사용한다. 여기서 단서의 초점,
답안 유형, 질문 분류라는 세 가지 주요 요소가 식별된다. 단서의 초점
은 게임 참가자들의 답을 유도하는 인물, 사건 또는 물건이다. 답안 유
형은 단서의 초점이 가진 본질적 특성이고, 질문 분류는 단서가 속해 있
는 카테고리다. 생각해볼 수 있는 카테고리로는 흥밋거리 정보, 정의,
선다형, 퍼즐, 약어 등이 있다. 예시에서 단서의 초점은 'he', 개인 남성
이고, 답안 유형은 '은행원'과 '작가'다. 그리고 질문 분류는 '흥밋거리
정보', 즉 어느 사실에 관한 단편적 정보다.

단서 분석이 완료되면 왓슨은 데이터베이스에서 답을 검색한다. 이때, 수없이 많은 검색을 시작하면서 자신의 메모리뱅크에 저장된 정형 및 비정형 데이터에 접속한다.

정형 데이터는 잘 정리된 표에 보관된 정보를 일컫는다. 이런 데이터는 흥밋거리 정보 조회에 매우 유용하다. 예를 들어, 왓슨은 유명한 노래들의 제목과 그 노래를 만든 작곡가들이 정리된 표에서 『개척자의 노래』를 검색할 수 있다. 하지만 이 시집이 그다지 알려지지 않았다는 점을 감안하면, 검색이 헛수고가 될 가능성도 있다.

비정형 데이터는 어떤 형식에 의해 정리되어 있지 않은 정보를 지칭하는 용어다. 이 데이터에는 신문 기사나 책 같은 텍스트 문서 형태의 정보들이 담겨 있다. 그 양은 엄청나게 많지만, 컴퓨터가 해석하기에는 어렵다. 이런 비정형 데이터에서 유용한 정보를 검색하는 것이 왓슨 개발 과정에 있어 가장 큰 난제였는데, 마침내 왓슨 제작 팀은 놀라울 정도로 효과적인 몇 가지 요령을 발견했다.

그중 하나는 단서에 있는 모든 단어를 언급하는 백과사전 기사를 검색하는 것이다. 대개 기사 제목이 답이 된다. 예를 들어 위키피디아에서 '은행원' '유콘' '개척자의 노래' '1907년'이라는 단어들을 검색하면, '로버트 W. 서비스Robert W. Service'라는 제목의 기사가 나타난다. 그것이 바로 정답이다.

또 다른 요령은 단서의 초점을 제목으로 하여 위키피디아를 검색하는 것이다. 그러면 알고리즘이 선택한 문서의 본문에서 원하는 정보를 찾는다. 예를 들어, 왓슨은 위키피디아에서 '알렉산더 크바스니에프스키Aleksander Kwasniewski'라는 제목의 기사를 찾아 '알렉산더 크바스니에프스

키가 1995년에 이 나라의 대통령이 되었다'라는 단서를 포착한다. 그 후 기사에서 가장 자주 언급되는 국가의 이름을 찾는다. 왓슨은 자신이 정확한 결과를 도출했기를 바라면서 이러한 일련의 검색을 시도한다.

마지막으로 왓슨은 검색 결과로 도출된 여러 정답 후보가 단서의 요건을 얼마나 잘 충족하는지 계산해 평가한다. 답과 단서의 모든 측면을 비교해서 점수를 매기고, 가장 높은 점수를 받은 답을 최상의 솔루션으로 선택한다. 그 점수를 일정한 임계값과 비교해 점수가 임계값을 넘으면, 질문(퀴즈의 정답)으로 바꿔 벨을 누른다. 그리고 사회자에게 질문을 던지는 것이다.

왓슨의 뿌리는 1970년대와 1980년대의 전문가 시스템expert system(전문적인 지식이나 문제 해결 방법 등을 컴퓨터에 저장해놓고 문제 해결에 이용하는 시스템—옮긴이)과 사례기반추론case-based reasoning, CBR(과거에 문제를 해결하는 데 사용되었던 사례나 경험에 비추어 현재의 새로운 문제를 인식하고 유형화하여 해결책을 추론하는 방법—옮긴이) 기술이다.

전문가 시스템은 수기로 작성한 if-then-else 규칙을 사용해 텍스트 입력을 출력으로 변환한다. 최초의 전문가 시스템인 MYCIN은 스탠포드대학교의 에드워드 파이겐바움Edward Feigenbaum(1936~)이 꾸린 팀에 의해 개발되었으며, 의사들이 전염병의 원인이 세균성인지 바이러스성인지 판단하는 일을 돕기 위해 고안되었다. 세균성 감염은 항생제로 치료될 수 있지만 바이러스성 감염은 약물 치료로는 낫지 않는데, 의사들은 전염병을 바이러스성 감염으로 오인해 항생제를 과다 처방하는 실수를 저지르곤 했다. MYCIN은 환자의 증상과 진단 테스트 결과를 탐색해 일련의 질문을 제기함으로써 의사들의 처방을 돕는다. 질문 순서는

MYCIN 소프트웨어에 들어 있는, 수기로 작성된 규칙 목록에 따라 결정된다. MYCIN의 최종 진단(세균성인지 바이러스성인지) 또한 의료 전문가들이 정의한 일련의 규칙을 기반으로 한다.

CBR 시스템은 전문가 시스템보다 더 유연한 의사결정을 할 수 있게 해준다. 가장 널리 알려진 최초의 CBR 시스템은 예일대학교의 재닛 콜로드너Janet Kolodner(1954~)가 개발한 사이러스CYRUS다. 사이러스는 자연어 정보 검색 시스템으로, 미 국무장관을 지낸 사이러스 밴스Cyrus Vance(1917~2002)와 에드먼드 머스키Edmund Muskie(1914~1996)의 일대기와 일기가 담겨 있다. 이 시스템은 정보 소스를 참조해 사용자와 대화를 시작하고, 두 가지 주제에 대한 질문에 답한다. 예를 들면 이렇다.

Q : 사이러스 밴스가 누군가요?

A : 미국 국무장관입니다.

Q : 자녀가 있나요?

A : 네, 5명의 자녀를 두었습니다.

Q : 그는 지금 어디에 살고 있나요?

A : 이스라엘에 살고 있습니다.

사이러스는 질문을 문서의 구절과 맞춰본 뒤 답안 후보를 생성한다. 발견된 모든 일치 사항은 그 유사성에 따라 점수가 매겨지고, 점수가 가장 높은 답안 후보가 적절한 어구로 표현되어 사용자에게 제공된다.

전문가 시스템의 큰 단점은 모든 규칙과 고려 사항을 시스템에 수동으로 프로그래밍해야 한다는 것이다. 반면 CBR 시스템은 질문과 출처 자료의 모든 잠재적 뉘앙스를 프로그램으로 다루어야 하는데, 자연어의 복잡성으로 인해 질문과 유효한 대답을 연결하는 일이 매우 복잡하다. 따라서 알고리즘은 문장 구조의 혼란스러운 다양성까지 모두 다룰 수 있어야 한다. 말장난, 농담, 숨겨진 의미 등이 이 문제를 더욱 어렵게 만들고, 입력 텍스트와 참조 문서에 나타나는 언어의 미묘한 차이도 CBR 알고리즘을 더욱 복잡하게 만든다.

〈제퍼디!〉에서 왓슨이 성공할 수 있을지의 여부는 단서에 달려 있었다. 〈제퍼디!〉의 사회자는 수많은 유형의 질문을 사용하지만, 그래도 제한적일 수밖에 없다. 왓슨 팀은 각고의 노력 끝에 〈제퍼디!〉가 가장 일반적으로 사용하는 단서 스타일을 다루기 위한 알고리즘을 작성하는 데 성공했다. 만약 〈제퍼디!〉 제작진들이 갑자기 단서의 형식을 바꿨다면 왓슨은 고전을 면치 못했을 것이다. 그러나 왓슨의 인간 경쟁자들은 그런 변형에 적응했을 가능성이 크다. 어쨌든 왓슨은 〈제퍼디!〉의 단서 제공 형식을 다루도록 프로그램되었다. 사실, 천재처럼 보이는 외형에도 불구하고 왓슨은 아무것도 이해하지 못한다. 단지 미리 정해진 규칙에 따라 말을 섞을 수 있을 뿐이다. 그리고 이를 위해 이전의 어떤 자연어 처리 시스템보다 더 많은 규칙과 자료를 가지고 있었다.

하지만 IBM은 〈제퍼디!〉에 출현하기 위해 왓슨을 개발한 것은 아니었다. IBM의 말을 들어보자.

왓슨은 심층 분석 및 자연어 이해에 대한 연구를 수행하기 위해 개발되었습니다. 이것은 사람들이 정말 소중히 여기는 문제들을 해결하기 위해 기술을 어떻게 적용할 것인가를 고민한 결과입니다.

〈제퍼디!〉 도전이 끝난 후, IBM은 왓슨센터에서 개발한 기술을 상업적으로 활용하기 위한 사업부를 설립했다. 현재 이 사업부는 의료 부문에 이 기술을 적용하는 임무(특히 질병의 자동 진단 분야)에 초점을 맞추고 있다. 그러나 고도로 맞춤화된 알고리즘의 새로운 목표를 설정하는 것이 매우 까다로운 일이라는 것이 판명되면서, IBM 경영진들은 그 진전이 예상보다 더디다는 사실을 인정하고 있다.

돌이켜 보면, 왓슨의 〈제퍼디!〉 참가는 CBR 시스템의 정점을 보여주었다. 하지만 그 앞에는 훨씬 더 강력한 AI 기술이 기다리고 있었다. 다가오는 혁명에 대한 암시가 왓슨에 내재되어 있었던 것이다. 몇몇 인공신경망 기술들이 왓슨의 의사결정 능력을 증강시켰다. 이 네트워크들이야말로 미래의 전조였다. 전문가 시스템과 CBR 시스템 같은 고전 AI 기술은 새로운 해일에 휩쓸려 시대의 뒤안길로 사라질 위기에 처했다.

11

인간의 뇌를 흉내 내다

기억할 수 있는 기계는 연상할 수 있는 기계와 다르지 않고, 우리가 아는 바처럼, 연상할 수
있는 기계는 신경 중추의 기본적 습관 법칙과 다르지 않다.

윌리엄 제임스, 심리학자
『심리학 원리 The Principles of Psychology』(1890) 중에서

인간은 패턴을 인식하는 능력을 타고났다. 아이들은 불과 몇 년 되지 않
는 형성기 동안 사람들의 얼굴, 목소리, 물체, 냄새, 질감, 귀로 듣는 단
어 등을 인식하는 법을 배운다. 그러나 20세기 내내 패턴 인식에서 인
간의 능력을 따라잡을 수 있는 알고리즘을 설계하려고 시도했던 과학
자들은 비참한 실패를 거듭했다. 컴퓨터는 왜 계산은 그렇게 잘하면서
패턴 인식은 하지 못할까?

이 수수께끼를 더 잘 이해하기 위해서, 사진 속의 고양이를 인식하는
시스템의 개발 과정에 대해 생각해보자.

첫 번째 단계는 이미지를 컴퓨터가 처리할 수 있는 숫자 배열로 변환

하는 것이다. 디지털카메라의 렌즈가 전자 센서 그리드에 빛을 비추면, 각 센서가 조도를 0~1 범위의 숫자로 변환한다. 회색 톤 이미지의 경우, 0에는 검은색, 1에는 흰색, 회색 음영에는 중간값이 부여된다. 모든 숫자는 이미지상의 점 또는 픽셀(그림 요소)에 해당된다. 숫자 배열은 이미지의 디지털 근사치다. 여기까지만 해도 그렇게 어렵지 않다. 패턴 인식의 진짜 도전 과제는 디지털 이미지를 생성하는 데 있는 것이 아니라, 숫자를 이해할 수 있는 알고리즘을 쓰는 데 있다.

진짜 어려움은 실제 이미지의 가변성에서 발생한다. 첫째, 많은 종류의 고양이가 있다. 뚱뚱한 고양이도 있고 마른 고양이도 있고, 몸집이 큰 고양이도 있고 작은 고양이도 있고, 털이 많은 고양이도 있고 적은 고양이도 있고, 회색, 갈색, 흰색, 검은색 등 털색도 다양하고, 꼬리가 긴 고양이도 있고 짧은 고양이도 있다. 둘째, 고양이는 누워 있거나 앉아 있거나 서 있거나 걷고 있거나 뛰는 자세를 취할 수도 있다. 카메라를 보고 있을 수도 있고, 왼쪽 또는 오른쪽을 보고 있을 수도 있고, 등을 돌리고 있을 수도 있다. 셋째, 사진 자체가 다양한 조건에서 촬영된 것일 수 있다. 낮에 찍었거나 밤에 찍은 사진일 수도 있고, 플래시를 터뜨렸거나 클로즈업 또는 롱숏일 수도 있다. 이런 각각의 상황을 모두 파악할 수 있는 알고리즘을 작성하는 것은 매우 어렵다. 또, 새로운 규칙은 이전의 모든 규칙과 상호 작용해야 한다. 그러나 규칙끼리 충돌하는 경우가 많아, 결국 알고리즘 개발은 중단되고 만다.

그러자, 컴퓨터과학자들은 수백만 개의 규칙을 만드는 대신 다른 접근 방법을 선택했다. 그들의 논점은 간단했다. 세계 최고의 패턴 인식 엔진이 인간의 뇌라면, 그냥 인간의 뇌를 복제하면 되지 않겠는가?

뇌세포

신경과학자들은 이미 20세기 초에 인간 신경계에 대한 기본적인 이해를 터득했다. 이 연구의 선봉장은 1906년에 노벨 의학상을 수상한 스페인의 신경과학자 산티아고 라몬 이 카할Santiago Ramon y Cajal(1852~1934)이었다.

인간의 뇌는 약 1,000억 개의 세포, 즉 뉴런으로 구성되어 있다. 하나의 뉴런은 중앙 몸체, 수상돌기dendrites라고 부르는 입력 섬유군 그리고 축색돌기axon라고 부르는 다량의 출력 섬유군으로 이루어져 있다. 현미경으로 관찰하면, 길고 가는 가닥 모양의 수상돌기와 축색돌기가 둥글납작한 모양의 중심 몸체에서 넓게 펼쳐지면서 가지를 이룬다. 모든 축색돌기는 시냅스synapse라고 부르는 작은 틈을 통해 다른 뉴런의 수상돌기와 연결된다. 따라서 뉴런들은 서로 단단하게 연결되어 있다. 하나의 뉴런은 1,500개의 다른 뉴런들과 연결될 수 있다.

뇌는 한 뉴런에서 다른 뉴런으로 전달되는 전기화학적 진동을 통해 작동한다. 뉴런이 점화되면, 중심 몸체에서 모든 축색돌기로 진동을 보낸다. 이 진동은 연결된 다른 뉴런의 수상돌기로 전달되어 진동을 수신한 뉴런을 자극하거나 억제하는 역할을 한다. 특정 수상돌기에 수신된 진동은 자극을 유발하고, 나머지 수상돌기에 수신된 진동은 억제를 유발하는 것이다. 세포가 하나 이상의 다른 뉴런으로부터 충분한 자극을 받으면, 그 세포는 점화된다. 이는 뉴런의 연쇄 점화로 이어질 수 있다. 반대로, 억제 역할을 하는 수상돌기에 수신된 진동은 자극 정도를 감소시켜 뉴런이 점화될 가능성을 낮춘다. 자극 또는 억제의 정도는 수신되는 진동의 빈도와 이를 수신하는 수상돌기의 감도에 영향을 받는다.

캐나다의 신경심리학자 도널드 헵Donald Hebb(1904~1985)은 뉴런이 계속 점화되면 진동을 수신하는 수상돌기에 변화가 생긴다는 사실을 발견했다. 수상돌기가 점화에 점점 민감해지기 때문에, 진동을 수신하는 뉴런이 그 반응으로 점화될 가능성이 더 커진다는 것이다. 헵은 이를 통해 생물학적 신경 네트워크에서 과거의 경험이 미래의 행동을 결정짓는 학습 효과가 일어난다는 것을 밝혀냈다. 개별 뉴런의 활동과 뇌의 높은 학습 능력 수준 사이에 중요한 연관성이 있음이 밝혀진 것이다.

1943년, 두 미국 연구원이 뉴런의 활동을 수학으로 입증할 수 있다고 주장했다. 이 주장은 사람들의 호기심을 자극할 만큼 파격적이었다.

월터 피츠Walter Pitts(1923~1969, 그림 11.1)는 어릴 때부터 천재로 불렸다. 디트로이트에서 태어나 불우한 환경 속에서 자란 피츠는 공립도서관의 책으로 수학, 그리스어, 라틴어를 독학했다. 그러던 어느 날, 그는 서가의 통로를 둘러보다가 버트런드 러셀Bertrand Russell(1872~1970)과 A.

그림 11.1 월터 피츠. (과학 사진 라이브러리 제공)

N. 화이트헤드 A. N. Whitehead(1861~1947)가 공동 집필한 『수학의 원리 Principia Mathematica』라는 책을 발견했다. 이 책은 수학의 논리적 기초를 확립하는 어렵고 두꺼운 책이었다. 피츠는 이 책을 읽으면서 몇 가지 오류를 발견하고, 공동 저자인 러셀에게 오류를 지적하는 편지를 보냈다. 편지를 받은 러셀은 매우 기뻐하며 케임브리지대학교에서 자신과 함께 공부할 수 있도록 피츠를 초대한다는 답장을 보냈다. 그러나 안타깝게도, 피츠는 가지 못했다. 나이가 불과 12살밖에 되지 않았기 때문이다.

15살이 되었을 때, 피츠는 러셀이 시카고대학교에서 연설할 예정이라는 소식을 들었다. 그때 집을 떠난 그는 다시 돌아가지 않았다. 대신 러셀의 강의를 몰래 들으면서 대학에서 변변찮은 일자리를 구했다. 마땅한 거처가 없었던 피츠는 우연히 청년 의대생 제롬 레트빈 Jerome Lettvin(1920~2011)과 친구가 되었다. 레트빈은 피츠에게서 천재성을 보았고, 그를 워렌 매컬러 Warren McCulloch(1898~1969)에게 소개했다.

일리노이대학교 교수였던 매컬러는 피츠보다 24살이 더 많았다. 피츠와는 정반대로, 매컬러는 부유한 전문직 부모를 둔 전형적인 미국 동부 가정에서 자랐다. 그는 대학에서 심리학을 공부한 후 신경생리학 박사학위를 받았다. 잘 어울리지 않을 것 같은 한 쌍이었지만, 매컬러와 피츠는 매컬러의 연구에 대해 깊은 대화를 나눴다. 당시 매컬러는 논리적 연산을 통해 뉴런의 함수를 제시하려고 시도하고 있었다. 피츠는 매컬러의 의도를 간파하고 그 문제의 대안으로 수학적 접근 방식을 제안했다. 어린 소년의 잠재력과 곤경을 알게 된 매컬러는 피츠와 레트빈에게 자기 집에서 함께 살자고 권유했다.

새로운 거주지를 찾은 피츠는 밤늦게까지 매컬러와 함께 일했다. 그

11 인간의 뇌를 흉내 내다

들은 뉴런의 상태를 숫자로 나타낼 수 있다는 생각을 발전시켜나갔다. 그 과정에서 상호 연결된 뉴런들의 점화 패턴을 방정식으로 시뮬레이션할 수 있다고 상정하기도 했다. 그리고 마침내, 뉴런 네트워크가 논리적 연산을 수행할 수 있다는 것을 증명하는 수학적 모델을 개발했다. 뉴런 네트워크가 튜링 머신의 일부 기능을 수행할 수 있다는 사실도 밝혀냈다(3장 참조).

피츠는 고등학교를 마치지 못했지만 매컬러의 도움으로 MIT에서 대학원생 일자리를 얻었다. MIT의 멘토 중 노버트 위너Norbert Wiener(1894~1964) 수학 교수는 피츠에게 자율 규제 시스템 학문인 인공두뇌학cybernetics을 공부할 것을 권했다. 인공두뇌학은 생태계에서 기계류에 이르기까지 모든 종류의 자율 규제 시스템을 포괄한다. 이 분야의 가장 일반적인 예는 바로 자동 온도 조절 난방 시스템이다. 피츠, 위너, 매컬러, 레트빈은 느슨한 제휴 관계를 유지하며 인공두뇌학 분야를 발전시켜나갔다. 존 폰 노이만 등 뜻을 함께하는 연구원들에게 접근을 시도하기도 했다. 레트빈은 훗날 자신들의 모임인 사이버네티션cyberneticians과 피츠에 대해 다음과 같이 말했다.

(피츠는) 확실히 우리 모임의 천재였다. 그는 화학, 물리학뿐만 아니라 역사, 식물학에 이르기까지 우리가 논하는 거의 모든 학문에서 다른 사람과 비교할 수 없을 정도의 능력을 가지고 있었다. 그에게 무슨 질문이라도 던지면, 교과서 1권을 통째로 받을 수 있을 것이다. 피츠에게 세상은 매우 복잡하면서도 멋진 방식으로 연결되어 있었다.

1952년, 매컬러는 위너의 초대를 받아 MIT에서 신경과학 프로젝트를 이끌었다. 그는 다시 한번 피츠와 함께 일할 기회를 잡게 된 것을 기뻐하며 곧바로 보스턴으로 이사했다. 그러나 안타깝게도 피츠는 알코올에 중독되고 심한 우울증에 시달리기 시작했다. 위너가 갑자기 아무런 설명도 없이 피츠, 매컬러, 레트빈과의 연락을 끊었기 때문이었다. 당황한 피츠는 우울증에 빠졌고, 1969년, 불과 46세의 나이에 술과 관련된 질병으로 사망했다. 매컬러도 4개월 후 심장 질환으로 세상을 떠났다. 그의 나이 70세였다. 인공신경망의 수학적 토대를 구축한 것은 전적으로 그들의 유산이었다.

인공신경망

세계 최초의 인공신경망ANN은 1954년 MIT의 벨몬트 팔리Belmont Far-ley(1920~2008)와 웨슬리 클라크Wesley Clark(1927~2016)에 의해 구축되었다. 두 사람은 컴퓨터 프로그램으로 점화하는 뉴런의 시뮬레이션을 구성했다. 그들은 숫자를 사용해 뉴런의 상태를 표시하고 입력과 출력의 민감도를 추적했다. 뉴런 네트워크는 간단한 2진수(1과 0의 연속)의 이미지를 인식하도록 프로그래밍되었다.

ANN을 처음 구축한 사람은 이 둘이었지만, 그 개념을 대중화한 사람은 프랭크 로젠블라트Frank Rosenblatt(1928~1971, 그림 11.2)였다.

뉴욕주 뉴로셸New Rochelle 출신의 로젠블라트는 코넬대학교에서 심리학 박사학위를 받은 후 바로 교수직을 맡았다. 그리고 1957년에 IBM 컴퓨터로 ANN을 시뮬레이션했다가, 1958년부터는 처리 속도를 높이기 위해 전자 장치 형태인 마크 I 퍼셉트론Mark 1 Perceptron으로 ANN을 구축했다. 로젠블라트의 퍼셉트론은 이미지에서 간단한 모양을 인식하도록 설계되었다. 흑백 카메라에서 퍼셉트론으로 이미지(20×20픽셀짜리)가 전송되면, 퍼셉트론은 작은 뉴런 네트워크의 활동을 시뮬레이션했다. 네트워크 출력은 일련의 뉴런 출력으로 구성되었다. 인식하는 모양 하나하나마다 출력이 이루어졌으며, 가장 높은 출력값이 이미지에서 어느 모양이 발견되었는지를 나타냈다.

퍼셉트론의 기능은 매우 제한적이었지만, 로젠블라트는 자신의 연구를 설득력 있게 전달하는 능력을 가진 사람이었다. 그가 기자 회견을 끝내자, 뉴욕타임스는 다음과 같은 기사를 내보냈다.

> 미 해군은 오늘, 스스로 걷고, 말하고, 보고, 쓰고, 재생산하고, 그 존재를 인식할 수 있을 것으로 기대하는 전자 컴퓨터의 초기 모형을 공개했다. 그리고 퍼셉트론이 언젠가는 사람들을 인식하고, 그들의 이름을 부르고, 하나의 언어로 된 연설을 즉석에서 다른 언어로 말하고 쓸 수 있도록 번역할 수 있게 될 것이라고 예측했다.

그림 11.2 마크 1 퍼펙트론의 발명자 프랭크 로젠블라트. 1950년.
(출처: 작고한 동창생 파일, #41-2-877. 코넬대학교 도서관 희귀본 및 원고 수집부 제공)

로젠블라트의 예측은 현실과는 엄청난 격차가 있었다. 그럼에도 불구하고, 그의 시연회, 논문, 저서는 ANN의 개념을 다른 연구기관으로까지 확산시키는 데 큰 영향을 미쳤다.

퍼셉트론에는 분류 기능이 있어 주어진 입력이 어느 클래스나 카테고리에 속하는지를 판단한다. 로젠블라트의 경우, 퍼셉트론에 대한 입력은 모양 이미지였다. 퍼셉트론의 목적은 그 모양이 원인지, 삼각형인지, 정사각형인지를 판단하는 것이었다. 이 모양들은 이미 인지되어 있는 모양 클래스였다.

퍼셉트론은 하나 이상의 인공 뉴런 층으로 구성되어 있다. 모든 뉴런은 입력을 여러 개 받지만, 출력은 1개뿐이다(그림 11.3). 입력 또는 출력의 신호 강도는 숫자로 표시되며, 뉴런의 출력은 입력을 기반으로 계산된다. 이때 모든 입력에 가중치를 곱하는데, 특정 입력에 보내지는 신호에 대한 뉴런의 민감도를 반영하기 위해서다. 가중치가 고려된 입력은 편향값 bias value과 합산되어 뉴런에 자극을 준다. 이 자극은 활성 함수acti-

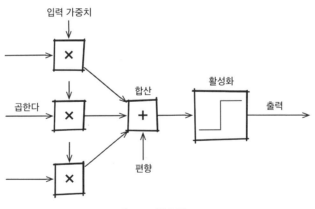

그림 11.3 인공 뉴런.

11 인간의 뇌를 흉내 내다

vation function(입력받은 신호를 학습에 이용될 수 있도록 출력 신호로 처리하는 함수—옮긴이)에 적용되는데, 퍼셉트론에서 활성 함수는 간단한 임계값 연산이다. 자극이 임계값(고정 숫사값)보다 크면 출력이 1이 되고, 임계값보다 낮으면 출력이 0이 된다. 또, 전체 네트워크에서 임계값은 일정하다. 그러므로 활성 함수에서 발생하는 0 또는 1이 뉴런의 최종 출력이다.

뉴런의 가중치와 편향을 합쳐 네트워크의 매개변수라고 부른다. 이 값들은 뉴런이 점화하는 조건, 즉, 1을 출력하는 조건을 결정한다. 매개변수는 양의 값이 될 수도 있고 음의 값이 될 수도 있다. 양의 값 가중치에 1의 입력이 적용되면 자극이 강해져 뉴런의 점화 가능성이 커진다. 반대로 1의 입력에 음의 값 가중치가 곱해지면 자극이 약해져 점화 가능성이 줄어든다. 편향은 뉴런이 일정한 임계값을 초과하면서 점화되기 위해서는 얼마나 많은 입력 자극이 필요한지를 결정한다. 네트워크가 정상적으로 작동한다면, 이런 매개변수는 일정하다.

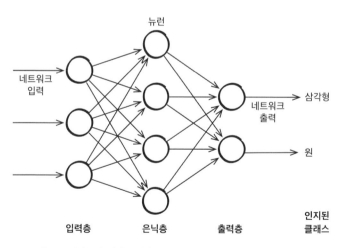

그림 11.4 입력 3개, 완전히 연결된 층 2개, 출력 클래스 2개가 있는 퍼셉트론.

퍼셉트론은 수많은 입력을 수신한다(그림 11.4). 예를 들어 로젠블라트의 20×20픽셀 이미지는 400개의 연결을 통해 퍼셉트론에 입력된다. 모든 연결은 연결된 픽셀이 검은색인지 흰색인지에 따라 0 또는 1 값을 갖는다. 입력 연결은 네트워크의 첫 번째 층[1]인 입력층으로 유입된다. 그래서 이 층에 있는 뉴런들은 하나의 입력 연결만 가지고 있다.

입력 연결이 입력층으로 유입된 후에는 한 층에서의 출력이 다음 층의 입력으로 유입된다. 완전히 연결된 네트워크에서는 한 층에서 나오는 모든 출력이 다음 층의 모든 뉴런에 입력된다. 따라서 입력층의 출력은 첫 번째 은닉층hidden layer(숨겨진 층)으로 연결된다. 은닉층은 네트워크 입력이나 출력에 직접 연결되어 있지 않은 층이다. 단순한 네트워크에서는 이 층이 하나만 나타날 수도 있다.

은닉층 다음에는 출력층이 나타난다. 이 층에 있는 뉴런들의 출력이 네트워크의 최종 출력이다. 모든 출력 뉴런은 하나의 클래스마다 점화가 이루어지는데, 이상적으로는 인지된 클래스와 관련된 뉴런만이 점화되어야 한다(즉, 1의 출력).

요약하면, ANN 시뮬레이션은 다음과 같이 진행된다.

네트워크 입력값을 인식하시오.
모든 계층에 대해 반복하시오.
　층에 있는 모든 뉴런에 대해 반복하시오.
　　자극의 합을 편향과 동등하게 설정하시오.
　　뉴런에 대한 모든 입력에 대해 반복하시오.
　　　입력값에 입력 가중치를 곱하시오.

이 값을 자극의 합에 더하시오.

모든 입력이 처리되면 반복을 멈추시오.

자극이 임계값보다 크면(if then)

뉴런 출력을 1로 설정하시오.

그렇지 않으면(else) 뉴런 출력을 0으로 설정하시오.

층이 처리되면 반복을 멈추시오.

모든 층이 처리되면 반복을 멈추시오.

최대 네트워크 출력과 관련된 클래스 이름을 출력한다.

ANN의 작동 과정은 뉴런이 점화될 때 뉴런의 불이 켜진다고 상상함으로써 시각화할 수 있다. 입력이 네트워크에 적용되면, 0과 1이 입력층에 입력된다. 일부 뉴런들이 점화되어 1의 출력을 은닉층으로 보내면, 이 출력이 은닉층에 있는 뉴런들에 자극을 가해 점화시킨다. 그러면 출력층의 뉴런 중 하나가 자극된다. 이 단일 출력 뉴런이 점화되어 네트워크 입력에서 어떤 패턴이 관찰되었는지 보여주는 것이다.

모든 뉴런은 입력에 관해 아주 작은 결정을 내리지만, 상호 연결된 뉴런들은 서로 협력하면서 입력의 본질과 관련해 복잡한 결정을 내릴 수 있다. 복잡한 패턴을 인식할 수 있는 능력은 바로 이러한 모든 작은 결정을 통합 조정함으로써 생긴다.

ANN을 설계할 때는 두 가지 어려운 과제를 해결해야 한다. 첫 번째는 적합한 위상수학topology(공간 속 물체가 가진 점, 선, 면 등의 특성을 토대로 위치와 형상을 탐구하는 수학의 한 분야—옮긴이)을 선택하는 것이다. 이것은 네트워크에 있는 뉴런들이 어떻게 배열되느냐의 문제다. 위상수학은 층의 수, 각 층의 뉴런 양, 뉴런의 상호 연결 등을 결정하는데, 어느 위상수학을 선택하느냐에 따라 네트워크가 처리할 수 있는 작업의 복잡성에 영향을 준다. 일반적으로 보다 복잡한 패턴 인식 작업을 위해서는 더 많은 뉴런과 층이 필요하다. 두 번째는 네트워크 매개변수의 값을 결정하는 것이다. 매개변수는 네트워크의 동작을 제어하기 때문에, 네트워크가 입력을 올바르게 분류하려면 매개변숫값이 정확해야 한다.

로젠블라트는 자신의 경험과 시행착오를 바탕으로 네트워크 위상수학을 선택했는데, 오늘날까지도 연구자들은 그의 선택을 따르고 있다. 로젠블라트는 특정 위상수학을 선택하기 위해 효과적인 매개변숫값을 찾는 훈련 절차를 사용했다. 훈련은 무작위 매개변수로 시작했다. 그런 다음 네트워크에 몇 가지 입력 예제를 입력하고, 출력이 올바른지 확인했다. 만약 출력이 틀리면, 퍼셉트론이 올바른 답을 낼 때까지 변수를 조정했다. 그는 일련의 입력 예제에 대해 이 과정을 반복했고, 훈련이 끝나면 이전에 사용하지 않은 입력 정보를 투입해 정확도를 테스트했다.

로젠블라트는 자신의 훈련 방법을 역전파 오류 수정back-propagating error correction이라고 지칭했다. 쉽게 말하자면, 퍼셉트론이 제대로 작동할 때까지 손잡이를 돌린 것이다. 이것은 힘든 작업이었지만, 몇 개의 간단한 모양을 인식하는 데 상당히 좋은 성과를 거둘 수 있었다.

그러나 1960년대에 들어서면서 퍼셉트론은 비판과 논란에 부딪혔다. 마빈 민스키[2]와 시모어 페퍼트Seymour Papert(1928~2016)가 로젠블라트의 아이디어 전체를 반박하는 『퍼셉트론』이라는 제목의 책을 출판한 것이다. 이 책은 과학계에 큰 충격을 가져왔다. 두 저자는 MIT 교수와 MIT의 인공지능연구소장으로, 학계에서 인정받는 인물들이었기 때문이다.

남아프리카 출신의 페퍼트는 수학을 전공한 학자였다. 그는 MIT에 근무하기 전에 케임브리지대학교, 파리대학교, 제네바대학교, NPL 등에서 근무하며 인상적인 이력을 쌓았다. 뉴욕 출신의 민스키는 원래 신경망 신봉자였다. 프린스턴대학교에서 쓴 박사 논문도 신경망에 관한 것이었다. 그는 뇌 시냅스에서 영감을 받아 1952년에 학습 능력이 있는 전자 장치 SNARC를 설계하기도 했다. 그러나 이후, 민스키는 기호논리학파(언어를 사용하는 일반 논리학에 반해 기호를 사용하는 논리학—옮긴이)로 변신했다(5장 참조). 그의 머릿속에서 신경망이 사라지고 논리적 추론이 그 자리를 차지한 것이다.

두 저자는 책에서 퍼셉트론의 특성에 대한 수학적 분석을 제기했는데, 이때 퍼셉트론의 장점도 설명했지만 그보다는 두 가지 중요한 한계점을 강조했다. 먼저 단일층 퍼셉트론은 특정한 기본적 논리 연산도 수행할 수 없다고 지적했다. 또한, 로젠블라트의 훈련 방법이 다층 퍼셉트론에게는 효과가 없을 것이라고 주장했다. 결론적으로 둘은 퍼셉트론에 대해 냉혹한 평가를 내렸다.

> 퍼셉트론은 '패턴 인식' 또는 '학습' 기계로 널리 알려져 있으며, 많은 책, 저널 기사, 수많은 '보고서'에서 인용되었다. 그러나 그런 (……) 인용 대부분은 과학적 가치가 없다. 이미 많은 이론이 퍼셉트론이 특정한 종류의 패턴을 인식하지 못한다는 것을 보여주고 있다.

퍼셉트론 지지자들은 반발했다. 그들은 민스키와 페퍼트의 비판은 타당하지만, 오해의 소지가 있다고 주장했다. 단일층 퍼셉트론이 특정 기본 논리 함수를 학습할 능력이 없는 것은 사실이지만, 다층 퍼셉트론은 학습 능력이 있다는 것이었다. 로젠블라트의 훈련 방법이 다층 퍼셉트론에는 효과가 없지만, 그렇다고 해서 그것이 곧 적절한 훈련 절차를 찾을 수 없다는 의미는 아니라는 말이었다. H. D. 블락H. D. Block은 이 책에 대한 논평에서 다음과 같이 반박했다.

> 민스키와 페퍼트가 정의한 퍼셉트론은 로젠블라트의 단순 퍼셉트론보다 좀 더 일반적이다.
> 반면, 로젠블라트의 단순 퍼셉트론은 퍼셉트론 마니아들이 생각하는 전형적인 퍼셉트론과는 전혀 다르다. 그는 여러 개의 층, 피드백, 교차 결합cross coupling이 있는 퍼셉트론에 대해 더 관심이 있었다. 결론적으로, 민스키와 페퍼트는 퍼셉트론이라는 단어를 퍼셉트론 일반 클래스의 제한된 하위 부분만을 지칭하는 목적으로 사용하고 있다.

민스키와 페퍼트가 의도적으로 퍼셉트론을 죽이려 한다고 주장하는 논평가들도 있었다. 실제로 그들의 의도가 무엇이었는지와 별개로, 책이 출간된 후 퍼셉트론 연구는 크게 줄어들었다.[3] 연구자들이 인공지능에 대한 환상에서 깨어나면서 분야 전체가 자금난에 빠졌고, AI의 겨울이 시작되었다.

안타깝게도, 로젠블라트는 1971년 43번째 생일에 체서피크만Chesapeake Bay에서 항해 사고로 목숨을 잃었다. 민스키와 페퍼트는 그를 추모하며 『퍼셉트론』 2판을 출간했다.

그 후 몇 년간, 민스키는 유명 AI 연구자이자 작가로 다작을 남겼고, 이 분야의 발전에 기여한 공로로 1969년에 ACM 튜링상을 수상했다. 민스키와 페퍼트는 모두 2016년에 88세의 나이로 세상을 떠났다.

두뇌를 훈련시키는 방법

1970년 이후 ANN를 연구하는 컴퓨터과학자들은 극소수에 불과했다. 가장 큰 문제는 다층 네트워크를 훈련시키는 방법을 찾는 것이었다. 결국 이 문제는 4개의 연구 팀이 각각 해결함으로써 4차례에 걸쳐 해결된 셈이 되었다. 이들 간에 소통이 거의 없어서, 다른 팀이 무엇을 하는지 몰랐기 때문이다. 다층 ANN이 알고리즘을 통해 훈련될 수 있다는 말이 나오기 시작한 것은 1985년 무렵이었다.

하버드에 다니던 폴 워보스Paul Werbos(1947~)는 박사 논문의 일환으로 이 문제를 다루었다. 그러나 그의 역전파 알고리즘은 발표된 지 꽤 시간이 지나고도 ANN 훈련에 적용되지 못했다. 그러자 워보스는 당시 AI 연구의 원로였던 민스키에게 자신이 생각한 해결책을 설명했다.

> 1970년대 초에 MIT로 민스키를 찾아갔지요. 저는 다층 퍼셉트론이 실제로 이전의 문제를 극복할 수 있음을 보여주는 논문을 함께 쓰자고 제안했습니다. 하지만 민스키는 관심이 없었습니다.

그로부터 10여 년이 흐른 1985년, 데이비드 파커David Parker가 MIT 기술 보고서에서 역전파 알고리즘에 대해 설명했다. 같은 해, 프랑스 유학생 얀 르쿤Yann LeCun(1960~)도 파리에서 열린 한 학회에서 파커의 알고리즘과 같은 방법을 설명하는 논문을 발표했다.

그리고 이듬해, 『네이처』에 역전파 알고리즘을 설명하는 서한이 실렸다. 서한의 저자는 데이비드 럼멜하트David Rumelhart(1942~2011)와 로널드 윌리엄스Ronald Williams(이상 캘리포니아대학교 샌디에이고 캠퍼스 소속), 제프리 힌턴Geoffrey Hinton(1947~, 카네기멜론대학교 소속)[4]이었다. 이들은 이전에 같은 내용의 논문들이 발표된 것을 알지 못한 채 몇 년 동안 이 아이디어를 연구했다. 이 서한은 역전파 알고리즘과 그것을 ANN에 적용하는 방법을 명확히 설명하고 있었다. 서한을 게재한 『네이처』의 승인을 받아, 역전파 알고리즘이 마침내 ANN 훈련을 위한 알고리즘으로 학계에서 인정받게 된 것이다.

역전파 알고리즘을 사용하기 위해서는 인공 뉴런의 활성 함수에 약간의 변화가 필요하다. 임계값 연산이 보다 원활한 함수로 교체되어야 한다. 자극이 커지면서 새로운 함수가 뉴런 출력을 0에서 1로 점진적으로 증가시키기 때문이다. 퍼셉트론에 사용되었던 0에서 1까지의 갑작스러운 임계값 전환은 없어졌다. 0에서 1로의 전환이 원활해지면서, 역전파가 진행되는 동안 네트워크 매개변수는 점진적으로 조정되었다.

원활한 함수는 네트워크 출력이 가능한 값의 범위가 0과 1 사이임을 의미하는 것이기도 하다. 따라서 최종 결정은 1의 값과의 출력 연결이 아니라, 가장 큰 값과의 출력 연결이 된다. 이 변경을 통해 입력이 두 클래스의 정점에 있을 때 견고성을 개선하는 부수적 효과도 거둘 수 있다.

ANN의 정상 작동을 순전파forward-propagation(또는 추론)라고 한다. ANN은 입력을 수신하고, 뉴런별·층별로 값을 처리하며, 출력을 생성한다. 정방향 전파가 진행되는 동안 매개변수는 일정하다.

　　　　　　　11 인간의 뇌를 흉내 내다

역전파는 ANN 훈련에만 사용되며, 머신러닝 프레임워크 내에서만 운영된다(9장 참조). 먼저 많은 예제 입력과 그에 따른 출력이 포함되어 있는 데이터 세트가 조립된다. 이 데이터 세트는 3개로 분리되는데, 큰 훈련 세트는 최상의 매개변숫값을 결정하는 데 사용되고, 작은 검증 데이터 세트는 성과를 평가하고 훈련을 지도하기 위해 따로 분리해놓는다. 나머지 테스트 세트는 훈련이 끝난 후 네트워크의 정확도를 측정할 때 사용한다.

훈련은 임의의 네트워크 매개변수로 시작해서 훈련 세트에서 네트워크로 입력을 전달하는 방식으로 진행된다. 네트워크는 현재의 매개변숫값을 사용해 이 입력(순전파)을 처리하고, 출력을 생성한다. 그리고 이 네트워크 출력을 특정 입력에 대한 결과로 삼아 원하는 출력과 비교한다. 실제 출력과 원하는 출력 사이의 오차는 실제 출력의 제곱값과 원하는 출력의 제곱값 사이의 평균 차이로 측정된다.

네트워크에 원과 삼각형이라는 두 가지 종류의 출력이 있다고 가정해보자. 입력 이미지에 원이 포함되어 있다면, 원 출력은 1이고 삼각형 출력은 0이어야 한다. 하지만 훈련 과정 초기에는 매개변수가 무작위이기 때문에 네트워크가 제대로 작동하지 않을 수 있다. 이 경우, 원 출력의 값은 $\frac{2}{3}$가 되고 삼각형의 값은 $\frac{1}{3}$이 될 수도 있다. 여기에서 오차는 $1-\frac{2}{3}$ 제곱과 $0-\frac{1}{3}$ 제곱의 평균, 즉 $\frac{1}{9}$이 된다.

다음에는 오류를 기반으로 네트워크의 매개변수가 업데이트된다. 절차는 출력층의 첫 번째 뉴런에 대한 첫 번째 가중치로 시작된다. 여기에서 이 특정 가중치와 오차 사이의 수학적 관계가 결정되는데, 이것은 오차를 0으로 줄이려면 가중치를 얼마나 변경해야 하는지 계산하는 데 사용된다. 그 결괏값은 학습률learning rate이라는 상숫값만큼 감소되며, 이 값을 현재 가중치에서 뺀다. 이러한 가중치 조정은 네트워크가 동일한 입력으로 다시 표시되는 경우, 오류를 줄이는 효과가 있다. 여기에 학습률을 곱하면 조정이 점진적으로 이루어지며, 많은 예제를 거치면서 평준화된다. 이러한 단계가 네트워크 내의 모든 매개변수에 대해 반복되며, 각 층을 통해 후진하게 되는 것이다.

다음으로, 훈련 데이터 세트의 모든 입출력 쌍에 대한 오차 계산, 역전파, 매개변수 업데이트가 수행된다. 이것이 여러 번 반복되면서 오차가 점차 줄어든다. 이 반복을 통해 네트워크는 입력 예시와 원하는 출력 클래스 사이의 관계를 학습하고, 오차 감소가 더 관찰되지 않으면 훈련은 종료된다(요약된 알고리즘은 부록 참조).

ANN의 큰 장점은 학습을 하면서 동시에 그것을 일반화할 수 있다는 데 있다. 비록 이전에 보지 못한 것이라도 그것이 훈련받은 것과 유사하면, 네트워크는 그 입력에 대한 올바른 클래스를 판단할 능력을 갖게 된다. 다시 말하자면, 많은 원 그림으로 훈련을 받은 네트워크는 이전에 본 적이 없는 원 스케치를 입력해도 그것을 올바르게 분류할 수 있다는 것이다. 즉, 신경망은 훈련 데이터만 기억하는 것이 아니라 입력과 출력 클래스 사이의 일반적인 관계 또한 학습한다.

연구원들은 역전파를 통해 처음으로 다층 네트워크를 효율적으로 훈련시킬 수 있게 되었다. 그 결과, 네트워크는 더욱 정확하게 복잡한 분류 작업을 수행할 수 있게 되었다. 1980년대 말에, 충분히 큰 다층 네트워크가 모든 입출력 매핑을 학습할 수 있다는 것이 적어도 이론적으로는 입증된 것이다. 결국 민스키와 페퍼트의 퍼셉트론 반론은 학계에

11 인간의 뇌를 흉내 내다

서 인정받지 못했다.

그럼에도 불구하고, 대부분의 논객에게 ANN의 장점은 여전히 분명하지 않았다. 역전파를 사용한다 해도, 네트워크는 아직 너무 작았다. 당시의 컴퓨터는 대규모 네트워크를 교육하는 데 필요한 방대한 양의 계산을 수행할 수 없었다. ANN은 향후 20년(1986~2006년) 동안 단순한 부수적 과제에 머물렀다. 물론 이것은 뇌의 작용을 이해하려는 인지과학자들에게는 유용하게 쓰일 수 있었지만, 진지한 컴퓨터과학자들과 전자공학자들의 주된 관심사가 되지는 못했다. 적절한 분류 알고리즘은 속임수 같은 마법이 아니라 엄격한 수학과 통계에 의존했기 때문이다.

여전히 ANN에 대한 회의감이 팽배한 가운데, 몇 가지 성공 사례들만이 ANN의 가능성을 조금이나마 보여주었다. 이 시기의 하이라이트 중 하나는 얀 르쿤(그림 11.5)이 관련되어 있는 한 연구였다. 1985년 파

그림 11.5 인공신경망의 혁신가 얀 르쿤. 2016년. (페이스북 제공)

리에서 열린 이름 없는 한 콘퍼런스에서 역전파 알고리즘을 발표했던, 프랑스 유학생 얀 르쿤 말이다.

숫자 인식

1960년 파리에서 태어난 르쿤은 1983년에 ESIEEEcole Superiured Ingeniuresen Electrotechen Electronique에서 공학 학위를 받았다. 그리고 2학년 때 우연히 아동 언어 발달 측면에서 본성이 중요한지 양육이 중요한지에 대한 논쟁을 다룬 철학책(이 책의 기고가 중에 시모어 페퍼트가 포함되어 있다)을 보고 퍼셉트론을 알게 되었다. 그는 퍼셉트론에 대해 찾을 수 있는 모든 것을 읽기 시작했고, 거기에 완전히 매료되었다. 그래서 결국 신경망을 전공으로 공부하고, 피에르마리퀴리대학교Universite Pierre et Marie Curie 에서 1987년에 박사학위까지 받았다. 졸업 후, 르쿤은 토론토대학교 컴퓨터 과학 교수인 제프리 힌턴의 연구실에서 박사 후 과정 연구원으로 1년 동안 일했다. 당시 힌턴은 『네이처』에 게재된 역전파 서한의 공동 저자로 신경망 분야에서 잘 알려진 인사였다. 1년 후, 르쿤은 뉴저지에 있는 AT&T 벨연구소로 거취를 옮겨 신경망 영상 처리에 관한 연구를 수행했다.

르쿤은 손으로 쓴 숫자를 인식하는 신경망 구축 연구 팀에 합류했다. 기존 알고리즘은 이 분야에서 전혀 성과를 내지 못하고 있었다. 인간의 필체가 너무나 다양한 탓이었다. 휘갈겨 쓴 7은 1과 혼동하기 쉽고, 그 반대의 경우도 마찬가지다. 0을 잘못 쓰면 6으로 보일 수도 있고, 꼬리가 긴 2는 끝부분이 얼버무려진 3으로 혼동할 수도 있다. 기존의 규칙 기반 알고리즘은 이런 변화무쌍함에 대처할 수 없었다.

르쿤의 팀은 뉴욕 버팔로 우체국을 경유하는 우편물 봉투에서 우편 번호를 스캔해 대량의 디지털 이미지 데이터 세트를 확보했다. 우편물 하나에 5자리 숫자가 적혀 있었으므로 총 9,298개의 숫자 디지털 이미지를 확보한 것이다. 그들은 이 이미지들을 수작업으로 10개의 클래스로 분류했다. 숫자들을 0에서 9까지의 10자리 10진수로 정렬시켰다는 의미다. 이후 연구 팀은 인식 작업을 수행하기 위한 ANN을 개발했지만, 제대로 성공하지 못했다. 손으로 쓴 숫자의 복잡한 매핑은 대규모 네트워크를 필요로 했다. 역전파를 사용하더라도 네트워크를 훈련시키는 일은 어려웠다. 이 문제를 해결하기 위해 르쿤은 힌턴의 연구실에서 다뤄본 적이 있었던 아이디어를 제시했다.

르쿤의 팀이 사용하던 ANN은 한 자릿수의 16×16픽셀 흑백 이미지를 입력으로 인식했다. 네트워크 출력은 0과 9 사이의 각 숫자 클래스마다 하나씩, 총 10개의 연결로 구성되었다. 그리고 출력이 가장 강한 신호를 보이면 숫자가 인식되었음을 알 수 있었다.

르쿤의 생각은 네트워크를 공유 매개변수를 가진 많은 작은 네트워크로 분할하여 네트워크를 단순화시키는 것이었다. 그는 25개의 뉴런과 소수의 층만을 포함한 유닛을 만드는 접근 방식을 취했다. 유닛에 대한 입력은 이미지의 작은 부분, 즉 5×5픽셀의 정사각형이다 (그림 11.6). 이 유닛은 64번 복제되어 하나의 그룹을 만든다. 그룹 내의 유닛들이 벽에 붙인 타일처럼 이미지를 표시하므로, 이미지는 모든 유닛에 의해 전체적으로 형성된다. 또한 모든 유닛은 3픽셀씩 옆 유닛과 겹쳐진다.

전체 네트워크는 12개의 그룹으로 구성된다. 같은 그룹 내의 유닛들은 동일한 매개변수를 공유하기 때문에 동일한 기능을 수행하지만, 이미지의 각기 다른 부분에 적용된다. 각 그룹은 서로 다른 특징을 감지하도록 훈련되어 있다. 한 그룹은 사진에서 수평선을 감지하고, 다른 그룹은 수직선을, 또 다른 그룹은 대각선을 감지하는 식이다. 각 그룹의 출력은 완전히 연결된 3층 네트워크로 유입되고, 이 최종 층들이 그룹에서 나오는 정보를 종합해 숫자 전체를 인식하는 것이다.

네트워크는 계층 구조로 되어 있고, 유닛 1개는 이미지에서 5×5픽셀만큼의 무늬만 감지한다. 하나의 그룹은 이미지 어딘가에 있는 하나의 무늬만을 발견하고, 12개의 그룹이 이미지 전체에 걸쳐 12개의 각기 다른 무늬를 감지한다. 그리고 완전히 연결된 최종 층들이 무늬들 사이의 공간적 관계를 감지한다. 이 같은 계층 구조가 인간의 시각 피질로부터 영감을 이끌어내는데, 시각 피질은 유닛들이 복제되고 연속 층들이 이미지의 더 큰 부분을 처리하는 곳이다.

르쿤이 낸 아이디어의 장점은 같은 그룹 내의 모든 유닛이 동일한 가

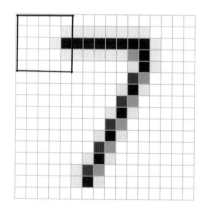

그림 11.6 숫자 7의 흑백 이미지(16×16픽셀).
왼쪽 맨 위에 있는 유닛에서의 픽셀 입력이 굵은 선으로 표시되어 있다.
이런 유닛 64개가 이미지 위에 펼쳐져 있는 것이다.

11 인간의 뇌를 흉내 내다

중치를 공유한다는 것이다. 이 덕분에 훈련이 크게 간소화될 수 있다. 네트워크의 첫 번째 계층을 훈련시키기 위해서는 25개의 뉴런이 담긴 12개 유닛만 업데이트하면 된다.

하나의 이미지에 걸친 단일 유닛 계산을 복제하고 이동시키는 수학적 과정을 컨볼루션convolution이라고 부르므로, 이런 유형의 네트워크를 컨볼루션 신경망이라고 부르게 되었다.

벨연구소의 컨볼루션 신경망은 95퍼센트라는 놀라운 정확도를 달성하면서 그 효과가 입증되었다. 인간의 정확성에 거의 도달한 수준이었다. 1989년, 연구 팀의 연구 결과가 발표되었고, 연구소는 이 시스템을 상용화했다. 상용화는 성공해서, 1990년대 후반 무렵에는 미국에서 서명된 은행 수표의 10~20퍼센트가 컨볼루션 신경망에 의해 자동으로 판독되었을 것으로 추정되었다.

2003년, 르쿤은 벨연구소를 떠나 뉴욕대학교 컴퓨터과학 교수로 임용되었다. 한편, 그의 옛 멘토 제프리 힌턴은 새로운 연구를 모색하기 위해 또 하나의 팀을 꾸리고 있었다.

딥러닝Deep Learning[5]

힌턴(그림 11.7)은 제2차 세계대전이 끝난 후인 1947년, 영국 윔블던에서 태어났다. 그는 자신이 학창 시절에 수학에 특별히 재능이 없었다고 기억한다. 그럼에도 불구하고 케임브리지대학교에 입학할 자격을 얻었고, 물리학과와 생리학과에 등록했다. 그러나 만족을 느끼지 못하고 철학과로 옮겼다가 최종적으로 심리학을 선택했다. 힌턴은 인간의 마음이 어떻게 작용하는지 이해하고 싶었다고 회고했다. 그러나 그는 철학자들과 심리학자들이 해답을 갖고 있지 않다고 결론지었다. 그래서 컴퓨터공학으로 전향했다.

졸업 후, 이 젊은이는 뜻밖에도 1년 동안 목수 생활을 하다가 에든버러대학교에서 박사학위를 받았다. 그는 지도 교수의 요구를 마지못해 따르면서도 ANN 연구를 계속했다. 박사 과정을 마친 후, 힌턴은 초보 학자들이 으레 그렇듯 떠돌이 길을 걸었다. 그는 서식스대학교University of Sussex, 캘리포니아대학교 샌디에이고 캠퍼스, 카네기멜론대학교, 유니버시티 칼리지 런던University College London, UCL을 거쳐 마침내 토론토대학교 교수가 되었다.

2004년, 힌턴은 신경 연산neural computation에 초점을 맞춘 연구 프로젝트의 자금 지원을 요청하는 제안서를 캐나다 고등연구소CIFAR에 제출했다. CIFAR은 기초과학 연구에 자금을 지원하는 기관으로 알려져 있었지만, 당시 이 분야의 연구는 승산이 희박했다. 몬트리올대학교의 요수아 벤지오Yoshua Bengio(1964~) 교수는 훗날 다음과 같이 회고했다.

그림 11.7 심층신경망 연구의 선구자 제프리 힌턴. 2011년. (본인 제공)

11 인간의 뇌를 흉내 내다

그때는 기초과학 분야에 최악의 시기였어요. 다른 사람들은 모두 뭔가 중요한 일을 하고 있다고 여겨졌지만, 기초과학 연구자들은 그런 인정을 받지 못했으니까요. 하지만 제프는 어떻게든 그들(CIFAR)을 설득했습니다.

세계 일류급 ANN 연구진이 참여했지만 고정 연구원 없이 초청 객원 연구원들로만 구성된 이 팀에는 초라한 액수의 보조금이 지급되었다. 다시 벤지오 교수의 말을 들어보자.

우리는 광범위한 머신러닝 분야에서 완전 외톨이였지요. 논문도 제대로 발표할 수 없었습니다. 어쨌든 그 자금 지원으로 그나마 아이디어를 교환할 수 있는 장소가 생겼지요.

그러나 그 초라한 보조금은 지각변동의 시작에 불과했다.

2006년, 힌턴과 사이먼 오신데로Simon Osindero(토론토대학교 소속), 이휘테Yee-Whye Teh(1977~, 국립 싱가포르대학교 소속)는 혁신적인 논문을 발표했다. 그들의 논문은 오늘날 '딥러닝'으로 알려진 분야의 시작을 알리는 것이었다. 이 논문은 완전히 연결된 3개의 은닉층으로 구성된 네트워크를 설명하고 있다. 네트워크의 매개변수가 너무 많아서 역전파에 의한 훈련이 엄청나게 느렸기 때문에, 이 문제를 해결하기 위해 힌턴과 그의 팀이 훈련 속도를 높일 수 있는 새로운 절차를 고안한 것이다.

일반적으로 역전파는 임의의 매개변숫값으로 시작되지만, 힌턴의 팀은 역전파 전에 예비 훈련 단계를 삽입했다. 이 새로운 단계의 목적은 양질의 매개변수 세트를 신속하게 찾아 거기서부터 역전파가 시작될 수 있도록 하는 것이다.

역전파는 통제된 훈련의 본보기다. 이는 네트워크에 맞는 입력과 출력의 예제들이 제공된다는 의미다. 힌턴의 팀은 새로운 예비 훈련 단계에서 통제되지 않은 훈련을 시도할 것을 제안했다. 이 방식의 훈련은 입력 예제에서만 적용된다.

먼저 통제되지 않는 사전 훈련 단계에서 입력 예제가 네트워크에 공급된다. 네트워크 매개변수는 알고리즘에 의해 조정되므로, ANN은 입력에서 중요한 패턴을 감지하는 방법을 학습한다. 네트워크는 이런 패턴들이 어떤 클래스와 연관되어 있는지 알 수 없다. 단지 패턴을 구분하는 법을 배울 뿐이다. 손으로 쓴 숫자를 인식하는 경우, 패턴은 직선의 길이와 방향 또는 곡선의 위치와 길이가 될 수 있다. 이를 인식하기 위해 훈련 알고리즘이 입력층에서 시작해 1번에 한 층씩만 매개변수를 업데이트한다. 즉, 알고리즘이 입력 방향으로 네트워크 매개변수를 증가시키는 것이다. 이런 접근 방식은 역전파보다 계산 복잡성이 현저히 낮다.

예비 훈련이 끝나면, 네트워크는 입력 데이터 세트에서 가장 중요한 패턴을 구분할 수 있다. 이제 예비 훈련 단계에서 훈련된 매개변수로 통제된 훈련이 정상적으로 시작된다. 역전파가 좋은 출발점에서 시작하므로, 훈련을 완료하는 데 필요한 반복 횟수는 훨씬 줄어든다.

벨연구소에서의 기초 연구를 이어나가기 위해 힌턴 팀은 손으로 쓴 숫자 인식 문제를 해결하기로 했다. 이번에는 훨씬 더 큰 데이터 세트를 사용할 수 있었다. 이 프로젝트에서 그들은 르쿤, 코리나 코테스Corinna Cortes(1961~, 구글연구소 소속), 크리스토퍼 버지스Christopher Burges(마이크로

소프트연구소 소속)가 수집한 MNIST 데이터 세트를 사용했다. 여기에는 미국 인구 조사 응답 회신과 고등학교 시험지에서 수집한, 손으로 쓴 숫자 7만 개가 들어 있었다.

이들의 ANN은 89.75퍼센트의 정확도를 달성했는데, 이는 르쿤이 만든 컨볼루션 신경망보다는 좋지 않은 결과였다. 하지만 그것은 중요하지 않았다. 예비 훈련을 통해 완전히 연결된 네트워크도 훈련시킬 수 있다는 사실이 입증되었기 때문이다. 더 심층적이고 효과적인 네트워크로 가는 길이 열린 것이다.

2010년대에 접어들면서 딥러닝 연구는 탄력을 받았다. 세 부문에서의 진보가 융합되면서 과학자들은 더 크고 깊은 네트워크를 구축할 수 있었다. 더 똑똑해진 알고리즘은 컴퓨팅의 복잡성을 줄였고, 더 빠른 컴퓨터는 실행 시간을 줄였으며, 더 큰 데이터 세트를 사용함으로써 더 많은 매개변수를 조정할 수 있게 되었다.

2010년, 스위스의 한 연구 팀은 신경망의 깊이를 늘리는 것이 실제로 ANN의 정확도 향상으로 이어졌는지 알아보기 위한 실험을 수행했다. 오랫동안 신경망 분야의 권위자였던 유르겐 슈미트후버Jurgen Schmid-huber(1963~)가 이끄는 이 그룹은 네트워크가 숫자를 인식하게 만들려고 6층 신경망을 훈련시켰다. 그들의 네트워크는 무려 5,710개의 뉴런을 포함하고 있었다. 또 그들은 힌턴의 팀과 마찬가지로 MNIST 데이터의 손으로 쓴 숫자들을 사용했다. 그러나 MNIST도 슈미트후버 팀의 목적을 충족시킬 만큼 크지는 않았다. 그래서 MNIST에 담긴 사진을 비틀어 숫자 이미지를 인위적으로 추가 생성했다.

그 결과, ANN은 99.65퍼센트의 정확도를 보였다. 이는 단순한 세계 기록이 아니라 컴퓨터가 거의 인간 수준의 실력을 발휘한 것이었다.

갑자기, 실용적으로 사용하기에는 ANN이 너무 작았다는 것을 모든 사람이 알게 되었다. 이것이 심층 네트워크가 가야 할 길이었다. 인공지능 혁명이 눈앞에 도래한 것이다.

딥러닝 열풍

딥러닝 열풍은 음성 인식, 이미지 인식, 차세대 자연어 처리라는 세 가지 파동을 일으켰다. 지난 반세기 동안 행해졌던 패턴 인식 연구는 불과 3년 만에 완전히 사라졌다.

지난 60년 동안 기술업계는 음성을 텍스트로 정확하게 변환하기 위해 노력해왔다. 이를 위한 최고 알고리즘은 푸리에 변환(2장 참조)에 의존해 고조파의 진폭을 알아냈다. 그 이후에는 발음된 음성을 판단하기 위해 관찰된 고조파 성분harmonic content과 실제 음성에서의 소리 배열 확률을 기반으로 은닉 마르코프 모델Hidden Markov Models, HMM을 사용했다.

구글은 힌턴연구소의 인턴 내브딥 제이틀리Navdeep Jaitly의 도움을 받아 생성 음성 인식 시스템의 절반을 걷어내고 심층신경망으로 대체했다. 하이브리드 ANN-HMM 음성 인식 시스템에는 4층 ANN이 포함되어 있는데, 구글 팀은 이 ANN을 구글 보이스 서치Google Voice Search에서 가져온 장장 5,870시간짜리 음성으로 훈련시켰고, 유튜브에서 가져온 1,400시간의 대화로 이를 증강시켰다. 새로운 ANN-HMM 하이브리드는 기존 HMM 기반 음성 인식 시스템보다 4.7퍼센트 정확했다. 자동 음성 인식의 관점에서 보면, 이것은 엄청난 발전이다. 구글에서의 임무를 완수한 제이틀리는 다시 토론토로 돌아가 박사과정을 마쳤다.

이후 5년간, 구글은 ANN 기반의 음성 인식 시스템을 점차 확장하고 개선했다. 구글의 음성 인식 시스템은 2017년까지 95퍼센트의 정확도를 달성했는데, 이는 전례 없는 수준이다.

2012년, 힌턴 팀은 정지 이미지에서 실제 사물을 인식하도록 설계된 심층신경망에 대해 보고했다. 그들이 적용한 사물은 고양이, 개, 사람, 얼굴, 자동차, 식물 등과 같은 일상 사물들이었다. 문제는 사물 인식이 단순히 숫자를 인식하는 것과는 크게 다르다는 점이었다. 숫자는 선으로만 구성되어 있지만 사물을 인식하기 위해서는 모양, 색상, 촉감, 윤곽을 전체적으로 분석해야 하기 때문이다. 게다가, 인식될 객체 클래스의 수도 아라비아 숫자 기준 10자리를 크게 초과했다.

수석 설계자 알렉스 크리제프스키Alex Krizhevsky의 이름을 따서 알렉스넷AlexNet이라고 명명된 이 네트워크에는 65만 개의 뉴런과 6,000만 개의 매개변수가 포함되어 있다. 알렉스넷은 5개의 컨볼루션 층을 통합했고, 완전히 연결된 3개의 층을 추가로 통합했다. 또, 연구 팀은 간단하지만 놀라울 정도로 효과적인 기술을 도입했다. 훈련 중에 몇 개의 뉴런을 임의로 선택해 점화를 막은 것이다. 이 기술을 '드롭 아웃drop-out'이라고 부르는데, 말 그대로 네트워크가 의사결정 부하를 더 많은 뉴런에 강제로 분산시키는 것이다. 이는 입력 변화에 대해 네트워크를 보다 견고하게 만드는 효과가 있다.

힌턴 팀은 2012년에 알렉스넷을 이미지넷의 이미지 인식 능력을 겨루는 국제 대회인 ILSVRCImageNet Large Scale Visual Recognition Challenge에 참가시켰다. 대회용 데이터 세트는 약 120만 개의 훈련 이미지와 1,000개의 객체 클래스로 구성되었다. 크리제프스키, 일리야 서츠키버Ilya Sutskever(19

85~), 힌턴의 딥 컨볼루션 네트워크는 상을 휩쓸었다. 84.7퍼센트의 정확도로 정확도 순위에서 5위를 차지했는데, 오류율은 2위 시스템의 절반에 불과했다.

한편 토론토에서 세인트로렌스강을 따라 동쪽으로 500킬로미터 정도 가면 나오는 몬트리올대학교의 한 연구 팀도 신경망이 텍스트 처리에 얼마나 깊게 적용될 수 있는지 조사하고 있었다. 바로 요수아 벤지오(그림 11.8)가 이끄는 팀이었다.

1964년 프랑스 파리에서 태어난 벤지오는 신경망 전성시대를 밝힌 선구자 중 1명이다. 그는 몬트리올 맥길대학교McGill University에서 전자공학과 컴퓨터과학을 공부하며 공학학사, 이학석사, 박사학위를 취득했다. 청소년 시절 SF소설 팬이었던 벤지오는 대학원생 때부터 신경망 연구에 열정을 갖게 되었다. 신경망에 관한 모든 초기 논문을 섭렵한 그는

그림 11.8 신경망 과학자 요수아 벤지오. 2017년. (ⓒ에콜 폴리테크니크 - J. 바르둘)

AT&T 벨연구소와 MIT에서 박사 후 과정 연구원으로 일한 후, 1993년에 몬트리올대학교 교수진에 합류했다. 벤지오 팀은 ANN이 텍스트에서 단어 배열 확률을 예측할 수 있게 하는 훈련을 시켰다.

2014년, 구글은 벤지오가 하고 있는 연구의 우수성을 간파하고, 한 언어에서 다른 언어로 문서를 번역하는 일에 그의 연구를 적용했다. 구글 번역 웹 서비스가 이미 8년 동안 운영되고 있었지만, 그 시스템은 문장을 분할해 문구별로 한 언어에서 다른 언어로 매핑하는 전통적 접근 방식을 사용하고 있었다. 때문에 번역 결과가 전체적으로 그다지 좋지 못했다. 그럭저럭 읽을 수 있는 정도는 되었지만, 썩 정확하지 않았던 것이다.

구글은 2개의 신경망을 연속으로 연결하는 이례적인 조치를 단행했다. 이 체계에서는 첫 번째 네트워크(암호기)의 출력이 두 번째 네트워크(해독기)의 출력으로 공급되는데, 이는 암호기가 영어로 쓰인 텍스트를 숫자 추상 벡터abstract vector로 변환시킨다는 발상이다. 그러면 해독기가 반대로 숫자 추상 벡터를 프랑스어로 변환한다. 이때, 연구원들은 중간 숫자 벡터는 명시하지 않았다. 그저 적절한 표현을 찾기 위한 훈련 절차에만 의존했다.

구글은 2년간의 노력 끝에 8층의 암호기와 그에 상응하는 8층 해독기를 개발했다. 네트워크는 수작업으로 번역된 3,600만 개의 문장 쌍(2개 언어)에 대해 훈련을 받았다. 이 새로운 시스템은 이전 구글 번역 생성 시스템보다 성능이 뛰어났으며, 오류를 60퍼센트나 줄였다. 이 시스템이 구글 웹사이트에서 활성화되자, 2개 국어를 구사하는 사용자들은 구글 번역의 질이 갑작스럽게 극적으로 향상되었다고 반응했다.

거듭된 성공으로 딥러닝 연구를 하는 이들이 폭발적으로 늘어났다. 기업들은 자율주행차, 스마트 카메라, 차세대 추천 시스템, 웹 검색 기능 개선, 정확한 단백질 구조 예측, 제약 시간 단축 등 딥러닝에 기반한 새로운 응용 분야가 많아질 것이라고 내다봤다. 구글, 페이스북, IBM, 애플, 아마존, 야후!, 트위터, 어도비, 바이두 같은 회사들은 딥러닝 기술을 속속 도입했다.

신경망 기술을 갖춘 인재들에 대한 연봉이 수백만 달러는 될 것이라는 소문도 나돌았다. 르쿤은 페이스북의 AI 연구소장으로 발탁되었다. 앤드류 응Andrew Ng(1976~)은 바이두의 수석 과학자로 영입되었고, 제프리 힌턴은 65세의 나이에 구글 여름 인턴으로 활약하고 있다!

딥러닝 열풍이 한창이던 2015년, 르쿤, 힌턴, 벤지오는 『네이처』에 딥러닝의 발전을 조사한 논문을 발표했다. 심층신경망이 인공지능의 전 분야를 휩쓸고 있는 것으로 나타났다. 모든 것이 완전히 바뀐 것이다.

르쿤, 힌턴, 벤지오는 2018 ACM 튜링상을 공동 수상했으며, 구글이 후원한 상금 100만 달러[6]도 공유했다.

딥러닝의 급속한 성공으로 인간 수준의 AI(5장 참조)가 우리 눈앞에 다가왔다고 주장하는 사람들이 생겨났다. 이에 대한 르쿤의 말을 들어보자.

> 우리가 인간 수준의 지능을 창조하기 위해 새로운 방법을 사용할 수 있을지 모르겠지만, 아마도 아직 우리가 보지도 못한 산들을 포함해 넘어야 할 산이 50개는 더 있을 것이라고 생각한다. 우리는 겨우 첫 번째나 두 번째 산을 올랐을 뿐이다.

실제로, 지금까지 인간이 만들어낸 것은 정교한 패턴 인식 엔진뿐이다. 그러나 산들을 넘을 수 있는 길을 추측할 수는 있다. 현재로써 최선의 추측은 ANN 네트워크가 크게 개선되어야 한다는 점이다. 그러기 위해서는 ANN에 대한 근본적인 재연구가 필요할 수 있다. 오늘날의 ANN은 생물학적 신경망에서 일어나는 일에 대한 대략적인 근사치일 뿐이다. 따라서 보다 현실적인 모델이 필요할지도 모른다. 악마는 언제나 세부적인 부분에 있으니 말이다.

컴퓨터과학에 문외한인 사람들도 심층신경망의 힘을 느끼게 된 첫 번째 사건이 2016년에 일어났다. 인공지능에 관한 기사가 전 세계 뉴스 미디어의 헤드라인을 강타했다. 비록 국한된 분야에서의 시도이긴 했지만, 인공지능이 인간을 초월한 능력을 갖고 있다는 사실이 세계 최초로 공개된 것이다.

12

인간을 넘어서는 지능

이전 수는 무를 수 없으므로, 그로 인한 후회는 정말 견디기 어렵다.

작자 미상, 번역 로버트 W. 포스터Robert W. Foster
『바둑 명전The Classic of Go』(6세기) 중에서
ⓒ 로버트 W. 포스터. 로버트 W. 포스터 제공

2016년 3월 19일, 한 젊은이가 결의에 찬 모습으로 서울 포시즌스 호텔 복도를 걷고 있다. 그는 자신을 취재하려는 기자들과 사진을 찍으려는 카메라맨들의 행렬을 지나친다. 선명한 남색 정장에 목이 트인 셔츠를 입은 그는 실제 나이인 33세보다 훨씬 젊어 보이는, 마른 몸매의 동양인이다. 그의 머리는 정수리에서 이마까지 단정하게 빗겨져 있고, 입술 위에는 콧수염 자국이 역력하다. 언론의 극성스러운 관심에도 불구하고, 편안하고 자신감 있어 보이는 표정이다.

그는 시끌벅적한 복도를 뒤로하고 조용한 회의실로 들어간다. 회의실 안에는 청중 몇 명이 있고, 몇 대의 텔레비전 카메라가 옅은 푸른색

조명이 비치는 연단을 향하고 있다. 그는 연단 오른쪽의 검은색 가죽 의자에 앉는다. 연단 위에 붙어 있는 '이세돌'이라는 글자가 이 사내가 누구인지 말해주고, 뒤에 태극기가 세워져 있는 것으로 보아 그가 한국인임을 알 수 있다.

이세돌의 맞은편에는 아자 황黃士傑(1978~)이 앉아 있다. 황이 있는 쪽 연단 위에는 '알파고'라는 이름이 붙어 있다. 황은 대만인이지만 그의 뒤에는 영국 국기가 세워져 있고, 황 옆에는 컴퓨터 모니터, 키보드, 마우스가 나란히 놓여 있다. 심사 위원단이 두 남자 뒤에 앉아 그들을 지켜보고 있다. 이세돌과 황 사이에는 테이블이 있고, 테이블 위에는 바둑판 하나, 타이머 하나 그리고 4개의 통이 있다. 한 통에는 흰색 돌이, 다른 한 통에는 검은색 돌이 들어 있고 나머지 통 2개는 비어 있다.

이세돌은 세계 5대 바둑 고수로 널리 알려진 인물이다. 그는 국제 대회에서 18번이나 우승했다. 어릴 때부터 신동으로 불린 이세돌은 유명한 한국기원에서 바둑을 공부했고 12살에 프로로 전향했다. 바둑 애호가들 사이에서 그는 공격적이고 창의적인 스타일의 바둑을 두는 선수로 유명하다. '센 돌'이라는 별명을 가진, 한국을 대표하는 바둑 고수이기도 하다.

알파고는 복잡한 게임을 하는 알고리즘을 체계화한 컴퓨터 프로그램이다. 황의 임무는 이세돌의 착수를 알파고에게 전달하고 알파고 대신 바둑판에 돌을 올려 놓는 것이다. 알파고는 런던에 소재한 딥마인드 테크놀로지스DeepMind Technologies라는 작은 회사의 창작물이고, 황은 이 회사의 알파고 프로젝트 수석 프로그래머다. 딥마인드는 2년 전에 구글에 인수되었는데, 인수가는 약 5억 달러에서 6억 2,500만 달러로 추정된다.

당연히 구글은 이세돌 대 알파고 경기의 스폰서다. 상금은 100만 달러로 책정되었는데, 컴퓨터가 이기면 자선단체에 기부된다.

경기를 앞두고 이세돌은 자신감이 넘쳤다. 한 기자 회견에서 그는 자신이 경기에서 이길 수 있느냐가 아니라, 단 한 경기라도 질 것이냐가 관심거리일 것이라고 말했다. 이세돌의 자신감은 정당해 보였다. 지금까지 컴퓨터가 300위권 안의 프로 바둑기사를 이긴 적이 한 번도 없었기 때문이다. 서울에서의 이 빅 매치에 앞서, 프로 바둑기사들은 이세돌이 쉽게 100만 달러를 챙길 것이라고 예측했다.

바둑은 체스와 마찬가지로 추상적 전쟁abstract war 시뮬레이션이다. 약 3,000년 전 중국에서 시작되어 5세기에서 7세기에 걸쳐 한국과 일본으로 전파된 후 동아시아에서 큰 인기를 끌고 있다.

이 게임은 19×19 격자판 모양의 바둑판에서 진행된다. 바둑판은 처음에는 비어 있다. 대국자가 돌아가면서 격자 교차점에 돌을 하나씩 올리며, 이때 각 교차점을 '집'이라고 부른다. 한 선수는 백돌을 잡고, 다른 한 선수는 흑돌을 잡는다. 후수後手를 두는 선수에게는 집 몇 개가 보상으로 주어진다. 이 게임의 목적은 '땅'을 포위해서 적의 돌을 잡는 것이다. 자기 돌이 상대의 돌에 둘러싸이면 판에서 제거된다. 두 선수가 더 둘 수가 없으면 경기가 끝난다. 또 한 선수가 돌을 격자가 아닌 곳에 놓음으로써(이를 돌을 거둔다고 표현한다) 패배를 인정할 수도 있다. 더 많은 수의 집과 포로를 잡은 선수가 이긴다. 공식 경기에서는 착수 시간이 제한된다.

바둑 경기 영상을 빨리 감기로 보면 마치 최면술을 보는 것 같다. 검은 돌과 흰색 돌의 복잡한 패턴이 슬로우 댄스처럼 생겼다가 합쳐지면서 바둑판 위의 집을 넓혀 나간다. 한쪽의 돌들이 상대편의 돌들에 둘러싸이고 사라지면서 바둑판의 형국이 갑자기 변한다. 바둑 애호가들은 게임의 저변에 깔린 아름다움을 본다. 그들에게 대국은 한 선수의 상상력, 용기, 투지의 반영이다. 선수들 또한 어릴 때부터 우아함과 겸손이라는 대국의 가치를 배운다.

바둑의 규칙은 배우기 간단하지만, 실제로 두기에는 매우 복잡한 게임이다. 바둑판 크기는 체스판(8×8)의 5배가 넘는다. 바둑 게임은 평균적으로 150수까지 진행된다. 한 수를 두는 데 약 250가지의 가능성을 고려해야 한다. 이론적으로 바둑 게임 트리(5장 참조)에는 250,150, 즉 10,359라는 천문학적인 수의 노드가 포함되어 있다. 이 계산에 따르면 바둑은 체스보다 10,226배(1에 0이 226개) 더 복잡하다.

세기의 대결

이세돌 대 알파고의 경기는 5전 4선승제다. 중국에서만 약 6,000만 명이 텔레비전을 통해 이 경기를 시청했고, 전 세계에서 10만 명의 팬들이 유튜브의 실시간 영어 중계를 보았다.

딥마인드 팀도 호텔에서 모니터를 통해 이 경기를 내내 지켜보았다. 한 화면에는 대국실의 카메라 피드가 표시되어 있고, 다른 화면에는 알파고의 경기 분석을 요약한 숫자와 그래프 들이 표시되어 있다. 딥마인드의 CEO 데미스 하사비스Demis Hassabis(1976~)와 알파고 프로젝트 수석 연구원 돈 실버Don Silver도 이곳에서 경기를 지켜보았다. 다른 사람들과 마찬가지로 하사비스와 실버도 매우 초조해하고 있었지만, 경기에 영향을 미칠 힘은 없다.

첫째 날 첫 번째 게임. 이세돌이 선수先手로 돌을 놓았다. 예기치 못하게 알파고가 응수하는 데 30분이 걸렸다. 알파고 팀은 숨을 죽였다. 기계가 전혀 작동하지 않는 걸까? 마침내 알파고가 결정을 내렸고, 황이 알파고의 첫수를 두었다.

알파고는 첫수부터 공격적으로 나왔다. 이세돌은 약간 놀라는 듯하다. 알파고는 전혀 컴퓨터 같지 않다. 마침내 알파고가 102수를 두었다. 역시 공격적이다. 복잡한 싸움을 걸어온 것이다. 이세돌이 뒷목을 문지르며 주춤한다. 그의 표정이 어둡다. 그러나 결의를 다지고 전투에 다시 임한다. 하지만 84수를 더 둔 후, 이세돌은 돌을 거두었다. 딥마인드 팀이 있는 방에서 환호성이 터졌다.

대국이 끝난 후, 이세돌과 침착한 표정의 하사비스가 합동 기자 회견장에서 빈 무대를 가운데 두고 마주 앉았다. 이세돌은 외롭고 당황스럽고 포기한 듯한 모습이었다. 그는 크게 실망했지만, 자신의 패배를 깨끗이 인정했다. 다음 날 아침, 알파고의 승리가 신문 1면을 장식했다.

둘째 날 두 번째 게임. 이세돌은 알파고의 수를 예상하고 좀 더 신중하게 게임에 임했다. 그런데 알파고가 37수에서 인간 선수가 거의 두지 않는 예상치 못한 수를 두었다. 충격에 빠진 이세돌이 잠시 대국실을 떠났다. 황과 심판들은 당황했지만, 가만히 기다린다. 몇 분 뒤, 생각을 가다듬은 이세돌이 다시 돌아와 대국에 임한다. 그러나 알파고가 211수를 두자, 이세돌은 또다시 돌을 거두었다.

알파고의 37수가 결정적이었다. 컴퓨터는 인간이 그 수를 둘 가능성은 1만 분의 1이라고 추정했다. 유럽 바둑 챔피언 판후이Fan Hui(1981~)

는 그 수를 보고 경이로움을 느꼈다. 그에게 37번 수는 '너무나 아름다운' 수였다. 알파고는 인간의 전문 지식을 뛰어넘는 통찰력을 보여주었다. 그 기계는 창의적이었다.

대국 후 기자 회견에서, 이세돌은 다음과 같이 회고했다.

> 어제 대국에서 나는 깜짝 놀랐습니다. 그런데 오늘 대국에서는 할 말을 잃었습니다. 처음부터 경기를 복기해보면, 내 입장에서 아주 명백한 패배임을 인정하지 않을 수 없습니다. 경기 내내 내가 앞서고 있다고 느낀 순간이 전혀 없었으니까요.

셋째 날 세 번째 게임. 이세돌의 굳은 표정이 모든 것을 말해주고 있었다. 초반의 침착함이 우려로 바뀌었고, 이어 고통이 다가왔고, 마침내 절망감까지. 이번에도 경기 시작 4시간 만에 이세돌은 돌을 거두었다. 모두(구글과 딥마인드 팀을 제외하고)의 예상과 달리, 알파고가 연승을 거둔 것이다.

이세돌은 지쳐 보인다. 그럼에도 불구하고 그는 패배를 인정한다.

> 사람들의 기대를 저버리게 되어 죄송합니다. 역부족이었습니다.

이상한 종류의 우울함이 행사장을 엄습했다. 딥마인드 팀조차도 그런 것 같았다. 행사에 참석한 사람 모두가 위대한 인간의 고통을 직접 눈앞에서 목격했기 때문일까? 이세돌의 경쟁자 중 하나는 다음과 같이 말하기도 했다.

이세돌은 보이지 않는 상대와 매우 외로운 싸움을 벌였습니다.

비록 승부는 결정되었지만, 이세돌과 알파고는 4차전, 5차전을 계속 이어나갔다. 4차전에서 이세돌은 오히려 좀 더 자신감에 차 있었다. 이번에는 별명인 '센 돌'답게 위험 부담이 큰 전략을 들고 나왔다. 그의 78수가 쐐기를 박는 수였다. 해설자들은 나중에 이 수를 "신의 한 수"라고 불렀다. 알파고의 응수는 기계로서는 치명적 실수였다. 이후 알파고의 착수는 방향 감각을 잃었다. 알파고는 출구를 찾지 못하고 말도 안 되는 수를 두기 시작했고, 결국 돌을 거두었다.

이세돌은 5차전에서도 위험 부담이 큰 전략을 시도했다. 그러나 이번에는 기적이 일어나지 않았다. 결국 이세돌이 패했고, 알파고가 종합 전적 4대 1로 세기의 대결에서 승리를 거머쥐었다.

승부수

알파고의 승리는 바둑과 컴퓨터과학계에 충격을 주었다. 컴퓨터 성능 발전의 속도를 감안하면 적어도 15년 안에는 이런 일이 일어나지 않을 것으로 예상했기 때문이다. 모두 컴퓨터가 바둑을 다루려면 당시 나와 있던 하드웨어보다 훨씬 더 빠른 하드웨어가 필요하다고 생각했다. 그러나 알파고 승리의 비결은 알고리즘에 있었다.

알파고의 하드웨어 성능은 2016년 기준으로 평범한 수준이었다. 딥마인드 팀은 개발 과정에서 48개의 CPU와 8개의 그래픽처리장치GPU만을 사용했는데, 이는 취미로 쉽게 조립할 수 있는 수준이다. 그러나 이번 대결에서 알파고는 인터넷으로 연결된 구글의 데이터 센터 중 한

12 인간을 넘어서는 지능

곳의 컴퓨터들로 실행되었다. 이 프로그램에는 중앙처리장치 1,920개와 그래픽처리장치 280개가 지원되었다. 당시 가장 강력한 슈퍼컴퓨터는 중국의 톈허 2호天河二, Tianhe-2로 중앙 처리 장치가 무려 310만 개에 달한다. 그에 비하면 알파고는 하찮은 수준이었다.

아서 새뮤얼의 체커 게임 프로그램과 마찬가지로, 알파고 알고리즘도 몬테카를로 방법을 활용한다(5장 참조). 컴퓨터는 가장 유망한 다음수를 찾는다. 또 각각의 수에 대해 상대방이 응수할 가능성이 가장 큰 수를 검토하고, 그에 대한 자신의 응수도 평가한다. 이런 방식으로 현재 위치를 뿌리로 삼아 생겨날 수 있는 가능한 수의 트리를 생성한다.

트리가 완성되면 컴퓨터는 미니맥스 절차를 사용해 가장 멀리 내다보는 수에 해당되는 트리 잎에서 시작해, 트리 가지를 통해 뿌리를 향해 거꾸로 움직이며 최적의 위치를 선택한다(5장 참조). 모든 분기점에서 최상의 수를 찾아 뒤로 이동하는 것이다. 자신의 차례에서는 컴퓨터가 이길 확률을 극대화하는 것이 최선의 선택이다. 반대로 상대 차례에서는 상대가 이길 확률을 최소화하는 수를 선택한다. 그 과정을 통해 트리 뿌리로 나아가면서 장기적으로 게임에서 이길 가능성이 가장 큰 수를 선택하는 것이다.

알파고는 ANN을 사용해 돌을 놓을 위치를 평가한다. 바둑판의 위치는 숫자 표로 표시된다. 각 숫자는 격자 교차점에 검은 돌이 있는지, 흰 돌이 있는지, 아니면 공백인지를 나타내는데, 위치를 평가하기 위해 숫자 표가 ANN에 입력되면 신경망이 해당 위치의 강점을 나타내는 점수를 출력한다.

알파고의 신경망은 얀 르쿤이 숫자를 인식하기 위해 도입한 컨볼루션 신경망의 확장 버전이다(11장 참조). 숫자 표가 이미지처럼 처리되는 것이다. 르쿤의 네트워크가 숫자의 직선과 곡선을 인식하듯이, 알파고의 신경망은 바둑판의 패턴을 인식한다.

알파고는 총 3개의 신경망을 사용한다. 첫 번째 ANN은 가치 네트워크value network다. 이 네트워크는 트리 검색의 끝에 있는 위치에 점수를 매겨 특정 위치에서 이길 확률을 추정한다.

두 번째 ANN은 정책 네트워크policy network다. 이 네트워크는 모든 위치에 대해 얼마나 유망한지에 따라 점수를 매겨 트리 검색을 안내하는 역할을 한다. 만약 어떤 위치가 앞으로의 승리로 이어질 가능성이 크면 높은 정책 점수가 주어진다. 정책 점수가 높은 위치는 더 깊게 조사한다. 이런 방식으로 검색 범위를 조절하는 것이다.

가치 네트워크가 완벽하게 정확하다면, 트리 검색은 필요 없을 것이다. 컴퓨터가 모든 다음 위치를 평가해서 가장 좋은 위치를 선택할 수 있기 때문이다. 컴퓨터의 예측 능력은 위치의 가치를 미리 계산해봄으로써 좋아진다. 게임이 막바지에 가까워질수록 결과를 예측하기 쉬워지기 때문에, 가치 네트워크의 정확도는 더 높아진다.

이상적으로는 가치 네트워크가 정책 결정에도 사용되는 것이 좋다. 그러나 다시 말하지만, 가치 네트워크는 아직 충분히 정확하지 않다. 따라서 별도의 정책 네트워크를 사용해 게임 초기에 위치 평가의 정확도를 높이는 것이다. 가치 네트워크가 정확도를 높이도록 훈련되는 반면, 정책 네트워크는 트리 검색에서 유망한 경로를 놓치지 않도록 훈련된다.

세 번째 ANN은 SL Supervised Learning(통제 학습)-가치 네트워크다. 이 네

트워크는 인간과 같은 방식으로 점수를 매기도록 훈련되었다. 앞 두 가지 네트워크가 실제로 이길 가능성을 제1목표로 여긴다면, SL-가치 네트워크는 컴퓨터가 인간이 결정할 가능성이 가장 큰 수를 예측할 수 있게 해준다.

세 가지 신경망을 사용하는 알파고는 3단계로 훈련되었다. 1단계는 SL-가치 네트워크를 통제 학습 방식을 사용해 훈련시키는 것이다(11장 참조). 이 네트워크에는 13개의 뉴런 층이 포함되어 있다. 훈련은 한국 기원의 데이터베이스에서 입수한 위치와 수를 사용해 실행되었다. 온라인 바둑 서버 KGS의 웹사이트에서는 녹화된 전 세계 선수들의 경기를 무료로 볼 수 있다. 알파고는 이 데이터베이스를 사용해 수의 위치와 인간이 두는 수의 사례 들에 대한 훈련도 받았다. 무려 16만 회의 경기에서 나온 3,000만 개의 수 위치가 훈련에 사용되었다.

2단계 훈련을 위해서는 SL-가치 네트워크를 개선해 정책 네트워크를 만들었다. 여기에서는 강화 학습을 사용해 네트워크가 혼자 바둑을 두면서 훈련할 수 있도록 했고, 강화 알고리즘은 모든 경기 결과(승패)를 네트워크 매개변수 업데이트 기준으로 삼았다. 알파고는 자신의 구 버전 데이터베이스와 120만 회의 경기를 실행했다. 경기 수가 늘어나면서 알파고의 성적도 조금씩 좋아졌다. 이런 과정을 거치면서 정책 네트워크는 실행한 경기의 80퍼센트에서 기존 SL-가치 네트워크를 능가하게 되었다.

3단계로는 정책 네트워크를 사용해 가치 네트워크의 기능을 개선했다. 여기서 다시 강화 학습이 사용되었다. 경기를 처음부터 하지 않고 KGS 데이터베이스에서 가져온 경기의 중간에서부터 시작했으며, 훈련을 위해 3,000만 회의 경기를 더 수행했다.

3개의 신경망을 사용한다는 것이 알파고와 이전 바둑 컴퓨터 사이의 주요 차이점이었다. 전에는 수기로 만든 규칙과 점수 부여 방식(전문가 시스템과 CBR 시스템)을 사용해 위치를 평가했지만, 알파고의 ANN은 훨씬 더 정확한 위치 평가를 제공했다.

알파고 ANN의 정확성은 세 가지 요인이 결합된 결과다. 첫째는 심층 ANN이 입력과 출력 사이의 복잡한 관계를 학습하는 데 매우 능숙하다는 것이다. 둘째는 네트워크가 훈련을 통해 엄청난 양의 데이터를 경험했다는 것이다. 알파고는 이세돌과의 대국에 대비해 어느 인간 선수보다 더 많은 바둑 수들을 점검했다. 셋째는 알고리즘과 하드웨어의 발전으로 대규모 네트워크가 짧은 시간 내에 훈련될 수 있었다는 것이다.

이런 요인들을 고려하면, 왜 알파고가 이전 프로그램보다 뛰어난지 충분히 이해할 수 있을 것이다. 그러나 그것이 알파고가 이세돌을 이긴 이유의 전부는 아니다. 둘의 대국을 지켜본 바둑과 체스 고수들은, 인간 선수들이 알파고보다 훨씬 적은 수를 연구한다는 의견을 제시했다. 인간의 트리 검색은 컴퓨터에 비교되지 않을 정도로 좁고 얕다. 따라서 인간이 알파고와 경쟁하기 위해서는 패턴 인식을 알파고보다 훨씬 더 잘해야 한다. 하지만 알파고는 이 부분을 빠른 처리 속도로 보완해, 실제 경기에 임할 때 사람보다 훨씬 더 많은 수를 검토한다. 뉴런 행동에 대한 알파고의 시뮬레이션 속도가 매우 빨라서 트리 검색에서 인간보다 훨씬 더 많은 위치를 확인할 수 있는 것이다. 이것이 알파고가 이세돌을 이긴 진짜 이유다. 게다가 ANN의 패턴 인식 기능을 개선할 수 있는 여지가 아직도 충분히 남아 있다는 점 또한 많은 것을 시사한다.

딥마인드

잘 모르는 사람들에게는 딥마인드가 하룻밤 새에 성공을 거둔 것처럼 보였을지 모르지만, 물론 전혀 그렇지 않다. 딥마인드의 공동 창업자이자 CEO인 데미스 하사비스는 어릴 때부터 보드게임과 컴퓨터 생각을 하며 자랐다.

하사비스(그림 12.1)는 1976년 영국 런던에서 태어났으며, 북런던에서 태어나 자란 것을 자랑스럽게 생각한다. 그는 13살 때 이미 체스에서 마스터 수준에 도달했다. 그리고 체스 경기에서 탄 상금으로 자신의 첫 컴퓨터 싱클레어 스펙트럼 48K Sinclair Spectrum 48K를 구입해 독학으로 프로그래밍을 공부했다. 오래 지나지 않아, 그는 자신의 첫 체스 프로그램을 완성했다.

하사비스는 16세에 고등학교를 마치고 라이온헤드 스튜디오 Lionhead Studios라는 비디오게임 회사에 들어갔다. 1년 만에 인기 있는 경영 시뮬

그림 12.1 딥마인드의 공동 창업자 겸 CEO 데미스 하사미스. 2018년. (딥마인드 제공)

레이션 게임 〈테마파크〉의 공동 설계자 겸 수석 프로그래머가 되었지만, 그는 회사를 그만두고 케임브리지대학교 컴퓨터과학과에 입학했다. 그리고 학교에 다니면서도 시간을 내서 국제 보드게임 대회를 주관하는 마인드 스포츠 올림피아드Mind Sports Olympiad, MSO의 연례행사인 펜타마인드Pentamind 대회에 참가했다. 펜타마인드는 다섯 가지 보드게임 부문(백개먼Backgammon, 체스, 스크래블Scrabble, 바둑, 포커)에 걸쳐 엘리트 선수들이 격돌하는 대회다. 하사비스는 이 대회에서 무려 5차례나 우승하는 기록을 세웠다.

그는 자신이 이룬 일에 대해 다음과 같이 말했다.

> 나는 꽤 쉽게 싫증을 내는 성격입니다. 하지만 세상은 정말 흥미롭고, 하고 싶은 멋진 일들이 아주 많지요. 내가 만약 운동선수였다면 여러 가지 운동이 결합된 10종 경기 선수가 되었을 겁니다.

케임브리지대학교를 졸업한 후, 하사비스는 비디오게임 회사 엘릭서 스튜디오Elixir Studios를 설립했다. 회사는 게임 2개를 출시했지만 이후 문제에 부딪혔고, 결국 2005년에 파산했다. 회사 파산에 대한 공식 성명서에서 그는 시장 상황이 예상과 같지 않았다며 실망감을 드러냈다.

> 오늘날의 게임 산업에는 혁신적이고 독창적인 아이디어를 갖고 노력하는 소규모 독립 개발자들을 위한 공간이 없는 것 같습니다.

하사비스는 자신의 경력에서 새로운 방향을 찾아야 한다고 생각하고, 인공지능을 구축하겠다는 목표를 설정했다. 인공지능을 개발하기 위해서는 생물학적 지능이 어떻게 작용하는지를 이해하는 것이 우선이라고 생각한 그는 UCL의 인지신경과학 박사과정에 등록했다. 인지신경과학은 뇌의 기능을 더 잘 이해하기 위해 컴퓨터 모델을 사용해 인간의 뇌가 어떻게 작동하는지 탐구하는 학문이다. 하사비스는 졸업하기도 전에 일련의 중요한 연구 논문을 발표했다.

신선한 통찰력으로 무장한 하사비스는 2010년에 쉐인 레그Shane Legg(1974~), 무스타파 슐레이만Mustafa Sulleyman(1984~)과 함께 딥마인드 테크놀로지를 공동 설립했다. 하사비스와 슐레이만은 어린 시절부터 서로 잘 알고 지낸 사이였다. 레그는 UCL에서 박사과정을 진행하는 동안 만났다.

딥마인드는 『네이처』에 서한이 실리면서 과학계의 주목을 받기 시작했다. 이 서한은 딥마인드가 미국 비디오게임 회사 아타리Atari의 비디오게임을 하도록 훈련시킨 인공신경망을 설명한 서한이었다. 아타리가 만든 비디오게임으로는 〈스페이스 인베이더Space Invader〉〈브레이크아웃Breakout〉〈리버 레이드River Raid〉 등이 있으며, 이 회사의 게임은 동전을 넣고 하는 오락실 비디오게임의 고전 취급을 받는다. 딥마인드의 신경망이 화면 이미지를 입력으로 인식하면, 조이스틱을 움직이고 발사 버튼을 누르는 등 게임을 조절하는 신호가 출력되었다. ANN이 인간 플레이어를 대체한 것이다.

딥마인드의 ANN은 스스로 〈스페이스 인베이더〉를 플레이하는 방법을 알아냈다. 미리 프로그램된 유일한 목표는 최대한 많은 점수를 얻는 것이었다. 처음에 네트워크는 무작위로 게임을 실행했다. 그러나 시행착오를 거치면서 학습 알고리즘을 통해 점수를 따는 전술을 축적해 나가기 시작했다. 훈련이 끝날 무렵, 딥마인드의 신경망은 이전의 어떤 알고리즘보다 높은 점수를 냈다. 그 자체가 하나의 성과였다. 주목할 만한 점은 이 네트워크가 〈스페이스 인베이더〉 외에 49가지의 아타리 비디오게임을 플레이 하는 방법을 배우게 되었다는 것이다. 게임의 플레이 방식은 다양했고 각자 다른 기술을 필요로 했지만, 네트워크는 모든 게임을 소화해냈을 뿐 아니라 인간 프로게이머와 대등한 실력을 보였다. 이것은 새로운 소득이었다. 딥마인드의 ANN은 다양한 작업에서 뛰어난 성능을 발휘했다. 처음으로 ANN이 범용 학습 능력을 보여준 것이다.

1년 후, 딥마인드는 이세돌과의 대국을 두 달 앞두고 『네이처』에 또 다른 논문을 발표했다. 이 논문에서 그들은 알파고에 대해 설명하면서, 알파고가 유럽 바둑 챔피언 판후이를 이겼다고 언급했다. 이세돌을 포함해 동양의 바둑 고수들에게 충분히 경고가 될 만한 논문이었지만, 그들은 유럽의 바둑 수준을 낮게 평가하며 판후이가 실수했을 것이라고 생각했다. 그러나 판후이는 알파고에게 감명을 받았고, 딥마인드 팀이 이세돌과의 대전을 준비하면서 그에게 컨설턴트가 되어달라는 제의를 하자 즉각 수락했다.

알파고가 이세돌을 이겼다는 소식은 전 세계적으로 큰 화제가 되었다. 그러나 2017년 5월, 정작 바둑 세계 1인자인 19세의 커제柯潔(1977~)를 3대 0으로 물리쳤을 때는 그다지 관심을 끌지 못했다. 세계는 이제 인류의 패배를 인정한 것처럼 보였다. 커제와의 대결에서 승리한 후, 하사비스는 "알파고의 분석에 따르면 커제는 '거의 완벽한' 플레이를 펼쳤다"라고 말했다. 그러나 '거의 완벽한' 것만으로는 더는 알파고를 이길 수 없었다. 딥마인드는 이 경기 이후 알파고를 바둑 대결에 참가시키지 않았다.

하지만 딥마인드가 바둑을 두는 컴퓨터 연구를 중단한 것은 아니었다. 회사는 또 다른 논문을 『네이처』에 게재했다. 바로 알파고 제로 Alpha-Go Zero 라는 새로운 신경망 프로그램에 관한 논문이었다. 알파고 제로는 축소된 트리 검색과 하나의 신경망만을 사용했다. 이 단일 쌍두 네트워크가 이전 버전인 알파고의 정책 네트워크와 가치 네트워크를 대체한 것이다. 알파고 제로는 오직 강화 학습에만 기반을 둔 새롭고 효율적인 훈련 절차를 사용했다. 인간이 두는 수에 대한 데이터베이스도 필요 없었다. 알파고 제로가 바둑 두는 법을 처음부터 스스로 터득하는 데에는 불과 40일밖에 걸리지 않았다. 40일 동안 알파고 제로는 2,900만 회의 게임을 소화했다. 한 수를 두는 데 5초밖에 걸리지 않았다. 이세돌과 커제를 꺾은 이전 버전 알파고와 벌인 대결에서도 100 대 0으로 승리를 거두었다.

알파고 제로는 고작 40일 만에 세상 누구보다도 바둑을 잘 두게 되었다. 이 프로그램은 분명히 인간의 능력을 초월한 존재였다. 인간 바둑 고수들이 알파고 제로의 수를 자세히 연구한 결과, 알파고 제로가 지금까지 알려지지 않은 필승 전략을 구사하고 있음을 발견했다. 커제도 자신의 전술 전략에 알파고 제로의 새로운 전술을 담기 시작했다. 바둑 역사에서 새로운 시대가 열리고 있었다. 인간 고수들은 이제 기계의 견습생이 되었다. 생물학적 신경망이 그들의 인공적인 창조물로부터 배우고 있는 것이다!

그러나 알파고 제로의 진정한 의미는 바둑판에 있지 않다. 이 프로그램은 범용 문제 해결사의 원형을 보여준다. 알파고 제로의 소프트웨어에 내장된 알고리즘을 다른 문제에도 적용할 수 있다는 의미다. 이 기능을 통해 ANN은 새로운 작업을 신속하게 수행할 수 있을 뿐만 아니라, 이전에는 해결할 수 없었던 문제 또한 해결할 수 있게 되었다. 이는 인간과 고급 포유류만이 할 수 있었던 일이었다.

이 같은 범용의 문제 해결 능력을 다룬 또 다른 논문이 2018년에 『네이처』에 게재되었다. 딥마인드 팀은 이번에는 알파제로AlphaZero라는 ANN에게 바둑, 체스, 쇼기(일본 장기)를 하도록 훈련시켰다. 알파제로가 이 세 가지 게임을 플레이하는 방법을 스스로 터득했다는 사실은 그다지 놀라운 일이 아니었다. 기존 세계 챔피언 프로그램(스톡피시Stockfish, 엘모Elmo, 알파고 제로)을 알파제로가 단 세 경기 만에 모두 물리쳤다는 것도 특별한 소식이 아니었다. 정말 놀라운 일은 알파제로가 체스를 9시간 만에, 쇼기를 12시간 만에, 바둑을 13일 만에 완벽하게 배웠다는 것이다. 이런 이야기를 듣고 있자면, 인간의 정신이 상대적으로 약해 보이기 시작한다. 이것은 나만의 생각일까?

13

다음 단계는?

암호화폐에 대해 말하자면, 나는 그것이 좋지 않은 결말을 맺으리라고 거의 확신한다.

워런 버핏Warren Buffett (1930~)
2018년, CNBC와의 인터뷰에서

컴퓨터 알고리즘은 인간이 사는 방식을 근본적으로 바꾸어놓았다. 오늘날, 정보 기술은 우리의 일터 곳곳에 깊이 박혀 있다. 소통조차 이메일, 소셜미디어, 메시지 앱으로 한다. 비디오게임, 스트리밍된 음악, 온라인 영화 들이 여가 시간을 장악하고 있으며, 추천 시스템은 우리의 구매 결정을 조작하고 왜곡시킨다. 로맨틱한 연애마저도 알고리즘이 좌우한다. 많은 것이 변했다.

그러나 아직 끝나지 않았다. 거대 기업들의 최신식 개방형 사무실에서, 가난한 스타트업 회사들의 임시 작업실에서 그리고 교수들의 초라한 실험실에서 더 많은 혁신적 기술들이 지금 이 순간에도 개발되고 있다. 그중 세상을 바꿀 잠재력을 가진 새로운 알고리즘 두 가지를 살펴보고자 한다.

암호화폐

먼저 암호화폐를 뒷받침하는 알고리즘에 대해 이야기해보자. 암호화폐는 컴퓨터 네트워크에 저장된 정보로만 존재하는 화폐 형태다. 세계 최초의 암호화폐 비트코인Bitcoin[1]은 2020년 기준 1,700만 코인, 달러로 환산하면 2,000억 달러어치(약 266조 원어치)가 유통되고 있다. 암호화폐가 글로벌 금융시스템을 교란할 조짐까지 보이고 있는 것이다.

암호화폐의 기원은 1990년대에 시작된 사이퍼펑크 운동Cypherpunk movement으로 거슬러 올라간다. 사이퍼펑크는 온라인 개인정보 보호의 필요성을 열광적으로 주장하는 숙련된 암호학자, 수학자, 프로그래머, 해커들의 느슨한 결사체다. 이메일 리스트와 온라인 그룹 토론 방식으로 연결되어 있는 이 결사체는 사용자들이 자신의 데이터와 온라인으로 소통한 내용을 안전하게 보호할 수 있도록 무료로 사용할 수 있는 오픈소스 소프트웨어를 개발한다. 그들의 이상은 에릭 휴즈Eric Hughes의 '사이퍼펑크 선언문A Cypherpunk's Manifesto'(1993)에 잘 나타나 있다.

전자 시대의 열린 사회에서 개인정보 보호는 절대적으로 필요하다. 우리는 정부, 기업 또는 얼굴 없는 대형 조직 들이 자신들의 이익에 반하면서까지 우리의 개인정보를 보호해줄 것이라고 기대할 수 없다. 열린 사회에서 개인정보를 보호하기 위해서는 (……) 암호화가 필요하다.

사이퍼펑크는 코드를 쓴다. 그리고 누군가는 개인정보 보호를 위한 소프트웨어를 만들어야 한다는 것을 알고 있다. 우리가 그 일을 하지 않으면 우리의 개인정보는 보호되지 않는다. 그래서 우리는 우리의 동료 사이퍼펑크들이 마음대로 사용할 수 있도록 코드를 발표하고 있다. 이 코드는 전 세계 사람이 무료로 사용할 수 있다.

사이퍼펑크는 보안 소프트웨어 개발을 위한 일련의 프로젝트에 그들의 기술을 제공했다. 그 덕분에 이메일 사용자들은 PGPPretty Good Privacy(이메일을 암호화시켜 제3자가 알 수 없도록 하는 보안 프로그램—옮긴이)를 사용해 이메일을 RSA 암호화할 수 있다(7장 참조). 토Tor 브라우저(분산형 네트워크 기반의 익명 인터넷 통신 시스템—옮긴이)를 사용해 익명으로 웹 검색을 하는 것도 가능해졌다. 사이퍼펑크는 암호화 문제에 대한 백서를 쓰기도 했고, 암호화 기술에 대한 수출 규제 문제로 미국 정부를 상대로 소송을 제기하기도 했으며, 그들의 목적을 주장하기 위해 시민 불복종 운동을 촉구하기도 했다. 암호화폐 개념을 주장한 것도 그들이었다.

사이버펑크의 주장에 따르면, 암호화폐는 기존 화폐에 비해 세 가지 주요 장점이 있다. 첫째, 암호화폐는 중앙 당국의 통제를 받지 않는다. 실제로 비트코인 중앙은행은 존재하지 않는다. 암호화폐는 오직 시스템 네트워크에 의해서만 관리되며, 누구나 이 네트워크에 가입할 수 있고, 신청서도 필요없다. 거래를 원하는 사람들은 인터넷에서 암호화폐 소프트웨어를 다운로드받아 실행하기만 하면 된다. 따라서 네트워크상의 어떤 컴퓨터도 다른 어느 컴퓨터보다 더 중요하지 않다. 모두 대등하다. 둘째, 암호화폐를 기존 화폐로 교환하지 않는 한, 사용자의 익명성이 보장된다. 개인정보는 공개 키 암호화를 통해 보호되며, 누구나 사용자가 될 수 있다. 거래 내역을 네트워크에 제출하는 앱을 다운로드받기만 하면 된다. 셋째, 거래를 할 때 낮은 수수료만 부과될 뿐 판매세가 붙지 않는다. 게다가 환전 수수료 없이 국제 송금도 가능하다.

그러나 사이퍼펑크는 암호화폐의 초기 주창자이긴 하지만, 암호화폐가 실제로 어떻게 운용되는지 아무도 몰랐다. 이중 지불 문제를 해결할 방법도 없어 보였다.

기존의 온라인 통화는 거래(사용자 간의 자금 이체)를 승인하는 중앙 당국이 있어서 이곳이 모든 거래의 원장을 관리한다. 원장은 100년 동안 은행이 사용해온, 종이에 펜으로 쓰는 일지를 대체하는 전자 수단이다. 중앙 당국은 원장 검사를 통해 모든 사용자가 자신의 계정에 얼마나 많은 돈을 가지고 있는지 알 수 있다. 그래서 사용자가 거래를 요청하면 해당 거래를 감당할 만한 자금이 있는지 쉽게 확인할 수 있고, 그것을 기반으로 거래를 승인하면 그 거래는 유효한 것으로 인정되어 원장에 기록된다. 반대로 당국이 승인하지 않으면 거래가 거부된다.

암호화폐 설계의 어려운 점은 이 중앙 당국을 없애는 데 있다. 가장 이상적인 방법은 분산된 컴퓨터 네트워크가 원장을 유지하는 것, 즉 네트워크의 모든 컴퓨터에 원장 사본이 있도록 하는 것이다. 문제는 원장 사본 동기화(모든 사본을 업데이트된 상태로 유지하는 것)다. 인터넷상에서는 예고 없이 통신 지연이 일어날 수 있다. 그리고 네트워크상의 컴퓨터들은 언제든지 네트워크에 들어오거나 나갈 수 있다. 이런 문제나 움직임이 이중 지불 문제로 이어지곤 한다.

예를 들어 앨리스가 계정에 1.5개의 암호 코인을 가지고 있다고 가정해보자. 그는 밥과 찰리에게 빚을 지고 있기 때문에, 절박한 심정으로 네트워크를 통해 2건의 거래를 보낸다. 첫 번째 거래에서 앨리스는 밥에게 1.5개의 암호 코인을 송금한다. 그리고 다음 거래 때 찰리에게도 1.5개의 암호 코인을 보낸다. 만약 그가 네트워크의 각각 다른 부분으로 2건의 거래를 보낸다면, 한 컴퓨터가 찰리에게 전송한 거래를 수락하는 것과 정확히 동시에 또 다른 컴퓨터가 밥에게 전송한 거래를 수락할 가능성이 있다. 운이 좋다면, 앨리스는 자신의 자금을 이중 지불함으로써 양쪽 모두에게 돈을 보낸 셈이 된다.

비트코인

사토시 나카모토Satoshi Nakamoto는 2008년 10월 31일, 사이퍼펑크 메일 리스트에 게시한 백서를 통해 이중 지불 문제에 대한 해결책을 발표하면서, 세계 최초의 실용적 암호화폐인 비트코인을 소개했다. 이듬해 1월, 나카모토는 비트코인 소스 코드와 그 원본이라 할 수 있는 비트코인 블록을 공개했다.

기본적으로 비트코인은 컴퓨터 네트워크상에 담겨 있는 문자(숫자와 글자)의 배열일 뿐이다. 또한 사람들이 가치가 있다고 믿을 때만 가치가 있다. 사용자들은 비트코인을 다른 상품이나 서비스로 교환할 수 있으리라고 기대한다. 이런 점에서 비트코인은 주머니 속의 지폐와 다르지 않다. 사실, 지폐 자체는 본질적으로 가치가 없다. 지폐의 가치는 그것을 가치 있는 다른 무언가로 교환할 수 있을 것이라는 우리의 기대에서 나온다.

비트코인은 사용하기 아주 쉽다. 사용자는 앱을 통해 비트코인을 사고, 팔고, 교환할 수 있다. 가맹 소매업체에서 실제 상품을 구입할 수도 있다. 디지털 브로커들은 비트코인을 국가가 통제하는 구식 통화로 기꺼이 교환할 것이다.

공개 키 암호화(7장 참조) 덕분에 사용자의 익명성 또한 보장된다. 사용자는 비트코인을 사용하기 전에 공개 키와 개인 키 한 쌍을 생성시켜 개인 키는 비밀로 간직하고, 공개 키는 자신의 ID로 사용한다.

사용자가 다른 사용자에게 비트코인을 보내고 싶으면 트랜잭션trans-action을 생성해야 한다. 트랜잭션은 트랜잭션 ID, 송금자 ID, 수신자 ID, 금액, 입력 트랜잭션 ID로 구성된다(그림 13.1). 이전 트랜잭션은 송금자가 지불하려는 비트코인을 수신자가 수신하기 전의 트랜잭션이다. 이 트랜잭션은 이미 원장에 기록되어 있어야 하며, 이전에 지불된 적이 없어야 한다.

앨리스가 밥에게 0.5비트코인을 보내려고 한다고 가정해보자. 앨리스는 잭으로부터 받은 0.3비트코인과 질로부터 받은 0.2 비트코인에 대한 이전 트랜잭션 2건을 준거로 삼고, 새 트랜잭션에 이전 트랜잭션 ID

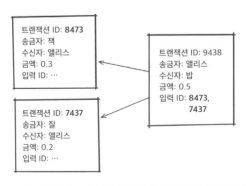

그림 13.1 비트코인 트랜잭션의 구성과 한 트랜잭션이 준거로 삼은 이전 입력 트랜잭션들.

13 다음 단계는?

들을 포함시킴으로써 새 송금 작업을 실행한다. 이때, 새로 송금할 금액과 준거로 삼은 금액이 정확히 일치해야 한다. 차이가 있으면 송금자가 차액을 다시 채워 넣어야 한다.

트랜잭션을 인증할 때는 송금자의 암호화 키가 사용된다(그림 13.2). 인증은 송금자가 정말로 그 금액만큼의 비트코인을 수신자에게 송금하려 했는지를 확인하는 과정이다. 거래가 중복된 제3자로부터 온 것이 아님을 보장하는 수단이기도 하다. 인증 확인을 실행하기 위해 송금자는 트랜잭션에 디지털 서명을 덧붙인다. 이것은 수표에 손으로 쓴 서명과 같은 역할을 한다.

디지털 서명은 송금자의 개인 키로 트랜잭션 요약을 암호화함으로써 생성된다. 일반적으로는 공개 키가 암호화에 사용되고 개인 키는 해

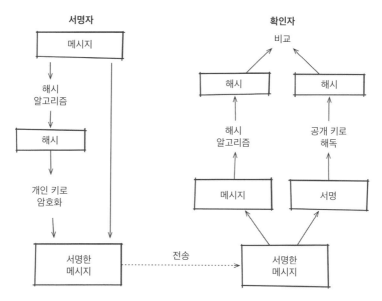

그림 13.2 비트코인 네트워크상의 디지털 서명 생성 및 확인 과정.

독에 사용되지만, 서명을 생성할 때 프로세스가 반대로 진행돼 개인 키가 암호화에 사용되고 공개 키가 해독에 사용된다. 즉, 확인은 누구나 할 수 있지만, 생성은 송금자만 할 수 있는 것이다.

비트코인 네트워크상에서 컴퓨터가 이 트랜잭션을 수신하면, 컴퓨터는 가장 먼저 서명의 진위를 확인한다. 확인은 송금자의 공개 키를 사용해 서명을 해독함으로써 이루어지고, 해독이 완료되면 트랜잭션 요약이 나타난다. 수신 컴퓨터는 트랜잭션을 요약한 후 두 버전(해독된 버전과 계산된 버전)을 비교한다. 두 버전이 일치하면, 그 트랜잭션은 정상적인 것으로 인증된다. 이때 송금자만 개인 키를 갖고 있으므로, 실제 송금자만이 디지털 서명을 생성할 수 있다. 만약 두 버전이 일치하지 않으면, 트랜잭션의 효력이 없다고 여겨져 생성이 거부된다.

디지털 서명은 트랜잭션이 도중에 변조되지 않도록 보장한다. 메시지가 변경되면 요약도 바뀌기 때문에, 자동적으로 계산된 요약이 해독된 요약과 일치하지 않게 된다.

트랜잭션 요약은 해시 알고리즘hash algorithm을 통해 계산된다. 해시 알고리즘은 많은 양의 텍스트를 가져와서 짧은 문자 배열로 압축한다. 그 과정에서 정보는 손실되지만, 출력 배열은 입력 배열을 그대로 따른다. 따라서 원본 텍스트에 작은 변경이라도 생기면 출력에서 무작위 변화가 초래된다. 이 요약은 보통 '메시지의 해시'라고 불리며, 비트코인에 사용되는 해시 함수는 기본적으로 고급 체크섬 알고리즘이다(7장 참조).

인증이 이루어지면 새 트랜잭션은 유효한 것으로 확인된다. 그러면 수신 컴퓨터는 앞서 설명했듯 입력 트랜잭션이 원장에 존재하는지, 해당 코인이 이전에 지불된 적이 없는지 확인한다.

이제 트랜잭션이 확인되고 원장에 기록된다. 네트워크의 컴퓨터들은 확인되지 않은 트랜잭션의 더 큰 블록에 새 트랜잭션을 통합한다. 여기서 블록은 확인되지 않은 트랜잭션과 그와 관련된 데이터 모음이다. 컴퓨터들은 서로 경쟁하며 가지고 있던 블록을 원장에 추가한다. 그리고 경쟁에서 이긴 컴퓨터는 자신의 블록을 블록들의 체인에 통합한다. 이 블록들의 체인, 즉 '블록체인'이 바로 원장이다(그림 13.3). 원장은 깨지지 않고 일렬로 뻗어 있는 배열에 있는 모든 확인된 비트코인 블록을 나카모토의 원본 블록에 연결시킨다. 체인 연결은 이전 블록의 ID를 다음 블록에 포함시켜 이루어진다. 이때, 체인은 트랜잭션이 원장에 적용되는 순서를 엄격하게 구분한다. 단일 블록의 트랜잭션은 동시에 발생한 것으로 간주되고, 이전 블록의 모든 트랜잭션은 더 앞선 순서에 발생한 것으로 간주된다. 이후 경쟁의 승자는 모든 원장을 업데이트된 상태로 유지하기 위해 자신의 블록을 전체 네트워크와 공유한다.

경쟁에서는 1번에 하나의 컴퓨터만이 체인에 블록을 추가할 수 있다. 경쟁에서 이기는 것은 전적으로 운에 따른다. 그래서 보통 1위와

이전 블록　　　　가장 최근 블록

그림 13.3 블록체인. 블록들은 블록 ID별로 체인을 이루어 트랜잭션이 원장에 적용되는 순서를 형성한다. 각 블록에는 고유 블록 ID, 이전 블록 ID, 한 그룹의 트랜잭션, 임의로 생성된 번호가 포함되어 있다.

2위 컴퓨터 사이에는 상당한 지연이 있다. 이로 인해 승자의 블록체인 업데이트가 네트워크를 통해 전파되는 시간을 확보할 수 있는 것이다. 1위와 2위 사이의 차이가 없을 가능성은 적지만, 발생할 수는 있다. 이 때문에 블록이 확인으로 간주되기 전에 6개의 블록이 체인에 추가되어야 한다는 조항이 만들어졌다. 동시 발생이 6번 연속 일어나는 것은 현실적으로 불가능하니 말이다.

경쟁에서 이기려면 컴퓨터는 유효한 블록을 만들어야 한다. 이 작업은 임의의 번호를 생성하고 이를 후보 트랜잭션들에 덧붙이는 방식으로 수행된다. 그다음에 해시 알고리즘이 블록에 적용되는데, 해시가 사전 설정된 임계값보다 작으면 그 후보 블록은 유효한 것으로 간주된다. 반대로 해시가 임계값보다 크거나 같으면, 그 블록은 유효하지 않은 것으로 간주된다. 네트워크상의 컴퓨터들은 유효한 블록이 형성될 때까지 각기 다른 임의의 번호 생성을 시도한다. 유효한 블록을 가장 먼저 만든 컴퓨터는 승자가 되어 그 블록을 네트워크의 나머지 부분과 공유한다. 다른 컴퓨터들은 그 블록을 자신의 원장 사본에 추가해 트랜잭션을 기록한다. 그다음, 모든 컴퓨터가 아직 원장에 제출되지 않은 트랜잭션을 사용해 새로운 유효한 블록을 만드는 시도를 재개한다.

유효한 블록을 만드는 일은 많은 난수를 시도하는 것과 같다. 해시 임계값 테스트를 통과할 숫자를 미리 예측하기란 불가능하기 때문이다. 그러니 적절한 숫자를 찾기 위해서는 시행착오를 거치는 수밖에 없다. 앞서 말했듯 유효한 블록을 만드는 것은 전적으로 운에 달려 있으므로, 어떤 컴퓨터든 다음 승자가 될 수 있다. 따라서 체인에 블록을 추가할 수 있는 권한은 그 누구에게도 없으며, 권한 자체는 네트워크상에 있

13 다음 단계는?

는 모든 컴퓨터에 대등하게 분배된다(전체 알고리즘은 부록 참조).

이제 우리는 비트코인이 어떻게 교환되는지 알게 되었다. 그런데 비트코인은 애초에 어떻게 만들어졌을까?

네트워크의 컴퓨터가 유효한 블록을 생성할 때마다, 그 컴퓨터의 소유자는 비트코인으로 보상을 받는다. 유효한 블록을 만들고 그 대가로 비트코인을 받는 과정을 '채굴'이라고 부른다. 나카모토에게는 최초의 유효한 블록을 만든 대가로 50개의 비트코인이 주어졌다. 같은 방식으로, 네트워크상의 컴퓨터 소유자는 원장을 업데이트하는 대가로 비트코인을 받는다. 초기 비트코인 채굴자들은 이렇게 얻은 비트코인을 온라인 암시장에서 사고팔았다.

비트코인이 폐쇄형 비밀 사이트 다크넷Darknet에 등장한 것은 불법 마약 구매자들 때문이었다. 비트코인의 익명성은 그들에게 큰 매력이었다. 그러다 점차 합법적인 단체들까지 비트코인 지불을 받아들이기 시작했다. 마침내 2012년에 최초의 디지털 통화 거래소 코인베이스Coinbase가 설립되었다. 2014년에는 마이크로소프트가 온라인에서 엑스박스Xbox 게임기를 비트코인으로 살 수 있도록 했다. 태환 통화로서의 비트코인의 가치는 롤러코스터처럼 변동이 극심했다. 2011년에 비트코인 1개(1비트코인^2)의 가치는 30센트에 불과했지만, 2017년 12월 18일에는 19,498.63달러(2,300만 원)까지 오르며 사상 최고치를 기록했다.

언뜻 보면, 비트코인을 채굴하는 것은 무에서 유를 창조하는 일처럼 보인다. 비트코인 소프트웨어를 설치하고, 원장을 다운로드하고, 채굴을 시작하면 된다. 그러나 컴퓨터를 구입하는 비용과 전기비는 실제로 들어가는 돈이다. 추정에 따르면 비트코인 채굴로 발생하는 수입은 전 세계적으로 연간 80억 달러(약 9조 2,000억 원)가 넘지만, 소요되는 비용도 30억 달러(약 3조 5,000억 원) 이상인 것으로 알려졌다(2019년 기준). 또한, 채굴 보상은 4년마다 반으로 줄어든다. 최종 채굴량도 2,100만 개로 제한되어 있다.

비트코인의 성공으로 이더리움(2015년)과 페이스북의 리브라(2019년) 같은 암호화폐들이 잇따라 생겨났다. 그러나 기업들은 비트코인의 토대가 되는 블록체인 기술에도 많은 투자를 하고 있다. 블록체인은 암호화폐와는 별개로 안전하게 분산된 원장을 제공하고, 모든 형태의 거래를 추적하고, 그 순서를 지정할 수 있다. 따라서 법적 계약을 확인하고, 온라인상에서 개인정보를 보호하고, 의료 내역을 기록하고, 미디어의 예측을 검증하고, 공급망을 추적하는 등 다양한 분야에서 활용할 수 있다. 또 다양한 산업에서의 운영 모델을 재편할 것이며, 궁극적으로 비트코인 자체보다 더 유용하다는 사실이 입증될 것이다.

사토시 나카모토는 누구인가?

비트코인에 관해 진짜 궁금한 점은 비트코인의 발명가인 사토시 나카모토가 누구인지 아무도 모른다는 것이다. 나카모토에 대한 첫 언급은 그가 '비트코인 백서'를 처음 발표했을 때 나왔다. 나카모토는 몇 년 동안 사이퍼펑크 메일 리스트에서 활동하다가 2010년에 개빈 앤드리슨Gavin Andresen에게 비트코인 소스 코드를 넘겨주었다. 그리고 이듬해 4월, 나카모토는 다음과 같이 선언했다.

나는 다른 일로 옮겼습니다.

그것은 이제 개빈과 다른 사람들이 잘 관리하고 있습니다.

몇 마디를 제외하면 대부분 거짓으로 파악됐지만, 이것이 나카모토의 마지막 전갈이었다.

물론 나카모토의 정체에 대해 사람들은 수많은 추측을 하고 있다. 그러나 단서가 부족하다. 나카모토는 세계적인 암호학자(또는 암호학자 그룹)임이 분명하다. 그의 비트코인 소스 코드는 흠잡을 데 없다. 그러니 나카모토는 코드 전문가일 것이다. 또, 나카모토의 영어는 완벽하다. 따라서 나카모토는 그의 모국어 이름일지도 모른다. 나카모토의 게시물을 자세히 보면 영국이나 호주 억양이 보인다. 그리고 그의 원본 블록에는 런던타임즈의 헤드라인이 포함되어 있다. 어쩌면 나카모토는 영국 출신일지도 모른다. 그가 게시물을 올린 시간 기록을 분석한 결과, 나카모토는 주로 그리니치 표준시 기준으로 오후 3시에서 오전 3시 사이에 게시물을 올렸다. 만약 이것이 그의 야간 수면 패턴을 나타낸다면, 나카모토는 미국 동해안에 살고 있었을 가능성이 크다. 그리고 나카모토의 성별에 대한 단서는 없다.

어느 날, 나카모토로 추정되는 인물 명단이 온라인에서 유포되었다. 최고 수준의 사이퍼펑크들은 대부분 다 올라가 있었다. 자신이 나카모토라고 주장하는 사람들이 몇 명 나오기는 했지만, 지금까지 이들이 나카모토라는 사실을 입증한 사람은 없다. 이 사건을 해결하려면, 나카모토가 공개 키로 보낸 메시지를 해독하면 된다. 하지만 그러려면 나카모토의 개인 암호 키를 알아야 한다.

나카모토가 보유한 110만 비트코인은 그대로 남아 있다. 110만 비트코인의 현재 가치는 110억 달러(약 12조 6,000억 원)가 넘는다. 이 계산에 따르면 나카모토는 세계 최고 부자 150명 중 한 명이다. 그(또는 그들)은 왜 자신의 정당한 재산을 주장하지 않는 걸까? 단지 사이퍼펑크 명예 규범을 엄격하게 준수하기 위해서일까? 아니면 더 음흉한 계획을 꾸미고 있는 것일까?

사토시 나카모토의 정체는 여전히 수수께끼로 남아 있다.

양자컴퓨터

비트코인은 RSA 공개 키 암호화에 의존해 사용자의 익명성을 보장하고 트랜잭션 인증을 제공한다.[3] RSA 알고리즘의 보안성은 큰 숫자의 소인수분해를 빠르게 수행할 수 있는 알고리즘이 없다는 가정에 달려 있다(7장 참조). 즉, 특정 큰 수를 생성하기 위해 어떤 소수 2개가 곱해졌는지 빠르게 판단할 방법이 없다는 것이다. 21의 소인수는 3과 7이지만, 21이 작은 숫자라 빠르게 답을 계산할 수 있을 뿐이다. 큰 소수의 소인수분해는 슈퍼컴퓨터로도 수십 년 이상 걸릴 수 있다.

비트코인과 인터넷 보안의 전반적 구조는 이 한 가지 가정에 입각하고 있다. 만일 소인수분해를 빠르게 처리할 수 있는 알고리즘이 개발된다면, 비트코인과 인터넷상의 거의 모든 비밀 메시지는 갑자기 공격에 취약해질 것이다. 1994년에 바로 그런 알고리즘이 생길지 모른다는 우려의 조짐이 처음 나타났다. 다행인 점은, 그런 기적 같은 알고리즘이 작동하기 위해서는 새로운 유형의 컴퓨터가 필요하다는 것이었다. 바로 양자컴퓨터라고 불리는 장치다.

1981년, 리처드 파인만Richard Feynman(1918~1988)이 MIT에서 열린 학

회에서 기조연설을 했다. 당시 파인만의 나이는 63세였고, 이미 역사상 가장 위대한 물리학자 중 한 명으로 널리 알려져 있었다.[4] 그는 2차 세계대전 중에 맨해튼 프로젝트에서 일했고, 코넬대학교에서 재직하는 동안에는 양자전기역학quantum electrodynamics 분야의 발전에 크게 기여했다. 캘리포니아 공과대학Caltech에서 근무할 때는 초유동superfluidity(액체 헬륨의 점성이 없어지는 현상—옮긴이)과 양자 중력quantum gravity 분야에 새로운 개념을 도입했다. 파인만은 1965년 노벨 물리학상 수상자이기도 하다.

파인만이 MIT에서 한 연설의 제목은 '컴퓨터의 물리학 시뮬레이션'이었다. 이 연설에서 그는 기존 컴퓨터로는 아원자 입자의 행동을 정확하게 시뮬레이션할 수 없다며, 새로운 종류의 컴퓨터가 필요하다고 주장했다. 그가 말한 컴퓨터는 바로 양자 효과를 사용해 물리적 시스템을 시뮬레이션할 수 있는 컴퓨터였다. 파인만은 아원자 입자의 불가사의한 행동을 이용하면 놀라울 정도로 빠른 속도로 계산을 수행할 수 있으리라고 생각했으며, 아직 존재하지 않는 그 이론적 기계를 양자컴퓨터라고 불렀다.

파인만의 생각은 10년이 넘는 기간 동안 많은 학자의 지적 호기심을 불러일으켰다. 그러나 수학자들과 물리학자들은 그 생각을 심각하게 받아들이지 않았다. 사실, 그런 기계를 만드는 일은 엄청나게 복잡할 것이다. 게다가 만드는 것 자체도 그다지 의미가 없어 보였다. 기존의 전자 컴퓨터로도 대부분의 작업을 수행하기에는 충분했다.

10년이 더 지난 1994년에야 MIT의 응용수학 교수 피터 쇼어Peter Shor (1959~)가 양자컴퓨터에 대한 주류의 생각을 바꾸어놓았다. 그는 양자컴퓨터로 소인수분해를 빠르게 수행할 수 있는 알고리즘을 발표했다.

양자컴퓨터를 만들 수만 있다면, 쇼어의 알고리즘은 이전의 어떤 방법보다도 훨씬 빠를 것이다.

기존의 컴퓨터는 아주 미세한 전선의 전압 강도에 의해 정보를 나타낸다. 전선의 전압이 높으면 와이어가 1을 나타내고, 전압이 낮으면 0을 나타내는 식이다. 이 2단계 시스템은 모든 와이어가 2개의 값 중 하나만 가질 수 있어 2진법이라고 부른다(7장 참조). 이때 어느 순간에서든 각 와이어는 하나의 값을 가질 수밖에 없으므로, 하나의 2진수(또는 비트)만 표시한다. 따라서 계산도 차례로 1번씩 수행해야 한다.

반면 양자컴퓨터는 아원자 또는 양자 입자의 특성을 사용해 정보를 나타낸다. 하위 입자의 다양한 물리적 특성을 이용할 수 있는 것이다. 전자의 회전을 예로 들면, 상향 회전은 1, 하향 회전은 0으로 표시할 수 있다. 아원자 입자의 특성을 이용함으로써 얻을 수 있는 가장 큰 이점은, 양자 세계에서는 입자들이 동시에 여러 가지 상태로 존재할 수 있다는 것에서 비롯된다. 이 같은 이상한 행동은 중첩의 원리principle of superposition에 잘 요약되어 있다.

아원자 입자의 행동은 이미 20세기 초반에 물리학자들에 의해 발견되었다. 전자는 가능한 모든 방향으로 동시에 회전할 수 있는데, 데이터 표시에 이런 특성을 활용하면 하나의 전자가 0과 1을 동시에 표시할 수 있다. 양자컴퓨터의 기본 정보 단위인 양자 비트, 즉 '큐비트qubit'를 발생시키는 것이다.

큐비트가 추가되면 양자컴퓨터는 기하급수적으로 강력해진다. 하나의 큐비트는 0과 1이라는 두 값을 동시에 나타낼 수 있기 때문이다. 큐비트 2개를 사용하면 00, 01, 10, 11의 값을 동시에 나타낼 수 있고,

10개의 큐비트 시스템은 0부터 1,023까지의 모든 10진수값을 동시에 캡처할 수 있다. 양자컴퓨터가 하나의 연산을 수행하면, 그 연산이 동시에 모든 상태에 적용된다. 예를 들어 10큐비트 시스템에 하나의 큐비트를 추가하면 1번에 1,024개의 추가 연산을 수행할 수 있다. 기존 컴퓨터에서는 1,024개의 연산을 추가하려면 차례로 1번씩 수행해야 한다. 바로 이런 효과 때문에 양자컴퓨터가 계산을 기하급수적으로 빨리할 수 있는 잠재력을 갖고 있다고 말하는 것이다.

하지만 한 가지 문제가 있다. 큐비트 값을 측정하면, 큐비트 상태는 무너진다. 큐비트의 실제 상태를 측정하면 큐비트가 하나의 값으로 정착된다는 의미다. 따라서 10큐비트 컴퓨터가 1,024개의 추가 연산을 동시에 수행할 수 있더라도, 결과는 하나만 출력된다. 게다가 이 결과는 1,024개의 가능성 중에서 무작위로 선택되기 때문에, 하나의 큐비트를 더해도 결과가 이미 무너졌으므로 1에서 1,024 사이의 값 중 하나가 출력되어버린다. 당연히 출력이 무작위로 선택되는 것은 바람직하지 않다. 보통 어떤 데이터를 입력했을 때 특정 결과를 얻는 것이 알고리즘을 만드는 목적이기 때문이다. 이 문제에 대한 해결책이 바로 '간섭'이라고 알려진 효과다. 원하지 않는 상태들이 서로에게 파괴적으로 간섭하도록 강요함으로써 그 결과들을 제거하고, 원하는 결과만을 남겨두는 것이다.

양자컴퓨터는 많은 대안을 평가해서 하나의 결과를 구해야 하는 퍼즐에 매우 적합하다. 조합 최적화 문제는 이 요건에 매우 잘 맞는다(6장 참조). 예를 들어, 영업 사원 문제는 가능한 모든 도시 여행의 거리를 평가해서 가장 짧은 거리만 출력하도록 요구한다. 차선의 솔루션들이 만들어져 서로 간섭한다는 점에서, 영업 사원 문제는 양자컴퓨터의 아키텍처에 완벽하게 들어맞는다. 조합 최적화 문제에 대한 양자컴퓨터의 계산 속도는 세계에서 가장 빠른 슈퍼컴퓨터를 훨씬 능가할 것이다. 양자컴퓨터는 약물 개발, 재료 설계, 일정 짜기 같은 어려운 문제에 혁명을 가져올 것이다. 물론, 소인수분해 문제도 해결할 것이다.

소인수를 찾는 쇼어 알고리즘은 기존 컴퓨터에서는 느리지만, 양자컴퓨터에는 아주 적합하다. 쇼어 알고리즘은 소수 중 하나를 추측하는 것으로 시작한다. 물론 이 추측은 거의 언제나 틀린다. 여기서 쇼어 알고리즘은 추측을 다시 하는 것이 아니라 추측을 개선하는 방식을 추구한다. 추측값에 추측값을 반복해서 곱함으로써 이 과정을 수행하는데, 곱셈을 할 때마다 원래의 큰 수를 곱셈의 결과치로 나누고, 나머지는 저장한다. 반복을 수없이 거듭하다 보면 나머지 값의 배열이 패턴을 표시한다. 이런 일련의 과정을 일정 주기로 반복한다(7장 참조). 이때, 쇼어 알고리즘은 푸리에 변환을 통해 이 주기를 결정한다(2장 참조). 푸리에 변환 출력의 정점에서 배열 주기를 식별한 후, 최초의 추측값에 주기를 거듭제곱한 수를 2로 나누고 거기에서 1을 빼면, 구하려는 소수의 배수를 계산할 수 있다.

이 지점에서 알고리즘은 원래 큰 숫자와 그 숫자의 한 소수의 배수를 갖게 된다. 이 두 숫자 모두 원하는 소수의 배수다. 두 숫자의 최대공약수를 구하는 데에는 유클리드 알고리즘을 적용한다(1장 참조). 유클리드 알고리즘은 작업값이 같아질 때까지 다른 숫자에서 한 숫자를 반복적으로 뺀다. 이 경우 결괏값은 최대공약수와 같다. 쇼어 알고리즘에서 최대공약수는 소인수 중 하나다. 다른 소인수는 원래의 큰 숫자를 이 소수로 나누어 쉽게 찾을 수 있다.

다만, 이 절차가 매번 잘 작동하는 것은 아니다. 성패는 최초의 추측값에 달려 있다. 그 추측값이 틀렸다면 쇼어 알고리즘은 다른 추측값으로 이전 단계를 반복하며, 실제로 99퍼센트의 사례에서 10회 이하의 반복으로 소인수를 생성한다(전체 알고리즘은 부록 참조).

기존 컴퓨터에서는 추측값을 반복해서 곱하는 작업의 속도가 매우 느리다. 패턴이 나타나기 전에 루프를 여러 번 반복해야 하기 때문이다. 그러나 양자컴퓨터에서는 중첩 덕분에 이 곱셈을 동시에 수행할 수 있다. 양자 푸리에 변환을 사용해 가장 강력한 반복 패턴을 제외한 모든 반복 패턴을 취소할 수도 있다. 이 과정에서 나머지 배열의 주기가 만들어지고, 무너졌다가 다시 측정된다. 양자컴퓨터가 쇼어 알고리즘을 놀라울 정도로 빠르게 수행할 수 있게 해주는 것이 바로 이 중첩과 간섭이다. 그 후에는 유클리드 알고리즘을 일반 컴퓨터에서 수행하면 된다.

오늘날 구글, IBM, 마이크로소프트 같은 대기업들과 몇몇 스타트업들이 양자컴퓨팅의 꿈을 좇고 있다. 하지만 그들이 지금까지 선보인 장치들은 양자컴퓨터라기보다는 대형 물리학 실험 기기에 더 가깝다. 슈퍼컴퓨터를 만들려면 양자 논리 게이트quantum logic gates(큐비트 중첩 상태를 변화시키는 논리 게이트—옮긴이)의 설계와 아원자 구성이 필요하고, 아원자 입자의 상태를 측정하고 제어할 때도 믿을 수 없을 정도로 정밀한 장비가 필요하다. 게다가 신뢰할 수 있는 측정을 수행하기 위해서는 큐비트를 절대 0도(-273도)까지 냉각해야 한다.

지금까지 최대 72큐비트의 연산이 시연되었다. 이론적으로 72큐비트의 연산을 실행하는 데에는 엄청난 컴퓨팅 능력이 요구된다. 그러나 실제로는 양자 잡음 quantum noise(빛의 양자적인 성질로 인해 생기는 잡음—옮긴이)이 성능에 영향을 미칠 수 있다. 아원자 입자 상태의 미세한 변동 때문에 계산 오류가 발생할 수 있기 때문이다. 연구자들은 일부 큐비트에게 오류 수정을 전담시켜 이를 보완한다(7장 참조). 문제는 연산에 사용할 수 있는 큐비트가 많지 않다는 것이다. 표면적으로는 큐비트를 더 추가하기만 하면 이 문제를 간단히 해결할 수 있을 것처럼 보인다. 하지만 만약 큐비트가 많아질수록 잡음과 오류가 더 커진다면, 그리고 그 큐비트 중 연산에 사용할 수 있는 것이 하나도 없다면 이 문제를 해결할 수 있을까?

2019년 10월, 구글 연구 팀은 자신들의 양자컴퓨터가 양자 우월성 quantum supremacy(양자컴퓨터가 슈퍼컴퓨터의 성능을 넘어서는 현상—옮긴이)을 실현했다고 주장했다. 구글은 구글 컴퓨터가 기존 컴퓨터로는 결코 완성할 수 없는 연산을 수행했다고 말했다. 프로그램이 양자 난수 생성기의 출력이 정말로 무작위인지 점검했는데, 구글이 개발한 양자컴퓨터 칩 '시커모어 Sycamore'가 53개의 큐비트를 사용해 200초 만에 작업을 완료했다는 것이다. 구글은 같은 계산을 슈퍼컴퓨터로 하려면 1만 년 이상 걸릴 것이라고 추정했다. 그러나 IBM은 다른 의견을 내놓았다. 그들은 슈퍼컴퓨터가 이 작업을 하는 데 2.5일 정도 걸릴 것이라고 주장했다. 구글의 주장이 진짜 양자 우월성은 아니라 하더라도, 4분(200여 초)과 3,600분(2.5일)의 차이는 극명하다.

이처럼, 양자컴퓨터에는 아직 많은 도전이 남아 있다. 하지만 양자컴퓨터 설계자들은 조만간 무언가 대단한 것을 발견할 것이다.

아직 끝이 아니다

알고리즘은 고대 메소포타미아의 점토판에 처음 새겨진 이후 먼 길을 걸어왔다. 초기 컴퓨터들은 알고리즘의 발달과 함께 중요성과 능력이 발전되었다. 그리고 집적회로가 발명되면서 알고리즘의 힘은 기하급수적으로 커졌다. 이 속도는 양자컴퓨팅으로 더 가속될 것이다. 몇 년 후의 미래를 내다보는 것은 어려운 일이지만, 알고리즘과 AI가 세상이 작동하는 방식을 근본적으로 바꾸리라는 것은 분명해 보인다.

번역 능력의 부족으로 고대 메소포타미아의 점토판 수천 개가 아직 판독되지 않은 채 세계의 박물관에서 잠자고 있다. 그런데 최근, 최신 AI 알고리즘이 기원전 21세기에 제작되었을 것으로 추정되는 약 6만 7,000개의 남부 메소포타미아의 점토판을 번역하는 작업에 투입되었다. 오랜 세월을 한 바퀴 돌아, 가장 최신 알고리즘이 가장 오래된 문자를 해석하려 시도하고 있는 것이다.

페이지랭크 알고리즘

링크 카운트 표를 입력으로 인식하시오.

한 페이지의 수신 링크 수를 평균 수신 링크 수로 나눈 페이지랭크를 계산하시오.

다음을 반복하시오.

모든 열에 대해 다음을 반복하시오.

실행 합을 0으로 설정하시오.

열의 모든 입력에 대해 다음을 반복하시오.

행별로 현재 페이지랭크 값을 찾으시오.

여기에 행과 열 간의 링크 수를 곱하시오.

이 수를 행별 발신 링크 수로 나누시오.

여기에 댐핑 계수를 곱하시오.

이 수를 실행 중인 합계에 더하시오.

열의 모든 입력이 처리되면 반복을 멈추시오.

실행 중인 합계에 댐핑 항을 더하시오.

이 값을 열의 새 페이지랭크 값으로 저장하시오.

모든 열이 처리되면 반복을 멈추시오.

페이지랭크값의 변화가 작으면 반복을 멈추시오.

페이지랭크값을 출력한다.

인공신경망 훈련 알고리즘

훈련용 데이터 세트와 네트워크 위상수학을 입력으로 인식하시오.

위상수학에 임의 매개변수를 첨부하시오.

다음을 반복하시오.

   모든 훈련 예제에 대해 반복하시오.

     네트워크에 입력을 적용하시오.

     순전파를 사용해 네트워크 출력을 계산하시오.

     실제 출력과 원하는 출력 사이의 오차를 계산하시오.

     네트워크를 통해 역전파 방향으로 이동하는 모든 층에 대해 반복하시오.

       각 층의 모든 뉴런에 대해 반복하시오.

         뉴런의 모든 가중치와 편향에 대해 반복하시오.

           매개변수와 오차 간의 관계를 확인하시오.

         매개변수의 보정값을 계산하시오.

         보정값에 훈련율을 곱하시오.

         매개변수에서 이 값을 빼시오.

         뉴런이 업데이트되면 반복을 멈추시오.

       층이 업데이트되면 반복을 멈추시오.

     네트워크가 업데이트되면 반복을 중지하시오.

훈련 데이터 세트가 모두 사용되면 반복을 멈추시오.

오차가 감소하지 않으면 반복을 멈추시오.

매개변수를 고정시키시오.

훈련이 완료되었다.

비트코인 알고리즘

비트코인 송금자:

   송금자의 공개 키, 수신자의 공개 키, 금액, 거래에 대한 각종 입력 ID 등이 기록되어 있는 트랜잭션을 생성하시오.

트랜잭션에 디지털 서명을 추가하시오.

서명된 트랜잭션을 비트코인 네트워크에 업로드한다.

비트코인 네트워크상의 컴퓨터:

서명이 진짜인지 확인하시오.

입력 트랜잭션이 이미 지불된 것인지 확인하시오.

이 트랜잭션을 후보 블록에 통합시키시오.

이 후보 블록을 체인에 연결하시오.

다음 단계를 반복하시오.

　　임의의 숫자를 생성해 블록에 첨부하시오.

　　블록에 대한 해시를 계산하시오.

해시가 한곗값보다 작으면 반복을 멈추거나, 다른 컴퓨터가 경쟁에서 승리

하면 추적을 단념하시오.

유효한 블록을 네트워크에 업로드한다.

비트코인 수신자:

해당 트랜잭션과 5개의 블록이 체인에 추가되면 트랜잭션을 수락한다.

쇼어 알고리즘

큰 숫자를 입력으로 인식하시오.

다음 단계를 반복하시오.

하나의 소수를 추측값으로 인식하시오.

추측값을 메모리에 저장하시오.

빈 목록을 생성하시오.

다음 단계를 반복하시오.

메모리에 있는 값에 추측값을 곱하시오.

메모리의 값을 업데이트하시오.

입력을 메모리 값으로 나눈 후 나머지를 계산하시오.

나머짓값을 목록에 추가하시오.

여러 번 반복한 후 반복을 멈추시오.

나머지 목록에 푸리에 변환을 적용하시오.

가장 강력한 고조파의 주기를 식별하시오.

추측값에 주기값을 거듭제곱한 값을 2로 나눈 값에서 1을 빼시오.

이 값과 입력값에 유클리드 알고리즘을 적용하시오.

출력값이 입력값의 소수이면 반복을 멈추시오.

입력값을 그 소수로 나누시오.

2개의 소수를 모두 출력한다.

프롤로그: 알고리즘의 원리

1 알고리즘의 정의, ⓒ 옥스퍼드대학교 출판부. 옥스퍼드대학교 출판부 제공.

2 알고리즘이 '방법 method'이라는 단어와 동의어라고 생각하는 사람이 많은데, 이 두 단어는 같지 않다. 방법은 단순히 일련의 단계를 의미하지만, 알고리즘은 '정보 문제를 해결하는' 일련의 단계다.

3 이 사례에서 책은 그 책의 제목을 나타내는 부호로 간주된다. 따라서 책들, 즉 부호들을 다시 배열하는 것은 결국 제목을 정렬하는 것이다.

1   고대 알고리즘

1 『길가메시 서사시』에 나오는 뱃사공이다.

2 잉카문명은 우리가 아는 한, 쓰기를 발명하지 않은 유일한 청동기 문명이다. 그리고 이집트 수학은 파피루스에 기록되었다. 따라서 많은 기록이 유실되었을 것이다. 또, 고대 이집트 수학은 본질적으로 실용적이고 계산 중심이었다. 메소포타미아 수학은 알고리즘의 사용, 적용, 설명 측면에서 이집트 수학보다 더 명확했다.

3 원래 메소포타미아 중부의 도시 국가였던 아카드 제국은 여러 개의 강과 레반트 지역Levant(소아시아와 고대 시리아 지방의 지중해 연안 지방—옮긴이) 사이의 땅 대부분을 차지할 만큼 성장했다.

4 헤론의 알고리즘은 보다 포괄적인 뉴턴-랩슨 방법Newton-Raphson Algorithm을 단순화한 것이다. 그리고 근사 알고리즘은 가장 최근의 근사치 사이의 중간값을 취하는 대신, 2를 가장 최근 근사치로 나누는 방식으로 가속화할 수 있다.

5 1994년에 제리 보넬Jerry Bonnell과 로버트 네미로프Robert Nemriroff는 2에서 1,000만 자리까지의 제곱근을 계산하기 위해 VAX 컴퓨터를 프로그래밍했다. 그러나 자신들이 어떤 알고리즘을 사용했는지는 밝히지 않았다.

6 나눗셈이 더 빠를 때도 있지만, 하나의 나눗셈 연산은 사실상 여러 개의 뺄셈 연산이라는 점을 기억해야 한다. 또, 나눗셈은 로그역에서 뺄셈 기능을 하기도 한다.

---

2   끝없이 팽창하는 원들

1 아르키메데스의 나선식 펌프는 바빌로니아인들에 의해 발명되어 아르키메데스 시대에 이집트로 전해졌다고 한다.

2 아르키메데스는 오늘날 우리가 사용하는 사인, 코사인, 탄젠트와 같은 삼각함수를 알지 못했다. 육각형의 내변 길이는 $2r \sin\frac{\pi}{6}$이며, 각도는 중앙에서 변의 이등분점과의 각도다. 그리고 육각형의 외변 길이는 $2r \tan\frac{\pi}{6}$이다.

3 이 알고리즘은 결국 무한 직렬에 의한 계산으로 대체되었다.

4 이차방정식 알고리즘은 $ax^2+bx+c=0$의 형식으로 되어 있는데, 여기서 a, b, c는 상수 또는 계수이며, x는 계산되어야 할 미지수다.

5 중국과 이집트 등 다른 문화권들은 10진수 체계를 발전시켰다. 그러나 그들은 아라비아 숫자가 아닌 다른 방식으로 숫자를 표시했고, 대체로 다른 위치 체계를 사용했다.

6 보다 정확히 말하자면, 푸리에는 변수의 모든 함수는 주기가 원래 함수 주기의 두 제수의 거듭제곱인 일련의 정현파 함수sinusoidal functions의 합으로 표현될 수 있다고 주장했다. 또한, 푸리에 급수는 이전에 레온하르트 오일러Leonhard Euler, 조제프 루이 라그랑주Joseph Louis Lagrange, 카를 프리드리히 가우스도 사용했다. 그러나 푸리에의 연구는 이 개념을 대중화하는 데 기여했고, 이후 다른 연구의 토대가 되었다.

7 튜키도 '소프트웨어'와 '비트'라는 단어를 사용할 때 두 용어를 구분했다.

---

3 컴퓨터의 꿈

1 장치의 일부는 현재 런던 과학박물관에 전시되어 있다. 이 장치는 높이 60센티미터, 너비 60센티미터, 길이 45센티미터가 조금 넘는 장방형으로, 나무 받침대가 3겹으로 쌓인 황동 디스크가 든 금속 틀을 받치고 있다. 디스크에는 10진수의 라벨이 붙어 있고, 샤프트, 레버, 기어가 복잡하게 얽혀 있다. 크랭크와 톱니바퀴는 금속판 위에 놓인 엔진 꼭대기에 자리 잡고 있다. 여기서 클레멘트가 가진 장인 정신의 질과 정밀성이 확실하게 드러난다. 그러나 현대의 관점에서 볼 때, 이 장치는 컴퓨터라기

보다는 빅토리아시대의 독창적인 금전등록기처럼 보인다.

2 러브레이스의 해석 기관 프로젝트 참여는 어떤 면에서는 다소 과장되었다. 그는 기계 자체의 설계에는 관여하지 않았다. 그러나 그 기계가 무엇을 했으며 어떻게 연산에 사용될 수 있는지, 그리고 기계를 어떻게 프로그래밍하는지에 대해서는 충분히 이해하고 있었다. 또한, 러브레이스는 배비지에게 문제를 제기하고 그가 생각한 방법을 설명하도록 독려했다. 배비지는 그 기계가 무슨 기계인지에 대해서뿐만 아니라 앞으로 어떻게 사용될 것인지까지 구상하고 있었다. 아마도 러브레이스의 가장 큰 업적은 배비지의 비범한 아이디어를 더 많은 사람들에게 전달한 데 있을 것이다.

3 해석 기관의 일부가 조립되어 현재 런던 과학박물관에 있다.

4 끔찍하게도, 배비지의 뇌의 절반이 런던 과학박물관에 전시되어 있다. 나머지 절반은 영국 왕립외과대학Royal College of Surgeons에 보관되어 있다. 참고로 해석 기관에 관한 논문의 원 저자인 메나브레아는 나중에 이탈리아의 총리가 되었다.

5 알론조 처치는 튜링과 거의 동시에 미적분학 기반의 대안을 제시했다. 또, 튜링의 제안은 쿠르트 괴델Kurt Godel의 초기 연구와 밀접한 관련이 있다.

6 튜링 테스트에 대한 튜링의 원래 설명은 뜻밖에도 컴퓨터와 인간을 구별하는 것과 남녀를 구별하는 것을 동일시하고 있다. 이것이 튜링의 동성애 취향과 관련이 있다고 의구심을 품는 사람도 있다.

7 애플의 로고는 튜링의 침상에서 발견된 사과를 상징하는 것으로 알려져 있었다. 누군가가 이것이 진짜인지 물었을 때, 스티브 잡스는 사실은 그

렇지 않지만, 사실이었으면 좋겠다고 대답했다.

8 1998년, Z3 튜링 컴플리트를 만들겠다는 시도가 발표되었다. 또, 당시 벨 연구소도 조지 스티비츠 George Stibitz의 지휘하에 릴레이 기반 계산기를 개발했다.

---

4 일기예보

1 바빌로니아의 창세 서사시 에누마 엘리쉬 Enuma Elish에서 하늘의 신 마르 두크 Marduk가 물의 여신 티아마트 Tiamat를 공격하기 위해 사용한 신의 바람 무기다.

2 라슨 판결의 핵심 부분은 '에커트와 모클리가 자동 전자 디지털 컴퓨터를 처음 발명한 것이 아니라, 존 빈센트 아타나소프 박사에게서 아이디어를 따왔다'는 것이었다.

3 달리 명시하지 않은 한, 스타니스와프 울람에 대한 정보는 미국 에너지부 와의 계약번호 DE-AC52-06NA25396에 따라 로스앨러모스 국립연구 소 운영자인 로스앨러모스 국가안전원 Los Alamos National Security, LANS에 의해 작성되었다. 미국 정부는 이 정보를 사용, 복제 및 배포할 권리가 있다. 일반인도 이 공지 사항과 모든 저작권 증명서를 사본에 표시하는 한, 무료로 이 정보를 복사, 사용할 수 있다. 미국 정부와 LANS는 이 정보에 대해 명시적으로든 묵시적으로든 어떠한 보장도 하지 않으며, 이 정보의 사용에 대한 어떠한 책임도 지지 않는다.

4 그는 훗날 영화감독 우디 앨런의 영화에 과학자로 출연함으로써 그 영화의 흥행에 일조하기도 했다.

5   실제로 대수의 법칙The law of large numbers에 따르면, 무작위 처리를 여러 차
    례 수행한 평균 결과는 수행 횟수가 많을수록 참의 값을 나타낸다.

6   엔리코 페르미Enrico Fermi도 몬테카를로 방법의 한 버전으로 이 실험을 했
    지만, 발표하지 않았다.

7   1880년대, 프랑스의 수학자 앙리 푸앵카레Henri Poincare는 3개의 물체가
    궤도를 선회하는 형태의 카오스 시스템을 발견했다. 그리고 그 영향을 조
    사하기 위한 이론도 개발했다.

8   오늘날 집적회로의 트랜지스터 수는 24개월마다 2배씩 증가해 약간의
    감소세를 보이고 있다.

5   인공지능의 등장

1   이후 BBC는 스트레이치가 컴퓨터로 제작한 곡 3개를 녹음했다(영국 국
    가, 전래동요 〈매애매애 검둥이 양 Baa Baa Black Sheep〉, 글렌 밀러Glen Miller 의 〈In
    the Mood 〉). 이 역사적인 음원은 온라인에서 들을 수 있다.

2   쇼는 1971년에 랜드연구소를 떠나 소프트웨어 및 프로그래밍 컨설턴트
    로 일하다 1991년에 세상을 떠났다.

3   새뮤얼의 학습과 미니맥스 절차는 1950년에 클로드 섀넌이 체스에 관한
    논문에서 제시했던 내용을 바탕으로 한 것이다. 다만, 새뮤얼과 달리 섀
    넌은 실제 프로그램을 개발하지 않았다.

4   조나단 셰퍼Jonathan Schaeffer가 만든 체커 프로그램 치누크Chinook가

1994년에 세계 챔피언 매리언 틴슬리Marion Tinsley를 물리쳤다.

5 뉴얼과 사이먼은 이외에 세 가지 예언을 더 했는데, 모두 실현되었다.

6 모래에서 바늘 찾기

1 현재, 영업 사원 문제를 해결하기 위한 가장 빠른 알고리즘은 그 복잡성
   이 기하급수적으로 늘어났다. 1976년, 니콜라스 크리스토파이드스Nicos
   Christofides는 최단 경로보다 최대 50퍼센트의 시간이 더 걸리는 경로를 신
   속하게 생성하는 알고리즘을 고안했다. 이후 이 알고리즘은 더욱 개선되
   어 최소 시간보다 40퍼센트 더 오래 걸리는 경로를 밝혀냈다.

2 최악의 경우, 퀵 정렬은 삽입 정렬만큼 많은 작업을 수행하기도 한다.

3 지금까지 해결된 밀레니엄 문제는 2003년에 그리고리 페렐만Grigori Perel-
   man이 푼 푸앵카레 추측Poincare conjecture뿐이다.

4 이 용어는 조지 포사이스George Forsythe가 1961년에 발표한 논문에서 처음
   사용한 것으로 알려져 있지만, 사실은 그보다 훨씬 오래되었다. 루이스
   페인Luis Fein도 1959년 대학교 컴퓨터 과정을 설명하는 논문에서 이 용어
   를 사용했다.

5 NRMP가 제일 처음에 쓴 알고리즘은 존 멀린John Mullin과 J. M. 스탈네이
   커J. M. Stalnaker가 개발한 것이다. 정작 게일-섀플리 알고리즘은 1962년에
   최종 발표되기 전에 너무 간단하다는 이유로 2번이나 거절당했다.

6 홀랜드는 미국에서 컴퓨터과학 박사학위를 받은 최초의 인물로 알려져

있었다. 하지만 사실 그는 미시간대학교의 컴퓨터과학 프로그램이 아닌 통신과학 대학원 과정에 등록했다. 1965년 6월 7일에 미국 컴퓨터과학 부문에서 처음으로 두 사람에게 박사학위가 수여되었는데, 한 사람은 위스콘신대학교의 메이 켐마May Kemmar 수녀였고, 또 한 사람은 세인트루이스 워싱턴대학교의 어빙 탕Irving Tang이었다.

7 피셔는 이 책을 찰스 다윈의 아들인 레너드 다윈Leonard Darwin에게 봉헌했다. 레너드 다윈은 피셔와 오랜 우정을 다진 사이였고, 피셔의 책 집필에도 많은 도움을 주었다.

8 홀랜드의 연구에 앞서 닐스 바리첼리Nils Barricelli와 알렉산더 프레이저Alexander Fraser도 생물학적 진화 과정을 모방하고 연구하기 위해 컴퓨터 알고리즘을 사용했다. 하지만 그들의 제안에는 홀랜드의 연구에서 발견할 수 있는 특정 핵심 요소들이 부족했다.

9 홀랜드는 성공적인 인공 진화를 사용해 자신의 유전 알고리즘 연구를 정당화했지만, 생물학자들은 거꾸로 홀랜드의 알고리즘을 사용해 자연 진화의 존재를 증명했다.

7   인터넷

1 패킷 교환 개발에서의 클라인록의 역할에 대해서는 약간 의견이 갈린다. 나의 견해로는, 클라인록이 MIT에서 박사학위를 받는 과정에서 패킷 교환 네트워크에 적용할 수 있는 수학적 분석을 개발한 것은 사실이지만, 패킷 교환 자체를 발명하지는 않았다고 본다.

2 인터네트워킹의 준말인 이 단어는 빈트 서프와 스탠포드의 두 동료 요겐

달랄Yogen Dalal과 칼 선샤인Carl Sunshine이 처음 사용한 것으로 보인다.

3　ISBN은 12자리 숫자에 1과 3을 교대로 곱하고, 그 값을 더한 합계의 마지막 10진수를 취해 그 숫자를 10에서 뺀 숫자다. 필요한 경우 최종값 10을 0으로 대체하기도 한다. 예를 들어 소설 『왕좌의 게임』의 ISBN은 978-000754823-1로, 이 ISBN의 체크섬은 $(9 \times 1) + (3 \times 7) + (8 \times 1) + (3 \times 0) + (0 \times 1) + (3 \times 0) + (7 \times 1) + (3 \times 5) + (4 \times 1) + (3 \times 8) + (2 \times 1) + (3 \times 3) = 99$다. 검사 숫자는 $10 - 9 = 1$이다. ISBN의 교차 검증 덕분에 한 자릿수 사본 오류transcription error는 거의 확실히 발견된다.

4　머클은 1978년에 자신의 아이디어를 요약한 논문을 발표했다.

5　앨리스, 밥, 이브(도청자)는 론 라이베스트, 아디 샤미르, 레오나르드 애들먼이 그들의 새로운 암호화 알고리즘을 설명하기 위해 처음 사용했다. 이 이름들은 많은 곳에서 다양하게 등장하지만, 암호화와 보안에 관한 문서에서 특히 자주 언급된다.

6　공식적으로 토션트값은 그것의 서로소보다 작은 정수의 숫자다. 따라서 그 정수들 사이에는 서로소가 없다. 공개 지수public exponent는 1과 토션트값 사이의 숫자로, 선택한 숫자와 토션트값 사이에서는 토션트값이 서로소다. 서로소는 정수끼리의 최대공약수가 1이라는 뜻이다. 그러므로 간단한 해결책은 토션트값보다 적은 소수의 수를 공개 지수로 선택하는 것이다.

8　구글 검색

1　이 발췌문은 원래 『디 애틀랜틱』에 실린 것이며, 『디 애틀랜틱』의 인가를

받아 이 책에 다시 실었다.

2 모자이크는 곧 넷스케이프 내비게이터로 대체되었다. 마이크로소프트는 인터넷 익스플로러 개발을 위해 모자이크의 사용을 인가했다.

9 페이스북과 친구들

1 이 요소들 말고도 많은 다른 요소가 사용될 수 있다. 예를 들어, 좋은 추천 시스템은 비슷한 사용자들과 영화만 선택하지 않고 모든 사용자와 영화를 예측 변수로 사용한다. 켄과 질의 영화 취향이 전혀 다르다고 가정해 보자. 켄의 평점이 항상 질과 정반대라고 생각해보는 것이다. 켄이 별 1개를 주었다면 질은 별 5개를 주는 식으로 말이다. 비록 그들의 평점은 전혀 다르지만, 켄의 평점은 사실 질에 대한 완벽한 예측 변수가 될 수 있다. 6에서 켄의 평점을 빼기만 하면 되기 때문이다. 그들의 평점이 반대라는 사실 자체가 도움이 되는 정보가 되는 셈이다.

10 미국의 유명 퀴즈 쇼

1 TD-개면TD-Gammon이라는, 게임을 하면서 학습하는 주사위 게임으로 유명한 개리 테사우로Gary Tesauro가 이 프로젝트의 게임 플레이 전략 요소 연구에 참여했다.

11 인간의 뇌를 흉내 내다

1 네트워크의 층수를 셀 때, 입력층은 제외된다.

2 민스키와 로젠블라트는 둘 다 브롱크스 과학고등학교에 다녔다.

3 나는 민스키와 로젠블라트가 만나서 솔직하게 대면 토론을 했다는 주장을 들어봤지만, 직접 보지는 못했다.

4 영국의 수학자 조지 부울George Boole의 증손자다.

5 이 용어는 1986년 미국의 컴퓨터과학자 리나 데처Rina Dechter가 머신러닝과 관련해 처음 사용했고, 2000년에는 아이거 아이젠버그Igor Aizenberg가 신경망과 관련해 사용했다.

6 2014년부터 튜링상의 상금 후원을 담당하게 된 구글은 상금을 4배, 즉 100만 달러로 올렸다.

---

13 다음 단계는?

1 비트코인의 개념을 이야기할 때는 B를 대문자로 쓰고, 비트코인 자체를 지칭할 때는 소문자 b를 쓴다.

2 가장 작은 비트코인 단위는 '사토시'로, 1억 분의 1비트코인이다.

3 만약 RSA 알고리즘이 돌파당한다면, 비트코인은 타원 곡선 암호elliptic curve cryptography 같은 양자 내성 암호 기술postquantum cryptographical techniques로 RSA 알고리즘을 대신할 수 있다.

4 사실 파인만이 진짜 유명해진 건 1985년에 발간한 자서전 『파인만 씨, 농담도 잘하시네!』(사이언스북스, 2000)가 베스트셀러가 되면서부터다.

참고 문헌

1   Hoare, C. A. R., 1962. Quicksort. *The Computer Journal*, 5(1), pp. 10~16.

2   Dalley, S., 1989. *Myths from Mesopotamia*. Oxford: Oxford University Press.

3   Finkel, I., 2014. *The Ark before Noah*. Hachette.

4   Rawlinson, H. C., 1846. The Persian cuneiform inscription at Behistun, decyphered and translated. *Journal of the Royal Asiatic Society of Great Britain and Ireland*, 10, pp. i~349.

5   Knuth, D. E., 1972. Ancient Babylonian algorithms. *Communications of the ACM*, 15(7), pp. 671~677.

6   Fowler, D. and Robson, E., 1998. Square root approximations in old Babylonian mathematics: YBC 7289 in context. *Historia Mathematica*, 25(4), pp. 366~378.

7   ee, G. J., 1996. The square root of 2 to 10 million digits. http://www.plouffe.fr/simon/constants/sqrt2.txt. (Accessed 5 July 2019).

8   Harper, R. F., 1904. *The Code of Hammurabi, King of Babylon*. Chicago: The University of Chicago Press.

9   Jaynes, J., 1976. *The Origin of Consciousness in the Breakdown of the Bicameral Mind*. New York: Houghton Mifflin Harcourt.

10   Boyer, C. B. and Merzbach. U. C., 2011. *A History of Mathematics*. Oxford: John Wiley & Sons.

11   Davis, W. S., 1913. *Readings in Ancient History, Illustrative Extracts from the Source: Greece and the East*. New York: Allyn and Bacon.

12   Beckmann, P., 1971. *A history of Pi*. Boulder, CO: The Golem Press.

13   Mackay, J. S., 1884. Mnemonics for π, $\frac{1}{\pi}$, e. *Proceedings of the Edinburgh Mathe-matical Society*, 3, pp. 103~107.

14   Dietrich, L., Dietrich, O., and Notroff, J., 2017. Cult as a driving force of human history. *Expedition Magazine*, 59(3), pp. 10~25.

15   Katz, V., 2008. *A History of Mathematics*. London: Pearson.

16   Katz, V. J. ed., 2007. *The Mathematics of Egypt, Mesopotamia, China, India, and Islam*. Princeton, NJ: Princeton University Press.

17   Palmer, J., 2010. Pi record smashed as team finds two-quadrillionth digit BBC News [online]. https://www.bbc.com/news/technology-11313194, September 16 2010. (Accessed 6 January 2019).

18   The Editors of Encyclopaedia Britannica, 2020. Al-Khwarizmi. In Encyclopaedia Britannica [online]. https://www.britannica.com/biography/alKhwarizmi (Accessed 20 May 2020).

19   LeVeque, W. J. and Smith, D. E., 2019. Numerals and numeral systems. In Encyclopaedia Britannica [online]. https://www.britannica.com/science/numeral. (Accessed 19 May 2020).

20   The Editors of Encyclopaedia Britannica, 2020. French revolution. In Encyclopaedia Britannica [online]. https://www.britannica.com/event/FrenchRevolution. (Accessed 19 May 2020).

21   Cooley, J. W. and Tukey, J. W., 1965. An algorithm for the machine calculation of complex Fourier series. *Mathematics of Computation*, 19(90), pp. 297~301.

22   Rockmore, D. N., 2000. The FFT: An algorithm the whole family can use. *Computing in Science & Engineering*, 2(1), pp. 60~64.

23   Anonymous, 2016. James William Cooley. *New York Times*.

24   Heidenman, C., Johnson, D., and Burrus, C., 1984. Gauss and the history of the fast Fourier transform. *IEEE ASSP Magazine*, 1(4), pp. 14~21.

25   Huxley, T. H., 1887. *The Advance of Science in the Last Half-Century*. New York: Appleton and Company.

26   Swade, D., 2000. *The Cogwheel Brain*. London: Little, Brown.

27   Babbage, C., 2011. *Passages from the Life of a Philosopher*. Cambridge: Cambridge University Press.

28   Menabrea, L. F. and King, A., Countess of Lovelace, 1843. Sketch of the analytical engine invented by Charles Babbage. *Scientific Memoirs*, 3, pp. 666~731.

29   Essinger, J., 2014. *Ada's algorithm: How Lord Byron's daughter Ada Lovelace Launched the Digital Age*. London: Melville House.

30   Kim, E. E. and Toole, B. A., 1999. Ada and the first computer. *Scientific American*, 280(5),

pp. 76~81.

31   Isaacson, W., 2014. *The Innovators*. New York: Simon and Schuster.

32   Turing, S., 1959. *Alan M. Turing*. Cambridge: W. Heffer & Sons, Ltd.

33   Turing, A. M., 1937. On computable numbers, with an application to the Entscheidungs-problem. *Proceedings of the London Mathematical Society*, s2—42(1), pp. 230~265.

34   Davis, M., 1983. *Computability and Unsolvability*, Mineola, NY: Dover Publications.

35   Strachey, C., 1965. An impossible program. *The Computer Journal*, 7(4), p. 313.

36   Turing, A. M., 1950. Computing machinery and intelligence. *Mind*, 59(236), pp. 433~460.

37   Copeland, B. Jack., 2014. *Turing*. Oxford: Oxford University Press.

38   Abbe, C., 1901. The physical basis of long-range weather forecasts. *Monthly Weather Review*, 29(12), pp. 551~561.

39   Lynch, P., 2008. The origins of computer weather prediction and climate modeling. *Journal of Computational Physics*, 227(7), pp. 3431~3444.

40   Hunt, J. C. R., 1998. Lewis Fry Richardson and his contributions to mathematics, meteorology, and models of conflict. *Annual Review of Fluid Mechanics*, 30(1), pp. 13~36.

41   Mauchly, J. W., 1982. The use of high speed vacuum tube devices for calculating. In: B. Randall, ed., *The Origins of Digital Computers*. Berlin: Springer, pp. 329~333.

42   Fritz, W. B., 1996. The women of ENIAC. *IEEE Annals of the History of Computing*, 18(3), pp. 13~28.

43   Ulam, S., 1958. John von Neumann 19031957. *Bulletin of the American Mathematical Society*, 64(3), pp. 1~49.

44   Poundstone, W., 1992. *Prisoner's Dilemma*. New York: Doubleday.

45   McCorduck, P., 2004. *Machines Who Think*. Natick, MA: AK Peters.

46   Goldstein, H. H., 1980. *The Computer from Pascal to von Neumann*. Princeton, NJ: Princeton University Press.

47   Stern, N., 1977. *An Interview with J. Presper Eckert*. Charles Babbage Institute, University of Minnesota.

48   Von Neumann, J., 1993. First draft of a report on the EDVAC. *IEEE Annals of the History of Computing*, 15(4), pp. 27~75.

49   Augarten, S., 1984. A. W. Burks, 'Who invented the general-purpose electronic computer?' In *Bit by bit: An Illustrated History of Computers*. New York: Ticknor & Fields. Epigraph, Ch. 4.

50   Kleiman, K., 2014. The computers: The remarkable story of the ENIAC programmers. Vimeo [online]. https://vimeo.com/ondemand/eniac6. (Accessed 11 March 2019).

51   Martin, C. D., 1995. ENIAC: Press conference that shook the world. *IEEE Technology and Society Magazine*, 14(4), pp. 3~10.

52   Nicholas Metropolis. The beginning of the Monte Carlo method. *Los Alamos Science*, 15(584), pp. 125~130.

53   Eckhardt, R., 1987. Stan Ulam, John von Neumann, and the Monte Carlo method. *Los Alamos Science*, 15(131~136), p. 30.

54   Wolter, J., 2013. Experimental analysis of Canfield solitaire. http://politaire.com/article/canfield.html. (Accessed 20 May 2020).

55   Metropolis, N. and Ulam, S., 1949. The Monte Carlo method. *Journal of the American Statistical Association*, 44(247), pp. 335~341.

56   Charney, J. G. and Eliassen, A., 1949. A numerical method for predicting the perturbations of the middle latitude westerlies. *Tellus*, 1(2), pp. 38~54.

57   Charney, J. G., 1949. On a physical basis for numerical prediction of largescale motions in the atmosphere. *Journal of Meteorology*, 6(6), pp. 372~385.

58   Platzman, G. W., 1979. The ENIAC computations of 1950: Gateway to numerical weather prediction. *Bulletin of the American Meteorological Society*, 60(4), pp. 302~312.

59   Charney, J. G., Fjortoft, R., and von Neumann, J., 1950. Numerical integration of the barotropic vorticity equation. *Tellus*, 2(4), pp. 237~254.

60   Blair, C., 1957. Passing of a great mind. *Life Magazine*, 42(8), pp. 89~104.

61   Lorenz, E. N., 1995. *The Essence of Chaos*. Seattle: University of Washington Press.

62   Lorenz, E. N., 1963. Deterministic nonperiodic flow. *Journal of the Atmospheric Sciences*, 20(2), pp. 130~141.

63   Epstein, E. S., 1969. Stochastic dynamic prediction. *Tellus*, 21(6), pp. 739~759.

64   European Centre for Medium-Range Weather Forecasts, 2020. Advancing global NWP through international collaboration. http://www.ecmwf.int. (Accessed 19 May 2020).

65   Lynch, P. and Lynch, O., 2008. Forecasts by PHONIAC. *Weather*, 63(11), pp. 324~326.

66   Shannon, C. E., 1950. Programming a computer for playing chess. *Philosophical Magazine*,

41(314), pp. 256~275.

67   National Physical Laboratory, 2012. Piloting Computing: Alan Turing's Automatic Computing Engine. YouTube [online]. https://www.youtube.com/watch?v=cEQ6cnwaY_s. (Accessed 27 October 2019).

68   Campbell-Kelly, M., 1985. Christopher Strachey, 1916~1975: A biographical note. *Annals of the History of Computing*, 7(1), pp. 19~42.

69   Copeland, J. and Long, J., 2016. Restoring the first recording of computer music. https://blogs.bl.uk/sound-and-vision/2016/09/restoring-thefirst-recording-of-computer-music.html#. (Accessed 15 February 2019).

70   Foy, N., 1974. The word games of the night bird (interview with Christopher Strachey). *Computing Europe*, 15, pp. 10~11.

71   Roberts, S., 2017. Christopher Strachey's nineteen-fifties love machine. *The New Yorker*, February 14.

72   Strachey, C., 1954. The 'thinking' machine. *Encounter*, III, October.

73   Strachey, C. S., 1952. Logical or non-mathematical programmes. In *Proceedings of the 1952 ACM National Meeting*, New York: ACM. pp. 46~49.

74   McCarthy, J., Minsky, M. L., Rochester, N., and Shannon, C. E., 2006. A proposal for the Dartmouth summer research project on artificial intelligence, August 31, 1955. *AI Magazine*, 27(4), pp. 12~14.

75   Newell, A. and Simon, H., 1956. The logic theory machine: A complex information processing system. *IRE Transactions on Information Theory*. 2(3), pp. 61~79.

76   Newell, A., Shaw, J. C., and Simon, H. A., 1959. Report on a general problem solving program. In *Proceedings of the International Conference on Information Processing*. Paris: UNESCO. pp. 256~264.

77   Newell, A. and Simon, H., 1972. *Human Problem Solving*. New York: PrenticeHall.

78   Schaeffer, J., 2008. *One Jump Ahead: Computer Perfection at Checkers*. New York: Springer.

79   Samuel, A. L., 1959. Some studies in machine learning using the game of checkers. *IBM Journal of Research and Development*, 3(3), pp. 210~229.

80   McCarthy, J. and Feigenbaum, E. A., 1990. In memoriam: Arthur Samuel: Pioneer in machine learning. *AI Magazine*, 11(3), p. 10.

81   Samuel, A. L., 1967. Some studies in machine learning using the game of checkers. ii. *IBM Journal of Research and Development*, 11(6), pp. 601~617.

82   Madrigal, A. C., 2017. How checkers was solved. *The Atlantic*. July 19.

83   Simon, H. A., 1998. Allen Newell: 1927~1992. *IEEE Annals of the History of Computing*, 20(2), pp. 63~76.

84   CBS, 1961. The thinking machine. YouTube [online]. https://youtu.be/aygSMgK3BEM. (Accessed 19 May 2020).

85   Dreyfus, H. L., 2005. Overcoming the myth of the mental: How philosophers can profit from the phenomenology of everyday expertise. In: *Proceedings and Addresses of the American Philosophical Association*, 79(2), pp. 47~65.

86   Nilsson, N. J., 2009. *The Quest for Artificial Intelligence*. Cambridge: Cambridge University Press.

87   Schrijver, A., 2005. On the history of combinatorial optimization (till 1960). In: K. Aardal, G. L. Nemhauser, R. Weismantel, eds., *Discrete optimization*, vol. 12. Amsterdam: Elsevier. pp. 1~68.

88   Dantzig, G., Fulkerson, R., and Johnson, S., 1954. Solution of a large-scale traveling-salesman problem. *Journal of the Operations Research Society of America*, 2(4), pp. 393~410.

89   Cook, W., n.d. Traveling salesman problem. http://www.math.uwaterloo.ca/tsp/index.html. (Accessed 19 May 2020).

90   Cook, S. A., 1971. The complexity of theorem-proving procedures. In: *Proceedings of the 3rd annual ACM Symposium on Theory of Computing*. New York: ACM. pp. 151~158.

91   Karp, R., n.d. A personnal view of Computer Science at Berkeley. https://www2.eecs.berkeley.edu/bears/CS_Anniversary/karp-talk.html. (Accessed 15 February 2019).

92   Garey, M. R. and Johnson, D. S., 1979. *Computers and Intractability*. New York: W. H. Freeman and Company.

93   Dijkstra, E. W., 1972. The humble programmer. *Communications of the ACM*, 15(10), pp. 859~866.

94   Dijkstra, E. W., 2001. Oral history interview with Edsger W. Dijkstra. Technical report, Charles Babbage Institute, August 2.

95   Dijkstra, E. W., 1959. A note on two problems in connexion with graphs. *Numerische mathematik*, 1(1), pp. 269~271.

96   Darrach, B., 1970. Meet Shaky: The first electronic person. *Life Magazine*, 69(21):58B~68B.

97   Hart, P. E., Nilsson, N. J., and Raphael, B., 1968. A formal basis for the heuristic determination of minimum cost paths. *IEEE Transactions on Systems Science and Cybernetics*,

4(2), pp. 100~107.

98   Hitsch, G. J., Hortacsu, A., and Ariely, D., 2010. Matching and sorting in online dating. *The American Economic Review*, 100(1), pp. 130~163.

99   NRMP. National resident matching program. http://www.nrmp.org. (Accessed 19 May 2020).

100   Roth, A. E., 2003. The origins, history, and design of the resident match. *Journal of the American Medical Association*, 289(7), pp. 909~912.

101   Roth, A. E., 1984. The evolution of the labor market for medical interns and residents: A case study in game theory. *The Journal of Political Economy*, 92, pp. 991~1016.

102   Anonymous, 2012. Stable matching: Theory, evidence, and practical design. Technical report, The Royal Swedish Academy of Sciences.

103   Kelly, K., 1994. *Out of Control*. London: Fourth Estate.

104   Vasbinder, J. W., 2014. *Aha… That is Interesting!: John H. Holland, 85 years young*. Singapore: World Scientific.

105   London, R. L., 2013. Who earned first computer science Ph.D.? *Communications of the ACM : blog@CACM*, January.

106   Scott, N. R., 1996. The early years through the 1960's: Computing at the CSE@50. Technical report, University of Michigan.

107   Fisher, R. A., 1999. *The Genetical Theory of Natural Selection*. Oxford: Oxford University Press.

108   Holland, J. H., 1992. *Adaptation in Natural and Artificial Systems*. Cambridge, MA: The MIT Press.

109   Holland, J. H., 1992. Genetic algorithms. *Scientific American*, 267(1), pp. 66~73.

110   Dawkins, R., 1986. *The Blind Watchmaker*. New York: WW Norton & Company.

111   Lohn, J. D., Linden, D. S., Hornby, G. S., Kraus, W. F., 2004. Evolutionary design of an X-band antenna for NASA's space technology 5 mission. In: *Proceedings of the IEEE Antennas and Propagation Society Symposium 2004*, volume 3. Monterey, CA, 2025 June, pp. 2313~2316. New York: IEEE.

112   Grimes, W., 2015. John Henry Holland, who computerized evolution, dies at 86. *New York Times*, August 19.

113   Licklider, J. C. R., 1960. Man-computer symbiosis. *IRE Transactions on Human Factors in Electronics*, 1(1), pp. 4~11.

114   Waldrop, M. M., 2001. *The Dream Machine*. London: Viking Penguin.

115   Kita, C. I., 2003. JCR Licklider's vision for the IPTO. *IEEE Annals of the History of Computing*, 25(3), pp. 62~77.

116   Licklider, J. C. R., 1963. Memorandum for members and affiliates of the intergalactic computer network. Technical report, Advanced Research Projects Agency, April 23.

117   Licklider, J. C. R., 1965. *Libraries of the Future*. Cambridge, MA: The MIT Press.

118   Licklder, J. C. R. and Taylor, R. W., 1968. The computer as a communication device. *Science and Technology*, 76(2), pp. 1~3.

119   Markoff, J., 1999. An Internet pioneer ponders the next revolution. *The New York Times*, December 20.

120   Featherly, K., 2016. ARPANET. In Encyclopedia Brittanica [online]. https://www.britannica.com/topic/ARPANET. (Accessed 19 May 2020).

121   Leiner, B. M., Cerf, V. G., Clark, D. D., Kahn, R. E., Kleinrock., L., Lynch, D. C., Postel, J., Robers, L.G., and Wolff, S., 2009. A brief history of the Internet. *ACM SIGCOMM Computer Communication Review*, 39(5), pp. 22~31.

122   Davies, D. W., 2001. An historical study of the beginnings of packet switching. *The Computer Journal*, 44(3), pp. 152~162.

123   Baran, P., 1964. On distributed communications networks. *IEEE Transactions on Communications Systems*, 12(1), pp. 1~9.

124   McQuillan, J., Richer, I., and Rosen, E., 1980. The new routing algorithm for the ARPANET. *IEEE Transactions on Communications*, 28(5), pp. 711~719.

125   McJones, P., 2008. Oral history of Robert (Bob) W. Taylor. Technical report, Computer History Museum.

126   Metz, C., 2012. Bob Kahn, the bread truck, and the Internet's first communion. *Wired*, August 13.

127   Vint, C. and Kahn, R., 1974. A protocol for packet network interconnection. *IEEE Transactions of Communications*, 22(5), pp. 637~648.

128   Metz, C., 2007. How a bread truck invented the Internet. The Register [online]. https://www.theregister.co.uk/2007/11/12/thirtieth_anniversary_of_first_internet_connection/. (Accessed 19 May 2020).

129   Anonymous, 2019. Number of internet users worldwide from 2005 to 2018. Statista [online]. https://www.statista.com/statistics/273018/numberof-internet-users-worldwide/. (Accessed

19 May 2020).

130   Lee, J., 1998. Richard Wesley Hamming: 1915~1998. *IEEE Annals of the History of Computing*, 20(2), pp. 60~62.

131   Suetonius, G., 2009. *Lives of the Caesars*. Oxford: Oxford University Press.

132   Singh, S., 1999. *The Code Book: The Secret History of Codes & Code-breaking*. London: Fourth Estate.

133   Diffie, W. and Hellman, M., 1976. New directions in cryptography. *IEEE Transactions on Information Theory*, 22(6), pp. 644~654.

134   Rivest, R. L., Shamir, A., Adleman, L., 1978. A method for obtaining digital signatures and public-key cryptosystems. *Communications of the ACM*, 21(2), pp. 120~126.

135   Gardner, M., 1977. New kind of cipher that would take millions of years to break. *Scientific American*. 237(August), pp. 120~124.

136   Atkins, D., Graff, M., Lenstra, A. K., Leyland, P. C., 1994. The magic words are squeamish ossifrage. In: *Proceedings of the 4th International Conference on the Theory and Applications of Cryptology*. Wollongong, Australia. November 28 November-1 December 1994. pp. 261~277. NY: Springer.

137   Levy, S., 1999. The open secret. *Wired*, 7(4).

138   Ellis, J. H., 1999. The history of non-secret encryption. *Cryptologia*, 23(3), pp. 267~273.

139   Ellis, J. H., 1970. The possibility of non-secret encryption. In: *British Communications-Electronics Security Group* (CESG) report. January.

140   Bush, V., 1945. As we may think. *The Atlantic*. 176(1), pp. 101~108.

141   Manufacturing Intellect, 2001. Jeff Bezos interview on starting Amazon. YouTube [online]. https://youtu.be/p7FgXSoqfnI. (Accessed 19 May 2020).

142   Stone, B., 2014. *The Everything Store: Jeff Bezos and the Age of Amazon*. New York: Corgi.

143   Christian, B. and Griffiths, T., 2016. *Algorithms to Live By*. New York: Macmillan.

144   Linden, G., Smith, B., and York, J., 2003. Amazon.com recommendations. *IEEE Internet Computing*, 7(1), pp. 76~80.

145   McCullough, B., 2015. Early Amazon engineer and co-developer of the recommendation engine, Greg Linden. Internet History Podcast [online]. http://www.internethistorypodcast.com/2015/04/early-amazonengineer-and-co-developer-of-the-recommendation-engine-greglinden/#tabpanel6. (Accessed 15 February 19).

146 MacKenzie, I., Meyer, C., and Noble, S., 2013. How retailers can keep up with consumers. Technical report, McKinsey and Company, October.

147 Anonymous, 2016. Total number of websites. Internet Live Stats [online] http://www.internetlivestats.com/total-number-of-websites/. (Accessed 15 February 19).

148 Vise, D. A., 2005. *The Google Story*. New York: Macmillian.

149 Battelle, J., 2005. The birth of Google. *Wired*, 13(8), p. 102.

150 Page, L., Brin, S., Motwani, R., and Winograd, T., 1999. The PageRank citation ranking: Bringing order to the web. Technical Report 1999~1966, Stanford InfoLab, November.

151 Brin, S. and Page, L., 1998. The anatomy of a large-scale hypertextual web search engine. *Computer Networks and ISDN Systems*, 30(1~7), pp. 107~117.

152 Jones, D., 2018. How PageRank really works: Understanding Google. Majestic [blog]. https://blog.majestic.com/company/understanding-googlesalgorithm-how-pagerank-works/, October 25. (Accessed 12 July 2019).

153 Willmott, D., 1999. The top 100 web sites. *PC Magazine*, February 9.

154 Krieger, L. M., 2005. Stanford earns $336 million off Google stock. *The Mercury News*, December 1.

155 Hayes, A., 2019. Dotcom bubble definition. Investopedia [online]. https://www.investopedia.com/terms/d/dotcom-bubble.asp, June 25. (Accessed 19 July 2019).

156 Smith, B. and Linden, G., 2017. Two decades of recommender systems at Amazon.com. *IEEE Internet Computing*, 21(3), pp. 12~18.

157 Debter, L., 2019. Amazon surpasses Walmart as the world's largest retailer. Forbes [online]. https://www.forbes.com/sites/laurendebter/2019/05/15/worlds-largest-retailers-2019-amazon-walmart-alibaba/# 20e4cf4d4171. (Accessed 18 July 2019).

158 Anonymous, 2019. Tim Berners-Lee net worth. The Richest [online]. https://www.therichest.com/celebnetworth/celebrity-business/techmillionaire/tim-berners-lee-net-worth/. (Accessed 22 July 2019).

159 Anonymous, 2016. Internet growth statistics. Internet World Stats [online]. http://www.internetworldstats.com/emarketing.htm. (Accessed 19 May 2020).

160 Conan Doyle, A., 1890. The sign of four. *Lippincott's Monthly Magazine*. February.

161 Kirkpatrick, D., 2010. *The Facebook Effect*. New York: Simon and Schuster.

162 Grimland, G., 2009. Facebook founder's roommate recounts creation of Internet giant. Haaretz [online]. https://www.haaretz.com/1.5050614. (Accessed 23 July 2019).

163   Kaplan, K. A., 2003. Facemash creator survives ad board. *The Harvard Crimson*, November.

164   Investors Archive, 2017. Billionaire Mark Zuckerberg: Creating Facebook and startup advice. YouTube [online]. https://youtu.be/SSly3yJ8mKU.

165   Widman, J., 2011. Presenting EdgeRank: A guide to Facebook's Newsfeed algorithm. http://edgerank.net. (Accessed 19 May 2020).

166   Anonymous 2016. Number of monthly active facebook users worldwide. Statista [online] https://www.statista.com/statistics/264810/numberof-monthly-active-facebook-users-worldwide/. (Accessed 20 May 2020).

167   Keating, G., 2012. *Netflixed*. London: Penguin.

168   Netflix, 2016. Netflix prize. http://www.netflixprize.com/. (Accessed 19 May 2020).

169   Van Buskirk, E., 2009. How the Netflix prize was won. *Wired*, September 22.

170   Thompson, C., 2008. If you liked this, you're sure to love that. *The New York Times*. November 21.

171   Piotte, M. and Chabbert, M., 2009. The pragmatic theory solution to the Netflix grand prize. Technical report, Netflix.

172   Koren, Y., 2009. The Bellkor solution to the Netflix grand prize. *Netflix Prize Documentation*, pp. 81:1~10.

173   Johnston, C., 2012. Netflix never used its $1 million algorithm due to engineering costs. *Wired*, April 16.

174   Gomez-Uribe, C. A. and Hunt, N., 2015. The Netflix recommender system: Algorithms, business value, and innovation. *ACM Transactions on Management Information Systems*, 6(4), pp. 13:1~19.

175   Ginsberg, J., Mohebbi, M. H., Patel, R. S., Brammer, L., Smolinkski, M. S., and Brilliant, L., 2009. Detecting influenza epidemics using search engine query data. Nature, 457(7232), pp. 1012~1014.

176   Cook, S., Conrad, C., Fowlkes, A. L., Mohebbi, M. H., 2011. Assessing Google flu trends performance in the United States during the 2009 influenza virus A (H1N1) pandemic. *PLOS ONE*, 6(8), e23610.

177   Butler, D., 2013. When Google got flu wrong. *Nature*, 494(7436), p. 155.

178   Lazer, D., Kennedy, R., King, G., Vespignani, A., 2014. The parable of Google Flu: Traps in big data analysis. *Science*, 343(6176), pp. 1203~1205.

179   Lazer, D. and Kennedy, R., 2015. What we can learn from the epic failure of Google flu

trends. *Wired*, October 1.

180　Zimmer, B., 2011. Is it time to welcome our new computer overlords? *The Atlantic*, February 17.

181　Markoff, J., 2011. Computer wins on jeopardy: Trivial, it's not. *New York Times*, February 16.

182　Gondek, D. C., Lally, A., Kalyanpur, A., Murdock, J.W., Duboue, P.A., Zhang, L., Pan, Y., Qui, Z.M., and Welty, C., 2012. A framework for merging and ranking of answers in DeepQA. *IBM Journal of Research and Development*, 56(3.4), pp. 14:1~12.

183　Best, J., 2013. IBM Watson: The inside story of how the Jeopardy-winning supercomputer was born, and what it wants to do next. TechRepublic [online]. http://www.techrepublic.com/article/ibm-watson-the-insidestory-of-how-the-jeopardy-winning-supercomputer-was-born-andwhat-it-wants-to-do-next/. (Accessed 15 February 2019).

184　Ferrucci, D. A., 2012. Introduction to this is Watson. *IBM Journal of Research and Development*, 56(3.4), pp. 1:1~15.

185　IBM Research, 2013. Watson and the Jeopardy! Challenge. YouTube [online]. https://www.youtube.com/watch?v=P18EdAKuC1U. (Accessed 15 September 2019).

186　Lieberman, H., 2011. Watson on Jeopardy, part 3. MIT Technology Review [online]. https://www.technologyreview.com/s/422763/watson-onjeopardy-part-3/. (Accessed 15 September 2019).

187　Gustin, S., 2011. Behind IBM's plan to beat humans at their own game. *Wired*, February 14.

188　Lally, A., Prager, M., McCord, M. C., Boguraev, B. K., Patwardhan, S., Fan, J., Fodor, P., and Carroll J. C., 2012. Question analysis: How Watson reads a clue. *IBM Journal of Research and Development*, 56(3.4), pp. 2:1~14.

189　Fan, J., Kalyanpur, A., Condek, D. C., and Ferrucci, D. A., 2012. Automatic knowledge extraction from documents. *IBM Journal of Research and Development*, 56(3.4), pp. 5:1~10.

190　Kolodner, J. L., 1978. Memory organization for natural language data-base inquiry. Technical report, Yale University.

191　Kolodner, J. L., 1983. Maintaining organization in a dynamic long-term memory. *Cognitive Science*, 7(4), pp. 243~280.

192　Kolodner, J. L., 1983. Reconstructive memory: A computer model. *Cognitive Science*, 7(4), pp. 281~328.

193　Lohr, S., 2016. The promise of artificial intelligence unfolds in small steps. *The New York Times*, February 29. (Accessed 19 May 2020).

194　James, W., 1890. *The Principles of Psychology*. NY: Holt.

195 Hebb, D. O., 1949. *The Organization of Behavior*. NY: Wiley.

196 McCulloch, W.S. and Pitts, W., 1943. A logical calculus of the ideas immanent in nervous activity. *The Bulletin of Mathematical Biophysics*, 5(4), pp. 115~133.

197 Gefter, A., 2015. The man who tried to redeem the world with logic. *Nautilus*, February 21.

198 Whitehead, A. N. and Russell, B., 1910~1913. *Principia Mathematica*. Cambridge: Cambridge University Press.

199 Anderson, J. A. and Rosenfeld, E., 2000. *Talking Nets*. Cambridge, MA: The MIT Press.

200 Conway, F. and Siegelman, J., 2006. *Dark Hero of the Information Age: In Search of Norbert Wiener The Father of Cybernetics*. New York: Basic Books.

201 Thompson, C., 2005. Dark hero of the information age: The original computer geek. *The New York Times*, March 20.

202 Farley, B. W. A. C. and Clark, W., 1954. Simulation of self-organizing systems by digital computer. *Transactions of the IRE Professional Group on Information Theory*, 4(4), pp. 76~84.

203 Rosenblatt, F., 1958. The Perceptron: A probabilistic model for information storage and organization in the brain. *Psychological Review*, 65(6), p. 386.

204 Rosenblatt, F., 1961. Principles of neurodynamics. perceptrons and the theory of brain mechanisms. Technical report, DTIC Document.

205 Anonymous, 1958. New Navy device learns by doing. *The New York Times*, July 8.

206 Minsky, M. and Papert, S., 1969. *Perceptrons*. Cambridge, MA: The MIT Press.

207 Minksy, M., 1952. A neural-analogue calculator based upon a probability model of reinforcement. Technical report, Harvard University Psychological Laboratories, Cambridge, Massachusetts.

208 Block, H. D., 1970. A review of Perceptrons: An introduction to computational geometry. *Information and Control*, 17(5), pp. 501~522.

209 Anonymous, 1971. Dr. Frank Rosenblatt dies at 43; taught neurobiology at Cornell. *The New York Times*, July 13.

210 Olazaran, M., 1996. A sociological study of the official history of the Perceptrons controversy. *Social Studies of Science*, 26(3), pp. 611~659.

211 Werbos, P. J., 1990. Backpropagation through time: What it does and how to do it. *Proceedings of the IEEE*, 78(10), pp. 1550~1560.

212 Werbos, P. J., 1974. *Beyond regression: New tools for prediction and analysis in the behavioral*

sciences. PhD. Harvard University.

213 Werbos, P. J., 1994. *The Roots of Backpropagation*, volume 1. Oxford: John Wiley & Sons.

214 Werbos, P. J., 2006. Backwards differentiation in AD and neural nets: Past links and new opportunities. In: H. M. Bucker, G. Corliss, P. Hovland, U. Naumann, and B. Norris, eds., *Automatic differentiation: Applications, theory, and implementations*. Berlin: Springer. pp. 15~34.

215 Parker, D. B., 1985. Learning-logic: Casting the cortex of the human brain in silicon. Technical Report TR-47, MIT, Cambridge, MA.

216 Lecun, Y., 1985. Une procedure d'apprentissage pour reseau a seuil asymmetrique (A learning scheme for asymmetric threshold networks). In: *Proceedings of Cognitiva* 85. Paris, France. 4~7 June, 1985. pp. 599~604.

217 Rumelhart, D. E., Hinton, G. E., and Williams, R. J., 1986. Learning representations by back-propagating errors. *Nature*, 323, pp. 533~536.

218 Hornik, K., Stinchcombe, M., and White, H., 1989. Multilayer feedforward networks are universal approximators. *Neural Networks*, 2(5), pp. 359~366.

219 Ng., A., 2018. Heroes of Deep Learning: Andrew Ng interviews Yann LeCun. YouTube [online]. https://www.youtube.com/watch?v=Svb1c6AkRzE. (Accessed 14 August 2019).

220 LeCun, Y., Boser, B., Denker, J.S., Henderson, D., Howard, R. E., Hubbard, W., and Jackel, L. D., 1989. Backpropagation applied to handwritten zip code recognition. *Neural Computation*, 1(4), pp. 541~551.

221 Thorpe, S., Fize, D., and Marlot, C., 1996. Speed of processing in the human visual system. *Nature*, 381(6582), pp. 520~522.

222 Gray, J., 2017. U of T Professor Geoffrey Hinton hailed as guru of new computing era. *The Globe and Mail*, April 7.

223 Allen, K., 2015. How a Toronto professor's research revolutionized artificial intelligence. *The Star*. April 17.

224 Hinton, G. E., Osindero, S., and Teh, Y. W., 2006. A fast learning algorithm for deep belief nets. *Neural Computation*, 18(7), pp. 1527~1554.

225 Ciresan, D. C., Meier, U., Gambardella, L.M., and Schmidhuber, J., 2010. Deep big simple neural nets excel on handwritten digit recognition. *arXiv preprint arXiv:1003.0358*.

226 Jaitly, N., Nguyen, P., Senior, A. W., and Vanhoucke, V., 2012. Application of pretrained deep neural networks to large vocabulary speech recognition. In: *Proceedings of the 13th Annual Conference of the International Speech Communication Association (Interspeech)*. Portland, Oregon, 9~13 September 2012. pp. 257~281.

227   Hinton, G., et al., 2012. Deep neural networks for acoustic modeling in speech recognition: The shared views of four research groups. *IEEE Signal Processing Magazine*, 29(6), pp. 82~97.

228   Krizhevsky, A., Sutskever, Il, and Hinton, G. E., 2012. ImageNet classification with deep convolutional neural networks. In: C. Burges, ed., *Proceedings of the 27th Annual Conference on Neural Information Processing Systems 2013*. 5~10 December 2013, Lake Tahoe, NV. Red Hook, NY Curran. pp. 1097~1105.

229   Bengio, Y., Ducharme, R., Vincent, P., and Jauvin, C., 2003. A neural probabilistic language model. *Journal of Machine Learning Research*, 3, pp. 1137~1155.

230   Sutskever, I., Vinyals, O., and Le, Q. V., 2014. Sequence to sequence learning with neural networks. In: Z. Ghahramani, M. Welling, C. Cortes, N. D. Lawrence, and K. Q. Weinberger, eds., *Proceedings of the 28th Annual Conference on Neural Information Processing Systems 2014*. 8~13 December 2014, Montreal, Canada. Red Hook, NY Curran. pp. 3104~3112.

231   Cho, K., Van Merrienboer, B., Bahdanau, and Bengio, Y., 2014. On the properties of neural machine translation: Encoder-decoder approaches. *arXiv preprint arXiv: 1409.1259.*

232   Bahdanau, D., Cho, K, and Bengio, Y., 2014. Neural machine translation by jointly learning to align and translate. *arXiv preprint arXiv: 1409.0473.*

233   Wu, Y, et al., 2016. Google's neural machine translation system: Bridging the gap between human and machine translation. *arXiv preprint arXiv: 1609.08144.*

234   Lewis-Kraus, G., 2016. The great A.I. awakening. *The New York Times*, December 20.

235   LeCun, Y, Bengio, Y., and Hinton, G., 2015. Deep learning. *Nature*. 521(7553), pp. 436~444.

236   Vincent, J., 2019. Turing Award 2018: Nobel prize of computing given to 'godfathers of AI'. The Verge [online]. https://www.theverge.com/2019/3/27/18280665/ai-godfathers-turing-award-2018-yoshua-bengio-geoffreyhinton-yann-lecun. (Accessed 19 May 2020).

237   Foster, R. W., 2009. The classic of Go. http://idp.bl.uk/. (Accessed 20 May 2020).

238   Moyer, C., 2016. How Google's AlphaGo beat a Go world champion. *The Atlantic*, March.

239   Morris, D. Z., 2016. Google's Go computer beats top-ranked human. *Fortune*, March 12.

240   AlphaGo, 2017 [film]. Directed by Greg Kohs. USA: Reel as Dirt.

241   Wood, G., 2016. In two moves, AlphaGo and Lee Sedol redefined the future. *Wired*, March 16.

242   Metz, C., 2016. The sadness and beauty of watching Google's AI play Go. *Wired*, March 11.

243 Edwards, J., 2016. See the exact moment the world champion of Go realises DeepMind is vastly superior. Business Insider [online]. https://www.businessinsider.com/video-lee-se-dol-reaction-to-move-37-andw102-vs-alphago-2016-3?r=US&IR=T. (Accessed 19 May 2020).

244 Silver, D., et al., 2016. Mastering the game of Go with deep neural networks and tree search. *Nature*, 529(7587), pp. 484~489.

245 Hern, A., 2016. AlphaGo: Its creator on the computer that learns by thinking. *The Guardian*, March 15.

246 Burton-Hill, C., 2016. The superhero of artificial intelligence: can this genius keep it in check? *The Guardian*, February 16.

247 Fahey, R., 2005. Elixir Studios to close following cancellation of key project. gamesindustry.biz [online]. https://www.gamesindustry.biz/articles/elixir-studios-to-close-following-cancellation-of-key-project. (Accessed 19 May 2020).

248 Mnih, V., et al., 2015. Human-level control through deep reinforcement learning. *Nature*, 518(7540), p. 529.

249 Silver, D., et al., 2017. Mastering the game of Go without human knowledge. *Nature*, 550(7676), pp. 354~359.

250 Silver, D., et al., 2018. A general reinforcement learning algorithm that masters Chess, Shogi, and Go through self-play. *Science*, 362(6419), pp. 1140~114.

251 Lovelace, B., 2018. Buffett says cryptocurrencies will almost certainly end badly. CNBC [online]. https://www.cnbc.com/2018/01/10/buffettsays-cyrptocurrencies-will-almost-certainly-end-badly.html. (Accessed 19 May 2020).

252 Anonymous, n.d. Market capitalization. blockchain.com [online]. https://www.blockchain.com/charts/market-cap. (Accessed 19 May 2020).

253 Hughes, E., 1993. A Cypherpunk's manifesto—Activism. https://www.activism.net/cypherpunk/manifesto.html. (Accessed 19 May 2020).

254 Assange, J., Appelbaum, J., Maguhn, A.M., and Zimmermann, J., 2016. *Cypherpunks: Freedom and the Future of the Internet.* London: OR books.

255 Driscoll, S., 2013. How Bitcoin works under the hood. Imponderable Things [online]. http://www.imponderablethings.com/2013/07/howbitcoin-works-under-hood.html#more. (Accessed 19 May 2020).

256 Nakamoto, S., 2008. Bitcoin: A peer-to-peer electronic cash system. Working Paper.

257 Webster, I., 2020. Bitcoin historical prices. in2013dollars.com [online]. http://www.in2013dollars.com/bitcoin-price. (Accessed 22 June 2020).

258 Anonymous, n.d. Bitcoin all time high how much was 1 bitcoin worth at its peak? 99Bit-Coins [online]. https://99bitcoins.com/bitcoin/historicalprice/all-time-high/#charts. (Accessed 19 May 2020).

259 Anonymous, 2019. Bitcoin energy consumption index. https://digiconomist.net/bitcoin-energy-consumption. (Accessed 19 May 2020).

260 L. S., 2015. Who is Satoshi Nakamoto? *The Economist*, November 2.

261 Greenberg, A., 2016. How to prove you're Bitcoin creator Satoshi Nakamoto. *Wired*, April 11.

262 Feynman R. P., 1982. Simulating physics with computers. *International Journal of Theoretical Physics*, 21(6), pp. 467~488.

263 Shor, P. W., 1982. Polynomial-time algorithms for prime factorization and discrete logarithms on a quantum computer. *SIAM Review*, 41(2), pp. 303~332.

264 Anonymous, n.d. Quantum—Google AI. https://ai.google/research/teams/applied-science/quantum-ai/. (Accessed 19 May 2020).

265 Dyakonov, M., 2018. The case against quantum computing. *IEEE Spectrum*, November 15.

266 Arute, F., et al., 2019. Quantum supremacy using a programmable superconducting processor. *Nature*, 574(7779): 505~510.

267 Savage, N., 2019. Hands-on with Google's quantum computer. *Scientific American*, October 24. (Accessed 19 May 2020).

268 Anonymous, Machine translation and automated analysis of cuneiform languages (MTAAC Project). https://cdli-gh.github.io/mtaac/. (Accessed 22 June 2020).

269 Nemiroff, R. and Bonnell J., 1994. The square root of two to 10 million digits. https://apod.nasa.gov/htmltest/gifcity/sqrt2.10mil. (Accessed 19 May 2020).

270 Keough, B., 1997. Guide to the John Clifford Shaw Papers. http://sova.si.edu/record/NMAH.AC.0580. (Accessed 19 May 2020).

271 Christofides, N., 1976. Worst-case analysis of a new heuristic for the travelling salesman problem. Technical report, DTIC Document.

272 Sebo, A. and Vygen, J. 2012. Shorter tours by nicer ears. *arXiv preprint arXiv: 1201.1870.*

273 Mullin, F. J. and Stalnaker, J. M., 1951. The matching plan for internship appointment. *Academic Medicine*, 26(5), pp. 341~345.

274 Anonymous, 2016. Lloyd Shapley, a Nobel laureate in economics, has died. *The Economist*, March 13.

275   Merkle, R. C., 1978. Secure communications over insecure channels. *Communications of the ACM*, 21(4), pp. 294~299.

알고리즘에 대한 거의 모든 것

지배당할 것인가, 이해할 것인가

ⓒ크리스 블리클리, 2024

초판 1쇄 인쇄일 2024년 5월 21일
초판 1쇄 발행일 2024년 5월 31일

지은이   크리스 블리클리
옮긴이   홍석윤
펴낸이   정은영
편집   전유진 장혜리 최찬미
디자인   홍선우 김혜원
마케팅   최금순 이언영 연병선 윤선애 최문실
제작   홍동근

펴낸곳   ㈜자음과모음
출판등록 2001년 11월 28일 제2001-000259호
주소   10881 경기도 파주시 회동길 325-20
전화   편집부 (02)324-2347, 경영지원부 (02)325-6047
팩스   편집부 (02)324-2348, 경영지원부 (02)2648-1311
이메일   inmun@jamobook.com

ISBN 978-89-544-5061-4 (03300)